交通运输行业高层次人才培养项目著作书系

刘晋川　金　淳　著

港口作业系统与设备前沿技术

Advanced Technologies of Port Operation System and Equipment

人民交通出版社股份有限公司
China Communications Press Co.,Ltd.

内 容 提 要

本书为“交通运输行业高层次人才培养项目著作书系”中的一本。本书对港口码头作业系统及设备在绿色运营和节能减排、设备动态特性与作业安全、自动化码头的系统与技术三个领域中的若干关键工程技术问题开展研究。研究范围涵盖了港口码头作业系统及设备的分析、设计和运作阶段。全书内容包括绿色港口、平安港口和智慧港口三个专题,绿色港口专题包括港口起重机节能减排技术、集装箱正面吊运机节能减排技术和集装箱港口的碳足迹综合评估;平安港口专题包括港口起重机械结构疲劳与安全性评估、港口起重机时变系统结构动力特性、基于虚拟样机的港口起重机结构动力学仿真、起重机操作训练中的计算机模拟技术和码头安全作业流程分析与设计;智慧港口专题包括自动化集装箱码头作业系统、自动化集装箱码头的若干技术课题及新技术在自动化码头的应用等。

本书可供从事港口码头作业系统及装备的分析、设计、运作工作的技术人员及相关管理人员阅读,也可供大专院校相关专业的教师和研究生参考。

图书在版编目(CIP)数据

港口作业系统与设备前沿技术 / 刘晋川, 金淳著
. — 北京 : 人民交通出版社股份有限公司, 2017.12
ISBN 978-7-114-14378-6

Ⅰ. ①港… Ⅱ. ①刘… ②金… Ⅲ. 港口装卸设备
Ⅳ. ①U653.92

中国版本图书馆 CIP 数据核字(2017)第 302815 号

交通运输行业高层次人才培养项目著作书系

书　　名: **港口作业系统与设备前沿技术**
著 作 者: 刘晋川　金　淳
责任编辑: 潘艳霞
责任校对: 张　贺
责任印制: 张　凯
出版发行: 人民交通出版社股份有限公司
地　　址: (100011)北京市朝阳区安定门外外馆斜街 3 号
网　　址: http://www.ccpress.com.cn
销售电话: (010)59757969,59757973
总 经 销: 人民交通出版社股份有限公司发行部
经　　销: 各地新华书店
印　　刷: 北京市密东印刷有限公司
开　　本: 787 × 1092　1/16
印　　张: 13.25
字　　数: 319 千
版　　次: 2017 年 12 月　第 1 版
印　　次: 2017 年 12 月　第 1 次印刷
书　　号: ISBN 978-7-114-14378-6
定　　价: 68.00 元

书系前言

Preface of Series

进入21世纪以来,党中央、国务院高度重视人才工作,提出人才资源是第一资源的战略思想,先后两次召开全国人才工作会议,围绕人才强国战略实施做出一系列重大决策部署。党的十八大着眼于全面建成小康社会的奋斗目标,提出要进一步深入实践人才强国战略,加快推动我国由人才大国迈向人才强国,将人才工作作为"全面提高党的建设科学化水平"八项任务之一。十八届三中全会强调指出,全面深化改革,需要有力的组织保证和人才支撑。要建立集聚人才体制机制,择天下英才而用之。这些都充分体现了党中央、国务院对人才工作的高度重视,为人才成长发展进一步营造出良好的政策和舆论环境,极大激发了人才干事创业的积极性。

国以才立,业以才兴。面对风云变幻的国际形势,综合国力竞争日趋激烈,我国在全面建成社会主义小康社会的历史进程中机遇和挑战并存,人才作为第一资源的特征和作用日益凸显。只有深入实施人才强国战略,确立国家人才竞争优势,充分发挥人才对国民经济和社会发展的重要支撑作用,才能在国际形势、国内条件深刻变化中赢得主动、赢得优势、赢得未来。

近年来,交通运输行业深入贯彻落实人才强交战略,围绕建设综合交通、智慧交通、绿色交通、平安交通的战略部署和中心任务,加大人才发展体制机制改革与政策创新力度,行业人才工作不断取得新进展,逐步形成了一支专业结构日趋合理、整体素质基本适应的人才队伍,为交通运输事业全面、协调、可持续发展提供了有力的人才保障与智力支持。

"交通青年科技英才"是交通运输行业优秀青年科技人才的代表群体,培养选拔"交通青年科技英才"是交通运输行业实施人才强交战略的"品牌工程"之一,1999年至今已培养选拔282人。他们活跃在科研、生产、教学一线,奋发有为、锐意进取,取得了突出业绩,创造了显著效益,形成了一系列较高水平的科研成果。为加大行业高层次人才培养力度,"十二五"期间,交通运输部设立人才培养专项经费,重点资助包含"交通青年科技英才"在内的高层次人才。

人民交通出版社以服务交通运输行业改革创新、促进交通科技成果推广应用、支持交通行业高端人才发展为目的,配合人才强交战略设立“交通运输行业高层次人才培养项目著作书系”(以下简称“著作书系”)。该书系面向包括“交通青年科技英才”在内的交通运输行业高层次人才,旨在为行业人才培养搭建一个学术交流、成果展示和技术积累的平台,是推动加强交通运输人才队伍建设的重要载体,在推动科技创新、技术交流、加强高层次人才培养力度等方面均将起到积极作用。凡在“交通青年科技英才培养项目”和“交通运输部新世纪十百千人才培养项目”申请中获得资助的出版项目,均可列入“著作书系”。对于虽然未列入培养项目,但同样能代表行业水平的著作,经申请、评审后,也可酌情纳入“著作书系”。

高层次人才是创新驱动的核心要素,创新驱动是推动科学发展的不懈动力。希望“著作书系”能够充分发挥服务行业、服务社会、服务国家的积极作用,助力科技创新步伐,促进行业高层次人才特别是中青年人才健康快速成长,为建设综合交通、智慧交通、绿色交通、平安交通做出不懈努力和突出贡献。

交通运输行业高层次人才培养项目
著作书系编审委员会
2014 年 3 月

作者简介

Author Introduction

刘晋川，交通运输部水运科学研究院研究员，港口工程技术与装备专家，国家注册咨询工程师，硕士。1997年获国务院政府特殊津贴，并获交通运输部“交通青年科技英才”“全国交通系统优秀科技人员”等称号。2006年成为交通运输部新世纪十百千人才工程第一层次人选。全国港口标准化技术委员会委员、副秘书长。长期从事港口工程技术与装备的研究开发工作，先后主持与参加完成了30余项国家、省(部)级重点科研开发项目。先后获得交通部科技进步一等奖2项、中国航海学会科技特等奖1项，其他部(省)级科技二、三等奖9项，获国家专利13项，发表论文60余篇。

作者简介

Author Introduction

金淳,大连理工大学管理与经济学部教授,博士生导师,系统工程研究所副所长。2000 年在日本获得博士学位。中国系统工程学会物流系统工程分会委员。研究领域为电子商务与物流管理,主要研究涉及港口物流,多式联运系统、仓储物流的建模、仿真和优化等,电子商务信息系统工程及商务智能等。先后主持国家、省部级研究项目以及企业开发咨询课题 20 余项,参加国家自然科学基金重大、重点以上项目 3 项。发表国际国内论文 100 余篇,获省部级奖励 3 项。

作者简介

序

Preface

交通运输行业要更好地服务好“两个百年”目标，实现交通运输科学发展，需要加快推进建设综合交通、智慧交通、绿色交通、平安交通。港口作为交通运输体系中的重要枢纽点，在“四个交通”建设与发展中具有重要地位。

2016年世界十大港口中，有七个位于中国，中国已成为世界港口大国，港口的快速发展为我国国民经济和对外贸易发挥了重要的支撑作用。当前，随着供给侧结构性改革，港口发展已由主要依靠增加物质资源消耗向科技进步、行业创新、从业人员素质提高和资源节约环境友好方向转变，建设绿色、平安、智慧港口的理念已逐步落实到港口发展行动中，港口的转型升级正在向深度和广度方向推进。

本书作者针对港口作业系统与设备的现状与发展趋势，围绕实现港口作业低碳化、安全化、智能化，探讨了港口作业系统及设备的节能减排与绿色运营、设备特性与作业安全、自动化码头的系统与技术等三个领域中的若干工程技术方法与实现问题。一些内容，如港机节能减排、轻量化设计和系统优化节能等技术可以直接应用于港口实践；另外一些内容，如小车运行速度对港机结构的影响、结构疲劳寿命的预测与评估等，反映了当前该领域研究的重点热点难点问题，其研究思路、计算方法、创新成果对读者将会有启迪和借鉴作用；此外，针对港口自动化码头的国内外现状、技术特点、发展方向等的系统性分析与阐述，对正在致力于推动我国港口实现“中国制造2025”发展目标，为建设集成化、一体化、综合化的智慧港口而辛勤努力的广大交通行业科技人员来说，这会是一本好的专业参考书。

科学研究重在创新，贵在坚持。本书作者长期致力于港口领域的科学研究和技术研发，在港口工艺系统与装备技术领域具有丰富的实践经验和扎实的理论功底，取得了很多高水平的科技成果，成果应用取得了显著的经济与社会效益。看到作者集20余年研究积累的成果即将出版,非常高兴,欣然作序。衷心希望本书作者刘晋川研究员和金淳教授能够不忘初心,继续努力,再创佳绩,为交通运输行业的科技进步做出更大贡献。

第十届、十一届、十二届全国政协委员:苏国萃

前　言

Foreword

目前,港口作业系统及设备相关技术的发展进入了一个新阶段,面临许多新课题。归纳起来,研究课题涉及绿色运营、生产安全、自动化系统三大领域。为此,本书从码头作业系统及设备的现状出发,针对码头作业系统及设备在绿色运营和节能减排、设备特性与作业安全、自动化码头的系统与技术等三个领域中的若干关键工程技术方法问题展开研究。

本书试图从工程技术和作业管理两个视角出发,涵盖了码头作业系统及设备的设计阶段和运作阶段,并试图拓展到码头作业系统及设备的整个生命周期,从而使港口企业和装备制造、系统集成工作者能有更为宽阔的视野思考码头作业系统及设备技术未来的发展问题。为此,本书从系统、设备、环境、安全、智能等几个维度讨论其中的工程技术及运作方法问题。

全书篇章结构分为三部分,各部分为一个专题。第一部分为绿色港口专题,从港口装备的节能减排技术和物料搬运作业两个角度深入探讨港口的绿色运营问题。包括3章:第1章以港口主要装卸设备轮胎式集装箱门式起重机为对象讨论港口装备的节能减排技术;第2章讨论正面吊运机的节能减排技术和低碳作业计划问题;第3章讨论港口的碳足迹综合评估问题。

第二部分为平安港口专题,主要讨论港口起重机结构安全和作业过程安全相关的若干技术方法。包括5个章节:第4章讨论影响设备安全作业的设备结构疲劳分析和评估问题;第5章讨论影响设备安全作业状态的港口起重机结构动态响应问题;第6章讨论基于虚拟样机的港口起重机动态响应分析问题;第7章讨论起重机操作训练中的计算机模拟技术;第8章讨论基于安全性分析的码头安全作业流程设计问题。

第三部分主题为智慧港口专题,主要讨论自动化集装箱码头系统与技术。包括3章:第9章讨论自动化码头的装卸工艺系统;第10章讨论发展自动化集装箱码头所面临的若干技术问题;第11章讨论自动化集装箱码头所采用的若干最新技术应用。作为21世纪港口发展的新热点,自动化集装箱码头相关技术目前还在发展之中，本书试图为未来自动化集装箱码头的发展提供一些可资借鉴的意见和建议。

鉴于上述研究课题涉及面广，不是某个单一技术领域技术和方法可以解决的。为此，本书的研究涉及各种相关方法的综合集成，包括：在技术方法手段上，采用动力学分析、机械设计、计算机技术、现代信息技术、数学模型法、统计分析法、计算机模拟、运筹学优化算法、案例调查法等；在思考问题的方法上，采用全生命周期思考方法、安全系统工程的思考方法、系统整理及协调集成的思想。

本书的特点在于：从工程技术和作业管理两个视角来考察集装箱码头作业系统及设备的设计和运作问题，从工程技术角度研究集装箱码头作业设备的节能减排技术、设备结构动力特性与安全、自动化集装箱码头作业系统的若干技术，从运作管理角度研究集装箱码头作业系统的绿色运作、起重机设备的作业模拟训练、作业安全的流程设计、自动化码头的作业管理等问题，由此，从微观结构与技术、宏观管理运作两个层次综合集成，实现集装箱码头的总体最优效果。有助于拓展港口企业和设备设计、制造企业以系统工程思维方式思考集装箱码头作业系统及设备未来的发展问题。

全书的写作分工如下：刘晋川撰写了第1、4、5、6、7章，金淳撰写了第3、8章，两人共同撰写了第2、9、10、11章。本书的主要研究成果源于作者承担的国家科技部、发改委、交通运输部等的重点科技计划项目及国家自然科学基金项目，一些研究成果是作者与若干同事共同完成的，他们是李海波、杨瑞、张玉波、李志建、李益琴、姚立柱等。在本书成稿过程中，在文字整理方面得到了作者的若干同事及研究生们的大力支持，他们是：李兆隆、冷涔伶、王聪、马琳、程兴群、李静、巨芳芳等，在此一并表示感谢。

本书的出版得到了交通运输部人才培养项目的大力支持，在此表示感谢。希望本书所介绍的理论方法能对从事集装箱码头作业装备及作业系统的分析、设计、运行方面工作的技术人员、大专院校师生起到参考借鉴作用。

由于作者水平有限，本书难免存在不妥之处，敬请广大读者批评指正。

作　者

2017年8月

目　录
Contents

第1篇　绿色港口

第2篇　平安港口

第3篇 智慧港口

第1篇　绿 色 港 口

第1章　港口起重机节能减排技术

1.1　概述

港口节能减排的重点是减少能源消耗和降低污染气体排放。通常而言,港口的污染气体排放主要包括三方面,即作业设备、靠港船舶、生活等其他方面的气体排放,各港口情况不同,大致各占1/3。作业设备、靠港船舶的污染气体排放主要是燃油消耗造成的,因此减少港口作业设备特别是各类流动设备以及靠港船舶的燃油消耗是港口码头节能减排工作的重要内容。

国内外港口节能减排的手段归纳起来可包括:应用技术方法减少轮胎式起重机、牵引车等的燃油消耗,采用清洁能源替代设备和在港船舶使用燃油,起重机作业耗能的回收储存和再利用,以及依靠新技术实现创新节能。以下做简要介绍[1,2]。

(1)轮胎式集装箱门式起重机负载控制柴油机转速技术

轮胎式集装箱门式起重机(简称RTG)是燃油消耗大的港口作业设备,多年来世界各国竞相投入开展RTG的节能驱动技术研究。如Siemens公司的经济节能型RTG:采用DICO发动机控制器、水冷高速同步永磁发电机、DUO水冷式变频器等,使发动机具有随RTG载荷变化的快速伺服能力,并处于最佳的运行区域或怠速状态,以取得最佳经济油耗的工作速度;TM GE的节能电控系统:采用可变速发动机、变流器、逆变器等,在RTG需求功率较小时,通过使发动机工作在额定速度以下,实现降低油耗、噪声和维护成本的目的;Yaskawa-RTG:通过合理降低柴油机—发电机组容量,并采用超级电容作为蓄能元件,达到节省燃油消耗的目的;ZPMC的绿色RTG:应用超级电容和节能控制系统组成的电力平衡系统,将集装箱下降时的位能储存起来,在起升或待机时使用。

常规RTG只要处于工作状态,不论是否起吊集装箱,发电机组都处于运行状态。由于几乎90%的运行时间为轻负荷,RTG长期处于大马拉小车的能耗状态。基于负载控制的RTG发动机调速技术可使柴电机组根据负载的变化而改变机组转速,提高运行效率,达到省油节能减排的目的。

调速发动机的RTG节能技术有多种实现方式,理论节油效果明显,其最大特点是不改变RTG原有的操作流程,保持了RTG的灵活转场特性。对常规RTG进行技术改造,只需更换RTG的动力机房和控制系统,改造时间短,不影响正常生产。新采购的RTG直接采用可调速柴电机组,可节省油耗50%以上。

尽管如此,实际上由于RTG驱动系统的改进需要采用专用发动机、发电机和专用控制系统等,造成设备成本提高,维护性能降低,节能技术应用的经济效益不明显,因此推广方面进展缓慢。

(2)轮胎式集装箱门式起重机"油改电"技术

近年来,国内科研院所、港口企业等,以新的思路在 RTG 节能技术应用方面开展工作,取得明显成绩,具有代表性的就是 RTG 的"油改电"。由柴油机驱动改为电力驱动的 RTG(简称 ERTG),一定程度上保持了轮胎式设备易转场的优点,又补充了轨道式设备环保、能耗低的优点,可以显著节约能源、减少污染排放、改善工作环境、提高劳动效率、降低运营成本,是对传统 RTG 驱动方式的一项重大技术革新。RTG 的"油改电"举措不仅响应了国家节能减排的号召,而且降低了企业的综合成本,增加了企业的竞争力。

我国港口集装箱堆场装卸设备的 90% 以上采用轮胎式集装箱门式起重机。通过 RTG "油改电",将起重机驱动系统动力源由柴油改成电力,可以有效减少装卸设备对港口所在区域的污染物排放。目前国内具备供电条件的规模化港口已基本实现 RTG "油改电",其方式主要是低架刚性滑触线供电、高架滑触线供电和电缆卷筒供电。新采购的港口 RTG 大多已将电力驱动作为基本条件之一。

(3)起重机势能回收与超级电容技术

起重机势能回收与超级电容技术可应用于港口岸边集装箱起重机、桥式抓斗起重机、门座起重机、门式起重机和港口轮胎起重机等。港口起重机通常在带载工况下,完成几十米的载荷垂直位移变化,其载荷势能变化形成的再生能量是相当大的。传统的处理方法是通过电机制动与机械制动转化成为热能,由制动器或电阻消耗掉,因而造成能源浪费。势能回收是有效地将势能产生的电动机再生电能高效回送给交流电网,供周边其他用电设备使用,一般节电率可达 30%,也可将这部分能量暂时储存在起重机的超级电容里,利用超级电容充放电时间短的特点,在需要的时候将能量快速释放出来。

港口装卸设备属于大功率冲击性负荷,特别是各类装卸设备产生的能量回馈同时接入公用电网,会造成电网电能质量下降,在系统设计上要尽力消除对电网质量的功率冲击和谐波污染。超级电容作为能量储蓄单元,在能量储存过程中基本不产生化学反应,寿命长、充放电时间短,但超级电容有能量密度低、单位容积的电量储存有限的弱点,另外超级电容的放电电流不稳定,作为动力电源难以控制,因此其当前在港口装备上基本还是辅助性应用。

能量回馈技术除在位势变化显著的起升机构系统中使用外,也可在门座起重机等回转机构中使用。

(4)天然气或电力驱动的流动机械或水平运输车辆

港口流动机械和水平运输车辆大多采用燃油驱动,是港区燃油消耗和排放的重要因素。以港内牵引车为例,其消耗的燃油一般可占到港区装卸设备总油耗的 35%。

2010 年 5 月,宁波港北二集司建成首座港口 LNG 加气站,港口 LNG 集装箱牵引车正式投入运行。在此期间,深圳盐田港对 LNG 港口集装箱牵引车进行了试验性运行,并对其发动机排放进行了测试。LNG 发动机与柴油发动机相比,CO_2 排放量减少 98.97%,HC(非甲烷碳氢化合物)排放量减少 83.33%,NO_x(氮氧化合物)减少 30.95%,几乎检测不到颗粒排放物,明显优于柴油发动机。LNG 港口牵引车以其安全、经济、环保等特点,已在众多港口中得到推广应用。此外,港口 LNG 动力装载机、LNG 港用动力拖轮等也正在一些港口进行应用。

港口电动轮胎起重机一般采用柴油发动机驱动运行、外接电力驱动作业,双动力技术成熟。外接电力作业时,港口轮胎起重机噪声低、无排放,运营成本还不到柴油动力成本的10%。该类机械在港口得到了良好的推广应用。

此外,各种基于外接电力、锂电池组、LNG 和燃油的混合动力流动机械与车辆的使用,对降低港区燃油消耗和排放,提高港区环保水平,发挥了重要作用。

(5)港口装备变频或直流驱动技术

交流电机结构简单、坚固耐用、运行可靠、成本低、易维护,可适合于大容量调速和恶劣工作环境,在工业领域得到了广泛应用。随着变频器技术的发展,交流调速性能大幅提高,已基本达到直流调速水平,因此港口装卸设备现已广泛使用交流变频驱动技术。采用交流变频调速技术的港口起重机,恒功率调速,重载低速、轻载高速,大大降低了电机的能耗损失,节能效果明显。随着变频技术的普及,港口散货码头带式输送系统也逐步向变频驱动方向发展,这项节能技术已经成为散货码头绿色港口的一项重要评价指标。

近年来,节能型无刷直流电机技术发展迅速。传统的直流电机具有调速性能好、起动力矩大的特点,可以在重载条件下实现平稳启动、均匀平滑的无级调速运行。但由于直流电机制造成本高,电刷的更换和相关附件的维护复杂,在过去一段时期,直流驱动的使用逐步减少。无刷直流电机又称为电子换向式直流电机,即通过霍尔传感器把转子位置反馈回控制电路,使其能够获知电机相位换向的准确时间。由于没有电刷,故也没有相关接口,电机更干净,噪声更小,免维护,寿命更长。由于电机本身没有励磁损耗和电刷损耗,消除了多级减速损耗,综合节电率一般可达 20% ~30%。随着节能型无刷直流电机技术的日益成熟和产品系列化,直流调速的港口起重机将得到新的发展。

(6)靠港船舶使用岸电

美国西雅图港 2005 年 CO_2 排放来源分析结果表明,运输船舶靠港发电机发电、运输船舶港内运行以及港作船舶运行排放的 CO_2 分别占全港 CO_2 排放的 35%、4% 和 5%。洛杉矶在实施船舶岸电计划后,NO_x(氮氧化合物)、SO_x(硫氧化合物)和 PM10(可吸入颗粒物)的排放量平均减少了 95%。靠港船舶使用岸电会显著降低船舶废气的排放量,有效减少港区氮氧化合物、硫氧化合物、二氧化碳和可吸入颗粒物,保护港口及所在地区的环境,对绿色港口建设具有显著作用。靠港船舶使用岸电已在我国上海港、连云港港、深圳蛇口港等地进行了示范性应用。

靠港船舶的岸基供电有高压上船和低压上船方式。上船额定电压为 450(400)V、额定频率为 60(50)Hz、供电容量在 630kVA 以下可采用低压上船;上船额定电压为 6.6(6.0)kV、额定频率为 60(50)Hz 时,一般推荐高压上船;供电容量在 1600kVA 以上采用高压上船。目前《港口船舶岸基供电系统技术条件》《港口船舶岸基供电系统操作技术规程》等行业推荐性标准和强制性标准《码头船舶岸电设施建设技术规范》已经发布实施,这些标准规范参考了国际上靠港船舶使用岸电的相关标准,如 IEC/ISO/IEEE 80005-1《岸上高压连接系统—基本要求》和 IEC 60092-501《岸上高压连接系统》,并考虑了与国际相关标准技术与产品的衔接。

基于上述内容,本章重点介绍当前港口起重机使用的三项技术:轮胎式集装箱门式起重机“油改电”技术、港口起重机位势负载节能技术、轮胎式集装箱门式起重机轻量化技术。

1.2 轮胎式集装箱门式起重机"油改电"技术

轮胎式集装箱门式起重机(简称RTG),是集装箱专业化码头堆场的主力设备,它具有可灵活转场作业、工程投资少等特点,受到广大港口码头的欢迎。但是,RTG由柴油发电机组驱动,经过热能、机械能多种能量转换才变成电能,能量转换效率低,造成设备能耗大,运行成本高。柴油机的气体排放、噪声、废油水泄漏等均对港口形成较大的污染。

传统的轮胎式集装箱门式起重机(RTG)工作模式是以柴油为燃料,由机上的柴油发电机发出电力驱动行走、起升、小车等机构。通常为避免设备在重载吊装起升动作瞬间发生柴油发电机转速迅速上升、扭矩不足、柴电机组冒黑烟等现象,RTG机上柴电机组选配约为平时所需功率的2倍。为解决传统RTG油耗大、营运费用高、环保条件差的问题,2003年初交通部水运科学研究院率先研发了电缆卷筒供电方式的电动RTG(简称ERTG),以后相关企业、科研院所、高校等陆续推出了一些不同供电模式的电动RTG技术方案,大体可以归纳为刚性滑触线、高架滑触线和电缆卷筒供电三种技术方案[3]。

1.2.1 刚性滑触线供电技术

其基本原理为:在集装箱堆场的箱区内架设刚性滑触线供电线路。当ERTG在箱区作业时关闭柴油发电机组,所需动力由专门设计的集电装置将外部电力从滑触线输送到ERTG。ERTG沿滑触线移动,实现对整个箱区的工作覆盖,见图1.1。当ERTG需转场到另一箱区作业时,则切断电源与ERTG的联系,改由柴油发电机组或锂电池组等其他方式供电并实现转场。转到指定堆场后,柴油发电机组等停止工作,工作动力重新切换为外部电力。

其主要技术特点包括:

(1)轨道式集电车滑触供电系统。在箱区边缘埋设滑触线立柱,将刚性滑触线通过悬吊架固定在滑触线立柱上(图1.2),悬吊架两侧安装与滑触线平行的集电车轨道,轨道上设有数台集电车,通过集电车上的集电器、输电电缆和快速插头插座,将电力从滑触线输送到ERTG。滑触线四根一组(三相四线)悬吊、固定在吊架上。每根滑触线的截面积约700mm^2,额定电流1000A时,其容量可满足3台ERTG同时作业。

图1.1 青岛港刚性滑触线供电的ERTG

图1.2 刚性滑触线、悬吊架、集电车轨道

(2)柔性牵引的集电车。移动式集电车主要包括车体、行走轮、备用轮、导向轮,以及防碰撞缓冲装置、防翻转坠落保护装置。为适用 ERTG 跑偏、晃动的特性,ERTG 与集电车之间采用柔性牵引,以便消除两者之间相对位置变化对集电小车的影响,保证刚性滑触线对 ERTG 的正常供电。

(3)基于超声波测距技术的自动纠偏与防碰撞安全装置。在 ERTG 靠近滑触线一侧的两端安装两套超声波测距装置,一套负责自动纠偏,一套负责自动停机。超声波测距装置不间断测量 ERTG 与集电车轨道之间的距离,并将距离信号输入到 PLC,以此控制大车两侧运行电机运行,实现大车行走的自动纠偏或自动停机,其精度可根据需要设定,一般设定自动纠偏的精度为 100mm,自动停机的精度为 300mm。

(4)快速接头安全保护装置。采用大功率、具有自动断电功能的电力快速接头。如果操作者误操作,直接拔电源插头,该插头独特设计的控制回路会自动断电,保证操作者不会发生触电事故。

青岛港 ERTG 采用“T 型”布置的刚性滑触线供电方式。借鉴该技术,香港 HIT 码头在 RTG 内侧设置低架“I 型”滑触线支撑架,滑触线垂直排列布置,集电车沿轨道跟随 RTG 移动,同样取得了好的成效。

刚性滑触线供电方式进行“油改电”技术改造具有工程量小、投资少、结构简单等特点。但是,该种供电型式的 ERTG 移场(或转场)不方便,需要拔下电力快速接头,并配套小型柴电机组机(或锂电池组、发电车等)作为辅助动力实现移场。

刚性滑触线供电采用在两集装箱堆场上的箱区中间沿轨道方向架设滑触线支架,一般架设高度为 1 ~3m,支架相隔 3m 左右,同时须有一个电线杆作滑触线支撑,由于架设高度有限,为提高 RTG 作业时的安全性,刚性滑触线须采用安全滑触线,供电电压通常是机上电压,一般为 460V。在各支架之间设置承重索、铜滑线等设备,刚性滑触线供电系统一般由滑触线支架、承重索张紧装置、滑触线张紧装置、接地装置、取电装置等部件组成。

由于刚性滑触线供电需架设安全滑触线支架,为防止车辆或 RTG 碰撞供电支架,一般需要在 RTG 上加装防撞装置、减速运行装置。另外,滑触线的集电装置需要保证安全供电和牵引,长度应可调节。

刚性滑触线供电技术改造对堆场影响较大,但改造造价较低,适用面较广,对于中等规模(10 ~20 台)、中等工作密度的堆场有较高的性价比。

刚性滑触线技术是 2006 年由青岛港提出并首先使用,以后天津港国际集装箱码头、天津东方海陆码头、厦门港海天公司、深圳赤湾港等也陆续采用低空的“油改电”刚性滑触线供电技术,取得了比较好的实践经验。

据青岛港改造后测算统计:改造完成后的 RTG,每作业一个自然箱的能源成本由 6.74 元降低到 2.45 元,能耗成本下降近 59%;电动 RTG 设备运行平稳,设备故障率下降了 50%,设备利用率平均值由 69.3% 提高到 71.5%。噪声也由原来的震耳欲聋降到现在听起来仅相当于一台变频空调工作的声音,废气排放更是接近零。更为突出的是,RTG 操作一个自然集装箱耗油为 1.2L(折合 1.5kg 标准煤),而改造后的电动 RTG,操作一个自然集装箱平均耗电 2.5kW · h(折合 1.0kg 标准煤),节能率达 33%;改造后的电动 RTG,每年可减少二氧化碳排放 2.3 万 t,噪声至少可降低 50%。

1.2.2 高架滑触线供电技术

其基本原理为:通过架设高空铜滑线来实现 ERTG 上电,ERTG 可以像公交电车那样从头顶上的高压电线获取电力能源,见图 1.3。该方案主要由布置在两排集装箱堆场间的架线铁塔、架高滑触线、机上滑线导电器、地面配电箱等组成,架高滑触线采用双沟铜滑线,通过吊线器挂在承重索上保持水平,机上滑线导电器类似无轨单车的导电弓,与滑触线成 30°角,采用的集电器能够承受 ERTG 启动的大电流冲击,同时集电器左右各有 1m 的摆动自由度,保证 ERTG 在跑偏的状况下也能够可靠地供电。

图 1.3 上海港高架滑触线供电的 ERTG

高架滑触线供电采用在两集装箱堆场上的箱区中间超车道上,沿 ERTG 行走轨道方向布置多个立柱,在各立柱之间设置防雷线、承重索,铜滑线等,高架滑触线供电系统一般由以下部分组成:立柱结构、承重索张紧装置、滑触线张紧装置、悬吊固定架、接地装置、立柱基础、取电装置、防摆装置等。一般立柱上横梁两侧各安装 1 条防雷线,在中横梁上安装 2 条承重索,2 条承重索下通过悬吊固定架各悬吊 2 根滑触线,ERTG 主梁平台上安装有受电装置,受电装置在滑触线上取电供 ERTG 作业。

高架滑触线供电可采用 750V 或 460V 直流电,根据港区情况架设高度通常在 25m 以上。受电装置采用取电弓,一般采用气动控制。立柱的设计要满足 RTG 工作状态的刚度要求,也要满足非工作状态的强度要求。为保证取电装置的取电有效性,正负极采用双线并列供电,增加取电的接触面。供电系统采用直流供电,滑触线通常采用银铜合金。

高架滑触线供电技术的供电系统一般采用单边两根承重索,两边共 4 根,承重索采用镀锌钢绞线,承重索一端固定在一个端立柱上,另一端通过平衡滑轮及动滑轮组与配重系统连接,中间通过导轮支撑在中立柱上,承重索的张力在整条线上一致。由于增设了动滑轮组,配重可减轻 25%,同时对安装时的误差通过增减配重调整,简单易操作。对于由气温变化带来的承重索的热胀冷缩影响到滑触线的水平度,一般要求配重系统可以随时调节衡张力。

为了保护设备的安全,避免直击雷对供电系统的影响,立柱顶端需安装避雷线,一般为 2 条(两侧各 1 条),避雷角设计角度要求小于 15°,避雷范围需覆盖铜滑线范围。在端立柱的跨侧及中立柱的两侧应设置防摆装置,防摆装置的跨度一般约为 20m,与吊架上的钢管柔性连接。采用对角线拉紧方式限制滑触线的摆动,以减少风载荷作用引起的滑触线的侧向摆动量。

2007 年初,上海港振东集装箱码头首先开始投入实施 RTG 高架滑触线供电技术,宁波北仑国际集装箱码头、深圳妈湾港等也陆续采用“油改电”高架直流滑触线技术，取得了比较好的实践经验。据改造后测算统计：上海港振东集装箱码头公司改造后的 ERTG 每作业一个标箱，能耗节省约 60%，费用节省约 73%，达到环保无烟尘、运转噪声小、故障率降低的效果。改造后的 ERTG 耗电约为 1.6kW · h/TEU，每台 ERTG 每年节省费用约 41.4 万元。

1.2.3　电缆卷筒供电技术

其基本原理为：在门架一侧设置电缆卷筒，电缆缠绕在电缆卷筒上，电缆的一端与 ERTG 的整机供电回路连接，另一端沿着码头地面的电缆槽，连接至相应的市电接线箱，见图 1.4。ERTG 行走时，电缆卷筒根据 ERTG 与市电接线箱的距离收放电缆。

其主要技术特点包括：

(1) 在保持原 RTG 配置不作改动的基础上再增加一套配电装置；

(2) 地面配置箱式变压器、插座箱，采用快速接头接电；

(3) 增加电缆卷盘一套，PLC 控制，变频电机或力矩电机驱动；

(4) 机上增设的电缆卷盘及检修平台，大车车架中间部位设置导缆架；

(5) 在场地上修建电缆槽；

(6) 可加装逆变器，将部分下降电能反馈电网。

图 1.4　电缆卷筒供电的 ERTG

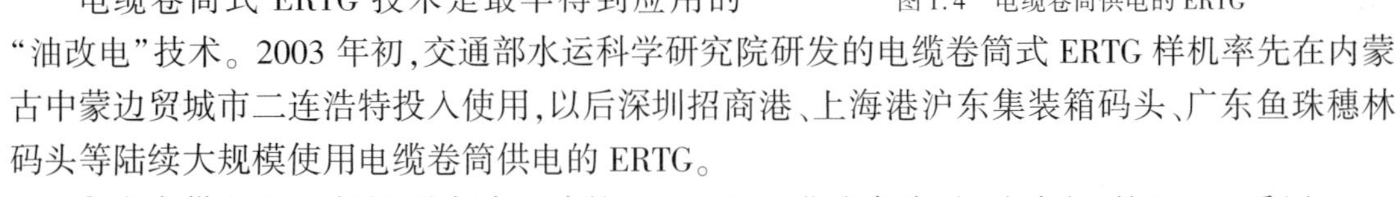

电缆卷筒式 ERTG 技术是最早得到应用的“油改电”技术。2003 年初，交通部水运科学研究院研发的电缆卷筒式 ERTG 样机率先在内蒙古中蒙边贸城市二连浩特投入使用，以后深圳招商港、上海港沪东集装箱码头、广东鱼珠穗林码头等陆续大规模使用电缆卷筒供电的 ERTG。

各方案供电电压有所不同，水运院的 ERTG 和上港沪东公司“油改电”的 ERTG 采用 460V 低压供电，招商港务深圳有限公司改造的 ERTG 采用 690V 供电，上港明东公司采用 1000V 供电。

电缆卷筒供电方式的 ERTG，技术成熟，投资省，操作简单，但其移场时供电电缆需要转换供电接线箱。在繁忙的集装箱码头，多台 ERTG 同时在一个箱区工作，可能会出现电缆重叠现象。

电缆卷筒供电技术应用时间较长，用户比较熟悉，在市场上有一定的影响力。该技术地面工作较少，RTG 改造基本不占用工作场地，对堆场影响较小；使用该技术的 ERTG 相对完整独立，可以分批分期单独改造，ERTG 转场和利用比较容易；该技术应用面广，可以针对传统旧 RTG 进行改造，也可以是在新设计、新制造的 RTG 机型中采用；该技术对场地要求简单，适合于不同大小、形状的场地，特别是对中、小码头，ERTG 数量不多、密度不高的场区有较高的性价比。

1.3 港口起重机势能回收利用技术

1.3.1 起重机位势负载节能技术

起重机载荷高程变化形成的势能是相当大的,如何合理地使用这类再生能源,减少能源浪费,是港口起重机节能技术的一项重要内容。

(1)起升过程能量流向及能耗分析

在起升过程中,起重机操作系统从电网吸收电能,克服系统摩擦力及地球引力对负载做功。所吸收的电能一部分转化为热能,一部分转化为载荷势能[4,5],能量流向见图1.5。

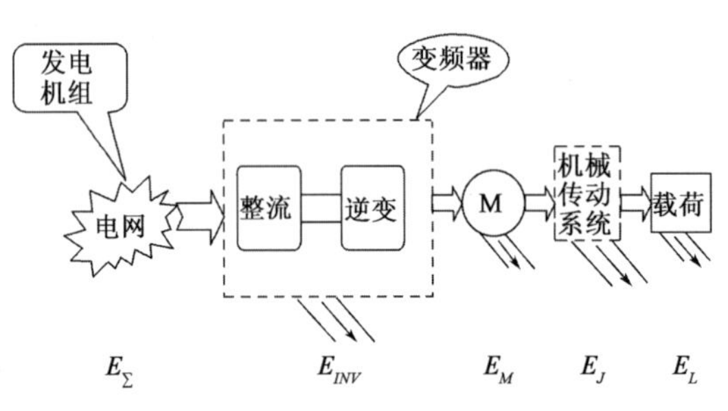

图1.5 负载起升过程中能量流向图

图1.5中,E_{Σ}为从电网吸收的总能量;E_{INV}为变频器消耗掉的能量;E_M为电机损耗掉的能量;E_J为机械传动系统损耗掉的能量;E_L为系统对负载做的功。

根据能量流向图,推出系统效率计算公式如下:

$$\eta_{\Sigma}=\frac{E_l}{E_{\Sigma}}=\frac{E_l}{E_{INV}+E_M+E_J+E_L} \tag{1.1}$$

设变频器、电机、机械传动系统各环节的能量传输效率依次为η_{INV}、η_M和,η_J则有:

$$\eta_{\Sigma}=\eta_{INV}\times\eta_M\times\eta_J \tag{1.2}$$

变频器、电动机及机械传动各环节的能耗依次如下:

$$E_{INV}=E_{\Sigma}\times(1-\eta_{INV}) \tag{1.3}$$

$$E_M=E_{\Sigma}\times\eta_{INV}\times(1-\eta_M) \tag{1.4}$$

$$E_J=E_{\Sigma}\times\eta_{INV}\times\eta_M\times(1-\eta_J) \tag{1.5}$$

在计算系统总效率时,如果各环节能耗能直接测量出来,那么公式(1.1)就是有效而又精确的方法。但在工程实践中各环节能耗的直接测量是有困难的,因此,系统总效率的计算通常是通过能量传输各环节主要元件的效率来计算,即公式(1.2)。

目前在港口起重机械的电气系统中,可供选择的变频器品牌以及电机的品牌是多样的,而且机械传动形式也各不相同,但其效率总在一定范围内变化:

$\eta_{INV}=0.95\sim0.98$(见参考文献[6]);

$\eta_M=0.725\sim0.952$(见参考文献[7],对应电机为IP44);

$\eta_J=0.85\sim0.92$(此参数取值范围为设计人员经验值,见参考文献[8])。

根据式(1.2),系统最小能量传输效率值:

$$\eta_{\Sigma.\min}=\eta_{INV.\min}\times\eta_{M.\min}\times\eta_{J.\min}=0.95\times0.752\times0.82=0.59$$

系统最大能量传输效率值:

$$\eta_{\Sigma.\max}=\eta_{INV.\max}\times\eta_{M.\max}\times\eta_{J.\max}=0.98\times0.952\times0.92=0.86$$

起升过程完成后，系统所剩余能量以载荷势能的形式储存起来，其最小值为：

$$E_{L.\min} = \eta_{\Sigma.\min} \times E_{\Sigma} = 0.59E_{\Sigma} \tag{1.6}$$

最大值为：

$$E_{L.\max} = \eta_{\Sigma.\max} \times E_{\Sigma} = 0.86E_{\Sigma} \tag{1.7}$$

(2)下降过程能量流向及能耗分析

在下降过程中，电机处于发电状态，载荷的势能通过电机及变频器转变为直流电能，经制动电阻消耗掉，系统能量流向见图 1.6。

图 1.6 中，E_{INV}、E_M、E_M、E_L 含义同图 1.5，E_R 为通过制动电阻消耗掉的能量。接下来要确定 E_R的大小。在能量逆向流动的过程中，机械传动系统与变频器这两个环节的能量传输效率基本相同，可采用原来的数据，$\eta_{INV} = 0.95 \sim 0.98$，$\eta_J = 0.85 \sim 0.92$，但电机的能量传输效率有一定的下降，$\eta_M$ 取 0.78 ~ 0.82。

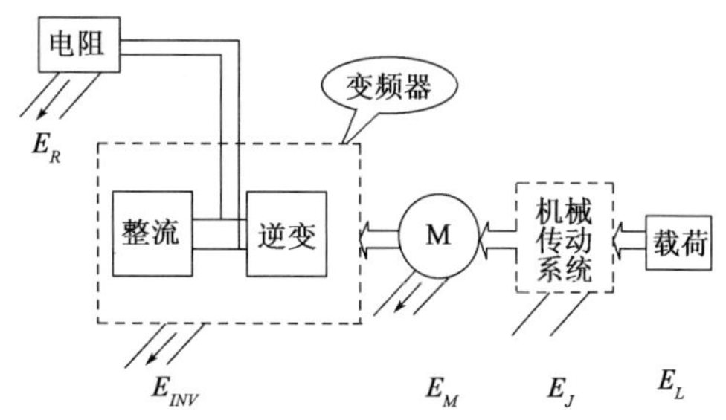

图 1.6　负载下降过程能量流向图

根据公式(1.2)，此时能量传输的总效率最小值为：

$$\eta_{\Sigma.\min} = \eta_{INV.\min} \times \eta_{M.\min} \times \eta_{J.\min} = 0.95 \times 0.78 \times 0.85 = 0.63 \tag{1.8}$$

最大值为：

$$\eta_{\Sigma.\max} = \eta_{INV.\max} \times \eta_{M.\max} \times \eta_{J.\max} = 0.98 \times 0.82 \times 0.92 = 0.74 \tag{1.9}$$

那么，最终消耗在制动电阻上的能量为：

$$E_{R.\min} = \eta_{\Sigma.\min} \times E_{L.\min} = 0.63 \times E_{L.\min} = 0.63 \times 0.585E_{\Sigma} = 0.37E_{\Sigma} \tag{1.10}$$

$$E_{R.\max} = \eta_{\Sigma.\max} \times E_{L.\max} = 0.74 \times E_{L.\max} = 0.74 \times 0.858E_{\Sigma} = 0.63E_{\Sigma} \tag{1.11}$$

以上分析可知，在变频调速系统中，消耗在制动电阻上的能量占提升机构消耗能量总量的 37% ~63%。这部分能量是相当可观的，特别是当调速系统高效运行时，节能调速系统的意义就更大了。

(3)RTG 节能改造

基本思路是：RTG 吊载下降的过程也是一个能量反馈(起升电机发电)的过程，对于固定电网供电的起重机，可以将电机发出的电反馈给固定电网，而 RTG 只能通过电阻发热的办法将这部分能量消耗掉。如果在 RTG 上设置一套超级电容器组(SC)，将吊载下降反馈的能量和各机构减速制动需消耗的能量储存起来，以供 RTG 耗能高峰阶段使用，就可以达到显著的节能效果，同时也可以减少突加载荷对柴油机的冲击，从而提高柴油机的使用寿命。

①工作原理

超级电容器组(SC)通过双向升降压 DC-DC 变换器连接在直流母线上，通过对开关器件导通时间占空比控制，而控制能量在直流母线与超级电容(SC)之间的流向，如图 1.7 所示。

a)当 $U_{bus} > U_{max}$时，电容充电，系统工作在降压模式下，在该模式下 T1 工作，T2 截止，每个开关周期分两个时间段：

$0 \sim t_1$：T1 导通，母线通过开关 T1 和电感 L1 对超级电容 SC 充电，电感电流 I_L处于增大状态 $I'_L = \dfrac{U_{bus} - U_C}{L}$；

$t_1 \sim T$:T1 截止,电感 L1 超级电容 SC 和 T2 的续流二极管构成回路,电感向超级电容释放其储存的能量,其电流处于减小状态 $I'_L = \frac{-U_C}{L}$。

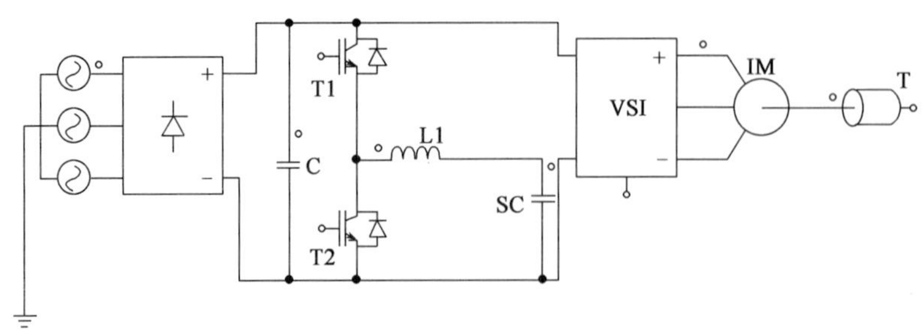

图 1.7　超级电容直通过 DC/DC 变换并联在直流母线

b)当 $U_{bus} < U_{min}$ 时,电容放电,系统工作升压模式下(buck),在该模式下 T1 截止,T2 工作,每个开关周期同样分个两个时间段:

$0 \sim t_1$:T2 导通,超级电容 SC 电感 L1 和开关 T2 构成电容对电感的充电回路,电感电流 I_L 处于增大状态 $I'_L = \frac{-U_C}{L}$;

$t_1 \sim T$:T2 截止,电感 L1 超级电容 SC 和 T1 的续流二极管构成回路,电感通过续流二极管向直流母线释放其储存的能量,其电流处于减小状态 $I'_L = \frac{U_{bus} - U_C}{L}$。

当 $|U_C = U_{bus}| \leq \lambda V$ 时,T1、T2 关断,电容停止充放电。

②电容的选择依据

a)在反馈制动时要求:$M_B \geq M_{jmax}\eta$,即:

$$P_C > P_{jmax}\eta$$

式中,M_B 为制动力矩;M_{jmax} 为机械转矩最大值;η 为机械系统传动效率;P_C 为电容功率;P_{jmax} 为提升负载。

该限制条件决定了超级电容功率的大小。

b)在吊载下降的能量反馈过程中要满足能量守恒的原则,即负载势能所转化的电能可以完全地储存起来,$E_C \geq A$。该限制条件决定了超级电容容量的大小。

③电容的选择

设载荷重 m,满载起升速度 v,起升高度 h,机械系统效率 0.92,重力加速度为 g,充放电电流 I_0,超级电容容量 C;直流母线电压 U,在直流母线接入超级电容以维持母线电稳定。

a)根据反馈制动约束条件,最大负载功率 $P_{jmax} = mgv$,则 $P_C \geq P_{jmax}\eta = mgv\eta$ 即:

$$U_C I_C \geq mgv\eta$$

b)根据能量守恒的原则,电容通过 DC/DC 变换器并联在直流母线上,这样可以降低电容的工作电压,还可以加大电容的放电深度,因此在工作状态下电容所能吸收的能量最大值为:

$$E_C = \frac{1}{2}C(U_{max}^2 - U_{min}^2) \tag{1.12}$$

负载势能:$A_1 = mgh$,根据能量守恒的原则:$E_C \geq A$,即:

$$mgh \leqslant \frac{1}{2}C(U_{\max}^2 - U_{\min}^2)$$

由此推出：

$$C \geqslant \frac{2mgh}{U_{\max}^2 - U_{\min}^2} \tag{1.13}$$

④计算实例

设起重机起重量 m 为 40.5t，起升速度 v 为 25m/min，起升高度 h 为 18.3m，机械系统效率 η 为 0.92，重力加速度 g 为 9.8m/s^2，充放电电流 I_0，超级电容容量为 C，单支电容的额定电压为 2.7V；变频器直流母线电压变化范围 400～600V，利用超级电容节能，并确定超级电容大小。

a）根据功率约束：

$$U_C I_C \geqslant mgv\eta, mgv\eta = 40.5 \times 10^3 \times 9.8 \times \frac{25}{60} \times 0.92 = 152.145\text{kW}$$

DC/DC 转换器的额定工作电流小于 500A，即 $I_{C\max} = 500$A，所以有：

$$U_{C\min} = \frac{mgv\eta}{I_{C\max}} = \frac{152.145 \times 10^3}{500} = 304.3\text{V}$$

b）根据能量平衡约束，负载势能：

$$A_1 = mgh = 40.5 \times 9.8 \times 18.3 = 7.26327 \times 10^6\text{J}$$

同样，依据式（1.13）电容所能吸收的能量最大值：

$$C \geqslant \frac{2mgh\eta_{\Sigma\max}}{U_{C\max}^2 - U_{C\min}^2} = \frac{2 \times 7.26327 \times 10^6 \times 0.74}{U_{C\max}^2 - 304.3^2}$$

此处：$\eta_{\Sigma\max}$ 为吊载下降时系统能量传输效率。分析上式可以看出 $U_{C\max}$ 和电容大小成反比关系，如果 $U_{C\max}$ 越大，那么电容利用率越高，相应的电容组成本也就越低，此处取 $U_{C\max} =$ 600V，那么 $C = -40.2$F。即一只容量为 40.2F、额定电压为 600V 的电容就可以满足系统能量回馈的要求。这样的电容需通过多支电容组合实现。

选用 SU2400P－0027V－1RA（2400F，2.7V）来组建这个电容组，则

$$n_{serial} = \frac{U}{U_{Cn}} = \frac{600}{2.7} = 223$$

$$n_{parallel} = \frac{C \times n_{serial}}{C_n} = \frac{40.2 \times 223}{2400} = 3.7$$

取：$n_{parallel} = 4$

总的电容数量：$n_\Sigma = n_{parallel} \times n_{serial} = 223 \times 4 = 892$ 只

超级电容型号及主要参数见表 1.1。

超级电容型号及相关参数　　表 1.1

型　号	SU2400P－0027V－1RA	SU600P－0027V－1RS	SU120E－0027V－1CA	SU50E－0027V－1CA	SU30E－0027V－1CA
容量(F)	2400	600	120	50	30
额定电压(V)	2.7	2.7	2.7	2.7	2.7
浪涌电压(V)	3.0	3.0	3.0	3.0	3.0

续上表

型号	SU2400P - 0027V - 1RA	SU600P - 0027V - 1RS	SU120E - 0027V - 1CA	SU50E - 0027V - 1CA	SU30E - 0027V - 1CA
额定电流(A)	648	162	32	13.5	8.1
最大电流(A)	>1800	810	160	67.5	40.5
最大储能(Wh)	2.4	0.6	0.1	0.05	0.03
质量(g)	600	225	40	20	11
尺寸(mm)	168×60×56	125×25×50	ϕ35.5×64.4	ϕ22×55	ϕ22×35

1.3.2 位势负载节能系统设计

(1)系统总体设计

在异步电动机和机械负载组成的起停、调速控制系统中，当电动机减速或者所传动的位能负载上升、下降时，异步电动机将处于不同的状态，正确理解并处理好能量流向的问题对于储能系统的设计是至关重要的。以 RTG 为例,即将 RTG 负载下降过程中回馈的能量用超级电容储存起来，在 RTG 负载上升及运行等能耗高峰阶段，超级电容再释放能量，实现电能的存储、转换，以达到节能的效果。RTG 整个工作过程中，柴油发电机及供电电力电网平稳，这样也有利于电气设备的高效、长时工作[9]。

①系统组成

RTG 位势负载节能系统由变频调速系统、DC 变换系统和超级电容储能系统三大部分组成，见图 1.8。

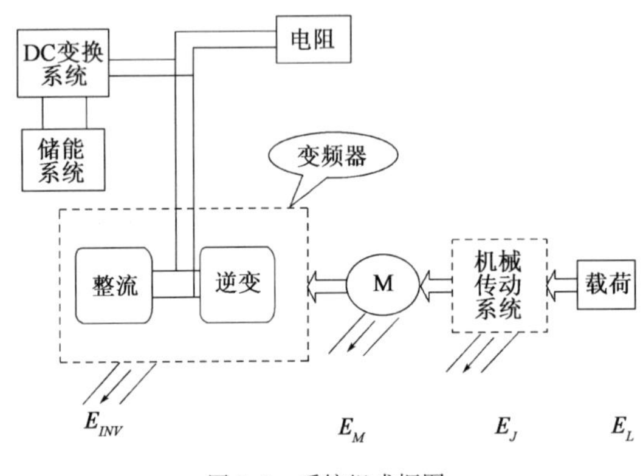

图 1.8 系统组成框图

在本系统中,柴油发电机组发出的三相交流电源经过交流变频器的整流装置，转换成直流电源 DC，通过交流变频器中的变频装置，将 DC 电源转换成频率和电压可控的交流电源 AC，用于驱动起升、大车或者小车机构。将超级电容储能系统通过双向 DC-DC 变换器系统并联在变频器的直流母线上,利用直流母线监测电压变化范围，在电压上升时充电，在电压下降时放电。随着不断的放电，超级电容端电压下降，直流母线电压跟着下降。当检测到此电压低于柴油发电机组的电源整流电压时，柴油发电机组开始参与供电，在制动时，超级电容不断地得到回馈能量的充电。当 RTG 的工作机构处于再生回馈状态时，机构将能量回馈到直流母线上，直流母线电压逐步上升，使超级电容不断地吸收电能;当 DC 电压由工作机构电机再生回馈电能引起上升时,超级电容进入充电状态。随着不断地充电，超级电容端电压上升，直流母线电压跟着上升，所有机构的回馈能量都被超级电容吸收。

②储能系统设计

超级电容储能系统主要由充电控制器、放电控制器和电容体 3 部分组成,见图 1.9。电容体采用有机全密封结构的电容器，能够进行数十万次以上的连续充放电而无需维护，电容器能够以任何姿态放置而无需担心电解液泄漏。

由电网来的三相交流电经断路器和交流接触器、快速熔断器后，加到晶闸管智能控制三相整流模块的输入端。考虑到充电电压较高，整流模块选用高功率余量、高可靠性的组件。整流器输出的直流高压经过高功率余量的不锈钢限流电阻后，加到超级电容储能组件的输入端。充电控制器控制充电电压的上升率，并给超级电容器储能组件充电直至到设定的电压。当超级电容器储能组件上的电压达到预先设定的电压后，充电控制器将自动改变为恒压充电方式，使超级电容器储能模块的电压保持为设定值。超级电容器储能组件所储存的能量通过大电流的隔离二极管、断路器向负载输出。该系统具有较完善的保护功能，能保证在正常使用条件下设备的安全。

为保证维修的安全，本系统设有维修放电装置,在维修时按下维修开关打开放电控制器，可将超级电容器储能组件所储存的能量泄放掉，以确保人身安全。放电控制器采用大功率的直流接触器，并配以大功率的不锈钢电阻器，以保证系统能长期可靠的运行。在正常工作状态下，系统的充电控制器将自动运行在人工设置的工作状态，并提供明显的电量指示和有效的人工控制。

储能系统通过双向升降压 DC-DC 变换器连接在直流母线上,通过对开关器件导通时间占空比的控制来控制能量的流向。

(2)硬件设计

在本控制系统中采用西门子的 S7-200 系列的 PLC，传感器采用 WB 系列的智能电量传感器。PLC 控制系统框图见图 1.10。

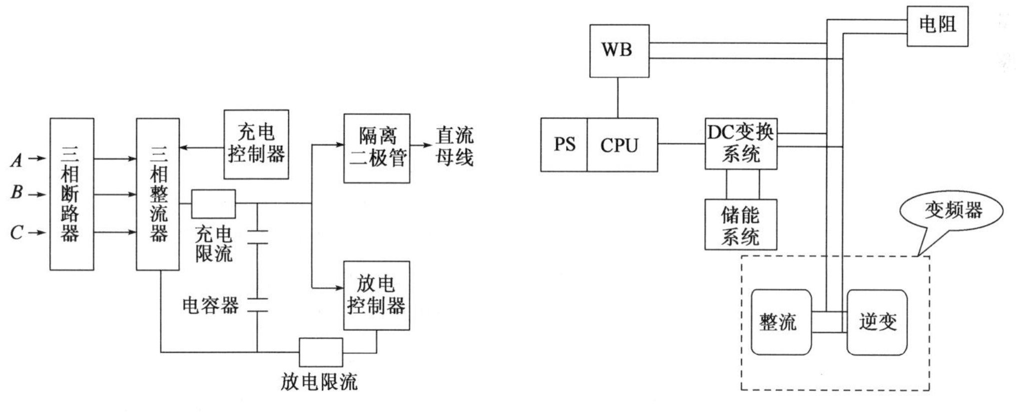

图 1.9　超级电容储能系统　　　　图 1.10　控制系统框图

控制器采用西门子公司的 224XPCN，设计上保证系统处理速度快、安全性高、成本低。224XPCN 集成 14 路输入、10 路输出共 24 路数字量 I/O 点，2 路输入、1 路输出共 3 个模拟量 I/O 点，可连接 7 个扩展模块，具有很强的扩展性。本机还具有内置模拟量 I/O，位控特性、自整定 PID 功能、线性斜坡脉冲指令、数据记录及配方等功能。

WB 智能电量传感器采用高性能 MCU，综合运用 DSP 技术、数据通信技术、自动控制技术、高速数据采集技术、集成 IC 技术等一系列先进技术。该传感器具有工作可靠、精度高、频响宽、温度特性好、抗干扰能力强、接口方式简单、体积小，功耗低等特点。它具有 RS-485 智能接口，通过 RS-485 接口与西门子的 PLC 进行通信。S7-200 CPU 通信口是 9 针头，用 RS-485方式与 WB 系列智能传感器通信。

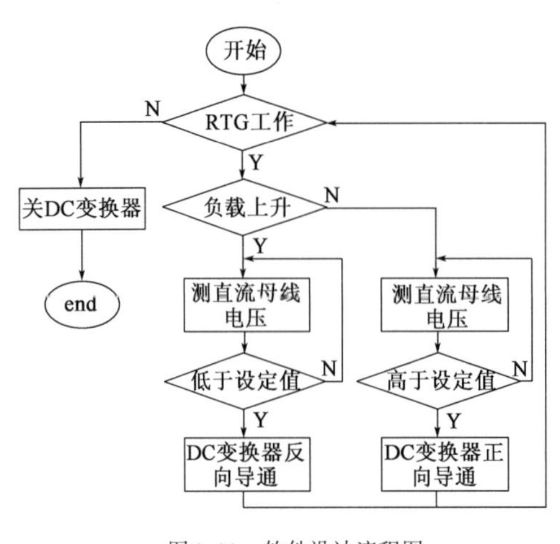

图 1.11　软件设计流程图

(3)软件设计

利用 S7-200 进行编程，采用模块化设计，实现对设备的实时准确控制。软件设计流程见图 1.11。

在整个系统运行的过程中，利用传感器检测直流母线上的电压，当负载下降时，如果电压高于设定值，则通过 PLC 控制 DC/DC 变换器正向导通，对超级电容储能系统进行充电，实现能量的回收利用；当负载起升时，如果传感器检测到直流母线上的电压低于设定值时，则通过 PLC 控制 DC/DC 变换器反向导通，实现超级电容储能系统对 RTG 的辅助供电。

1.3.3　基于公共直流母线的起重机控制系统节能设计

电动轮胎式集装箱门式起重机(ERTG)现已逐渐成为集装箱码头堆场的重要设备。ERTG 一般采用变频控制方式,即起升机构、小车运行机构、大车行走机构采用独立的变频调速系统,这样导致了多台电机间电动状态和发电状态之间的能量不能实现互相利用,起升机构的载荷势能以及大车和小车运行机构刹车时所产生的能量都被变频器的制动电阻器以热能的形式消耗掉,造成了能量的浪费。如能对这部分能量加以利用,将有效减少 ERTG 的能量消耗,节能节支,同时改善工作环境。针对上述问题,本节重点讨论基于公共直流母线的 ERTG 节能控制系统[10]。

(1)系统组成

①公共直流母线系统原理

公共直流母线技术既可以有效地解决多电机间电动状态和发电状态之间的矛盾,又可以回收电机发电状态下产生的能量,并且与 PLC 控制技术有机结合,将实现 ERTG 的平滑、稳定调速以及能量的充分利用。这一技术在港机领域有广阔的应用前景。

公共直流母线系统通常由整流/回馈单元、公共直流母线、逆变单元组成。当系统工作在电动状态时,逆变器从母线上获取电能;当系统工作在发电状态时,能量通过母线及回馈装置直接回馈给电网,以达到节能、提高设备运行可靠性、减少设备维护量和设备占地面积等目的。

②公共直流母线的优点

与传统的变频调速系统相比,公共直流母线技术具有以下优点:

a)公共直流母线由于采用了集中整流技术,它将在传统交流变频调速系统基础上再节能 8% ~15%。

b)集中整流技术使得所有逆变器的直流母线电压一样,而且由于母线容量更大,直流电压比单台变频器的母线电压更稳定,使逆变器系统的抗干扰性能提高,并且直流母线技术的应用也使该系统的谐波得到有效控制。

c)公共直流母线使用的是变频逆变器,整流部分由原先的各个变频器的整流单元变为公共整流单元,使结构紧凑,从而提高了整体设备的可靠性。

d)公共直流母线应用在 ERTG 上,能使回馈的能量先到直流母线上供其他运转电机使用,只有当回馈能量大于其他运转电机要求的能量时,多余的能量才回馈到电网上。

③ERTG 直流母线系统的组成

ERTG 采用四卷筒控制技术,每台卷扬机由一台变频电机驱动;这就要求各运行结构具有实时性,其必然要求控制准确、反馈迅速、安全可靠,同时,为了提高工作效率及工作性能,并结合 ERTG 的工作特点及工艺要求,系统中自动控制部分采用西门子的 S7-300 系列 PLC,整流/回馈单元采用西门子的 6SE70 系列,逆变单元采用安川的 G7 系列。系统结构见图 1.12。

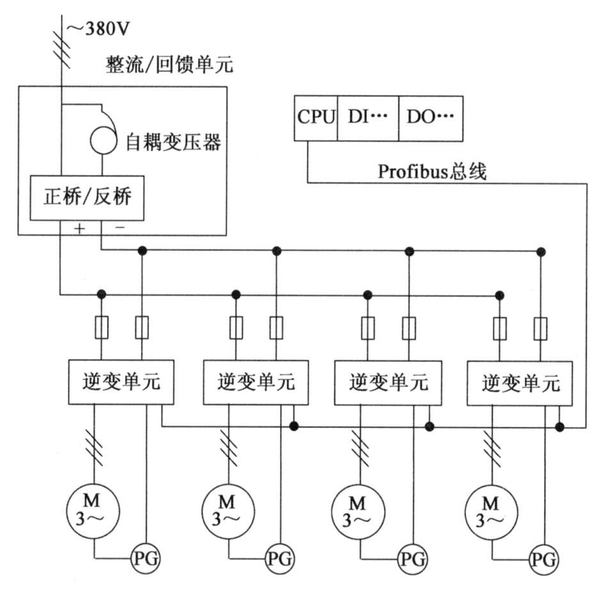

图 1.12　系统结构图

(2)系统设计

①整流/回馈单元设计

整流/回馈单元向逆变器的直流母线供电,它不仅由三相交流电源取得电动状态的能量,而且能将直流母线上的发电状态能量送回电网,其原理见图 1.13。

回馈单元可分为通过自耦变压器的能量回馈和不通过自耦变压器的能量回馈两种方式:通过自耦变压器的能量回馈可提高回馈支路中的电源电压,目的是在能量回馈过程中不必降低中间回路电压,使得逆变器能够获得一个较稳定的直流电源,并且即使在发电状态下工作时,在所有电机转速下均可以达到电机的最大转矩;不通过自耦变压器的能量回馈实际上是保持系统一直处在回馈状态,在整流过程中依靠持续降低具有相角控制的中间回路的电压来实现。本系统中回馈单元采用通过自耦变压器的能量回馈方式。

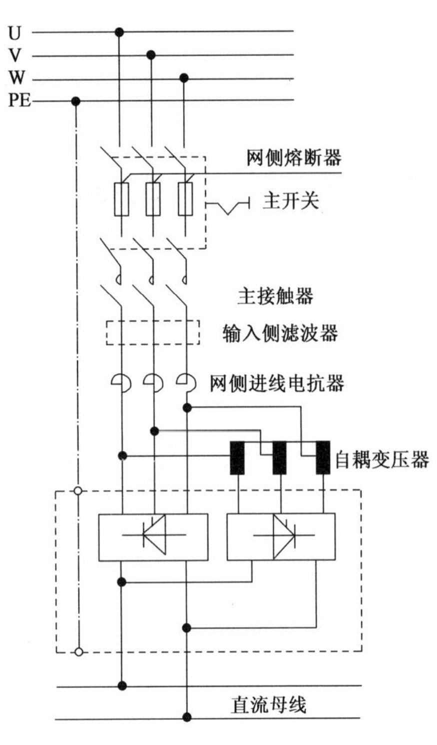

图 1.13　整流/回馈单元原理图

整流/回馈单元中进线电抗器用于限制电网谐波,减少电网谐波对逆变单元、整流/回馈单元等装置的影响。电抗器参数与电源的短路功率和装置的视在功率之比有关,当电源短路功率与装置的视在功率之比为 50 ∶ 1 时,整流/回馈单元采用短路压降为 4% 的进线电抗器。

②逆变单元设计

逆变单元把电压稳定的直流电源转化为电压、频率可调的交流电源,以满足电机平滑调速的目的。其原理如图 1. 14 所示。图中的 24V 直流电压由一个集成供电单元提供。逆变器由内部闭环电子线路控制,可以通过操作控制面板、端子排或系统总线进行控制。为了实现对 4 台电机的实时准确控制,本系统中采用 Profibus 总线对逆变器进行控制。

ERTG 的核心机构是起升机构,在起升机构上采用变频调速必须解决的关键技术有:

a)低频时能保证恒转矩输出,以避免低频时满负荷工况下发生带不动负载的现象。

b)满负载时在空中制动停车或在提升时,不产生溜钩现象。

c)电机减速或重载下放时,再生制动能量必须迅速释放。

另外要求起升机构在 50Hz 以下实现恒转矩调速,空载或只带吊具时可以在 50Hz 以上运行,实现恒功率调速,运行最高频率约为 70Hz。安川的 G7 系列逆变器有不带 PG 的 V/F 控制、带 PG 的 V/F 控制、不带 PG 的矢量控制、带 PG 的矢量控制等 4 种控制方式,其中带 PG 的矢量控制具有调速范围宽、高精度转矩控制、动态响应速度快等优点,因此,本系统采用带 PG 的矢量控制方式来满足系统的控制要求。公共直流母线变频调速采用的闭环矢量控制方案,调速范围广、调速精度高、动态响应好,正在精确速度控制与节能应用中发挥着提升工艺质量和生产效率的显著作用。

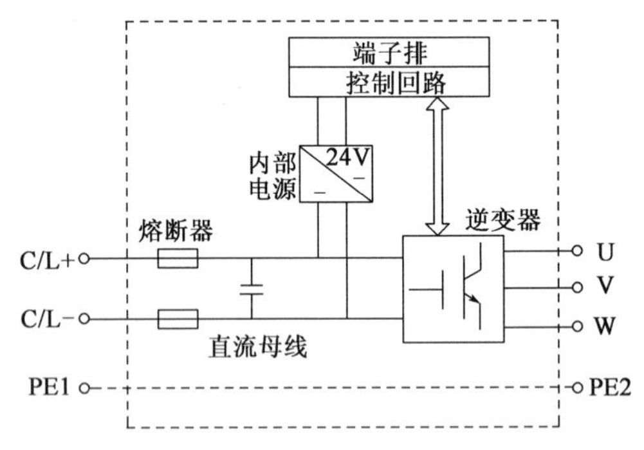

图 1.14　逆变单元原理图

③控制部分设计

PLC 部分作为整个系统的流程控制核心,可实现设备的控制、数据监测、数据处理、数据传送等多种功能,在电气室、司机室的触摸屏上可实时显示工作状态、起重数据、故障信息等,实现作业系统的信息管理,PLC 控制系统的组成框图见图 1. 15。

系统中的 PLC 采用西门子的 S7-300 系列可编程控制器。该控制器功能齐全,编程环境良好,可直接与上位机相连接,设计上保证系统处理速度快、安全性高及成本低。PLC 主站及从站组成了本系统的基本控制层。PLC 主站背板上的模块包含有 PS、CPU、SM321、SM322，从站背板上安装有 PS、SM321、SM322 模块。PLC 控制器采用 315-2DP 模块，具有快速诊断、实时检测等功能。此外，该 CPU 模块还带有 Profibus-DP 口，它与逆变器的通讯可以通过 CPU 直接访问逆变器的 SI-P 通信卡来实现，这样逆变器就可以作为 Profibu-DP 网的从站，PLC 就可以通过 Profibus-DP 网对逆变器进行直接的实时控制，无需使用 I/O 接口，整个变频调速控制过程由 PLC 通过 SI-P 卡对逆变器的过程数据“控制字、状态字、设定值、实际值”进行读、写操作来实现。

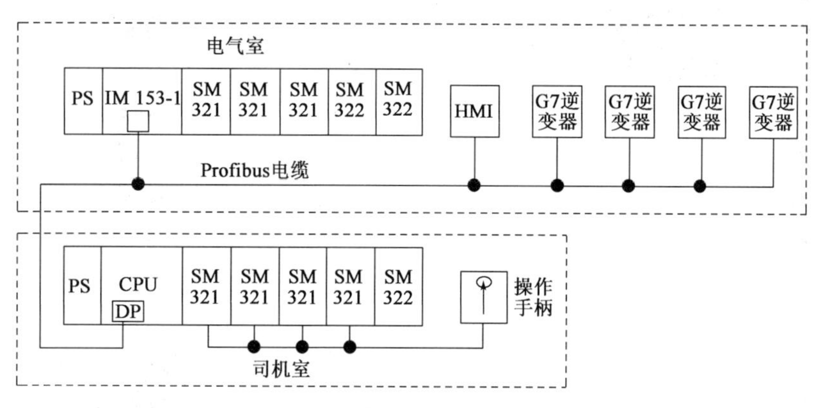

图 1.15　PLC 控制系统框图

1.4　轮胎式集装箱门式起重机轻量化技术

轻量化技术是指在优化结构、优选材料、优选加工方法等的基础上，最大化减轻机构、结构和整机自重，实现设备质量、成本、性能等综合指标最优化的一项新技术。轻量化设计是起重机节约能源，提高经济性的有效、直接、可行途径之一，也是港口起重机实现节能减排的重要手段。作为港口集装箱堆场的重要装卸设备，轮胎式集装箱门式起重机的轻量化需要在优化设计、降低自重的同时，必须保证设备的功能性、安全性与耐用性等的工作要求。

2003 年，交通部水运科学研究院根据我国集装箱运输和节能环保的发展趋势，开展了基于节能减排技术的新型 RTG 技术开发，以提高我国沿海支线港与内河集装箱堆场装卸设备的经济性、先进性、实用性和环保性。开发过程中，将轻量化设计技术与起重机设计技术相结合，从系统工程角度，综合开展了 RTG 总体设计、结构分析、机构集成、自动控制等的技术优化，同时将轻量化技术与其他节能减排技术相结合，研发成功了自重轻、能耗小、造价低的新型 RTG，取得了重大的技术创新[11,12]。图 1.16 是新型 RTG 产品工作现场。

1.4.1　整机轻型化技术

新型 RTG 采用四卷筒控制技术，起升与小车运行一体化设计，大大减小了运行载荷的质量，实现了结构以及整机的轻量化目标。

图 1.16　集装箱堆场的新型 RTG

(1)起升与小车运行一体化技术

通用 RTG 的起升机构驱动系统布置在小车上,小车运行也设有单独的电机进行驱动。因此小车必须有足够的强度和刚度以支撑起升和小车驱动机构,相应结构架的重量也较大。一般小车总成的重量约占 RTG 整机重量的 20%。为实现轻量化目标,新型 RTG 的起升与小车运行系统创新性地采用四卷筒运行控制方式,其控制原理见图 1.17,即:当两侧 2 台电机驱动 4 个卷筒以同一速度卷起时,只有起升货物上下运动,无小车动作;当一侧 1 台电机驱动 2 个卷筒卷起,另外一侧 1 台电机驱动 2 个卷筒以同一速度下放,只有小车前后运动,无起升动作;当两侧电机的转速不同时,可实现复合运动,也就是起升和小车联合运行。

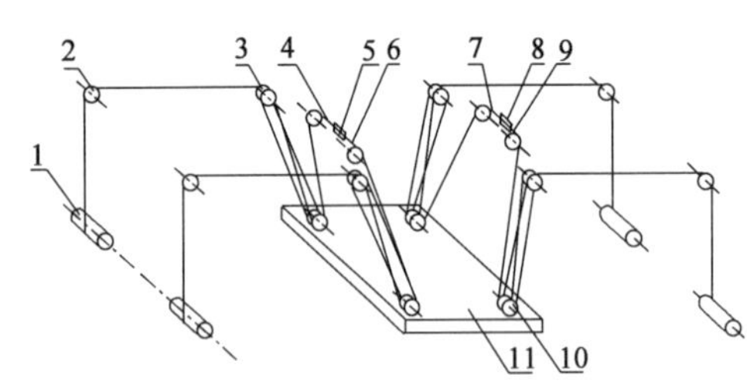

图 1.17　四卷筒控制原理

1-卷筒(左右各 2 个);2-结构架滑轮组;3-小车架滑轮组;4-钢丝绳Ⅰ;5-吊具回转装置Ⅰ;6-钢丝绳Ⅱ;7-钢丝绳Ⅲ;8-吊具回转装置Ⅱ;9-钢丝绳Ⅳ;10-吊具滑轮组;11-吊具

在四卷筒控制技术的 RTG 设计中,小车运行机构与起升机构共用同一套驱动装置,驱动机构固定安装在两侧底梁上,变频控制,分别驱动,通过两侧卷筒的不同转向对钢丝绳进行收放,配合特别设计的钢丝绳缠绕系统实现货物的升降和平移。在主梁轨道运行的小车上,只装有起升滑轮组、小车车轮和水平轮,不设驱动装置,小车总成重量只有原通用 RTG 小车总成重量的 1/4,工作运行载荷大大降低。

(2)整机的结构优化

门式起重机结构设计中,移动载荷对门架结构的计算和优化具有关键性作用。在起重量一定的情况下,减轻小车移动载荷成为优化结构的重要基础。新型 RTG 采用四卷筒技术方案,起升机构与小车运行机构共用一套驱动装置,驱动机构布置在结构底梁上(图 1.18),使得整机重心下移,整机更加稳定。运行小车上不设置驱动装置,小车质量大为降低,为整机结构的全面优化提供了前提。由于轻量化的关联性,降低了小车总成的移动载荷重量,相应地也降低了小车架、主梁、门腿、大车运行机构等部件的重量,从而大大降低了整机重量。通过结构优化布置与设计,新型 RTG 的整机自重比通用 RTG 降低了约 30%,显著实现了 RTG 的轻量化目标。

(3)总体参数的优化

借鉴通用 RTG 等港口装卸搬运设备的技术特点,在起升与小车运行一体化和结构轻型化技术的基础上,对起重量、起升高度、跨距、起升速度、大车运行速度、供电方式、轮压等总体参数进行优化设计,使各参数间合理匹配,达到整机技术性能先进、适用,实现自重轻、轮压小、造价省、能耗低等目标。经过理论计算及实际作业考核,新型 RTG 的生产率达到 20 箱/h,比较好地满足了堆场作业的需求。优化后的新型 RTG 自重轻,投资少,造价仅为通用 RTG 的 50%。同时由于整机自重和轮压的下降,堆场基础投资较通用 RTG 的堆场投资降低约 1/3。

图 1.18　布置在底梁的起升与小车一体化运行机构

1.4.2　电力/柴电机组混合驱动技术

传统的轮胎式集装箱门式起重机(RTG)采用柴电机组提供动力,可以任意转场,具有作业机动性强的特点,可以在一定区域内集中多台设备突击完成装卸工作。但传统的通用 RTG 同时具有能耗高、噪声大、废气排放量大、维修费用及运行成本高的不足。

轨道式集装箱门式起重机(RMG)结构简单,作业可靠性高,操作和维修方便,采用电力驱动,节省能源,但其机动性差,作业范围受到限制,因无法调场使用,出现故障停机时可能会影响所在箱区的作业。

新型 RTG 结合传统 RTG 与 RMG 的优点,采用电力/柴电机组双驱动技术,进一步提高了 RTG 的节能减排效果。主要技术特点包括:

(1)电力驱动 RTG。以市电为整机提供动力完成集装箱装卸与搬运作业,采用电缆卷筒上机供电方式;当需要转场时,将 RTG 运行到指定转场处,利用快速接头转接市电进行转场。优点是全部用市电完成装卸和转场操作,缺点是必须到指定地点进行转场。图 1.19 是交通部水运科学研究院于 2003 年研制的用于内蒙古二连浩特边贸堆场的电缆卷筒供电方式的电力驱动 RTG。

(2)"电力 + 小功率柴电机组"双动力驱动 RTG。以市电为整机提供动力完成集装箱装卸与搬运作业;配置小功率的柴油发电机组进行转场作业,因为不带载转场,并且起升机构也不动作,柴电机组只提供大车运行所需电力,因此柴电机组功率较通用 RTG 的柴电机组功率大为减小,可以有效降低 RTG 制造成本,减少使用和维护费用,提高环保性能。其优点是主要装卸和搬运工作由市电来完成,并保持了通用 RTG 机动灵活进行转场的优点,缺点是当转场时小功率柴电机组会产生少量废气和噪声污染。图 1.20 是新型电动 RTG 的供电装置。

图1.19　国内首台电动RTG

图1.20　新型RTG的供电装置

(3)“电力+全功率柴电机组”双动力驱动RTG。与“电力/小功率柴电机组”的双动力驱动RTG相比,配备全功率柴电机组的RTG可以满足市电供应紧张地区在限电或停电时急需使用。

1.4.3　起升全功率变频控制技术

为提高变频器的利用效率和节约成本,新型RTG将两台起升/小车驱动电机、两台大车驱动电机共同由两台交流变频器驱动。在变频器内部设置起升/小车电机与大车电机两套驱动参数,工作时通过切换,用一台变频器分别驱动两套工作机构(起升/小车和大车)。这样四台变频电机只需要两台变频器驱动,从而节约了两套变频器装置。

为了提高起升机构的效率,起升机构采用恒功率调速方式。当起升机构满载时,起升速度低;当空吊具时,起升速度高,实现了重载低速、空载高速的工作要求。

由于新型RTG的各驱动机构均采用了交流变频驱动方式,具有以下一些优点:

(1)频率是连续变化的,因此各机构在起、制动时相当平稳,同时在制动时加上了电制动,使制动器损耗减小,制动时冲击降低。

(2)变频器各挡速度的设置十分方便,用户可以根据不同要求修正起重机的速度,以适合不同场合的工况,这一点在调节两侧大车机构电机转速实现大车运行纠偏尤为突出。

(3)在起升和下降过程中变频调速起重机的耗能量与速度和负载几乎成正比,具有较高的功率因数。特别是在起升机构下降过程中,从变频器电网电源输入端测量电流很低,因此具有明显的节能效益。

(4)变频驱动控制使电机在各个工况下运行时充分利用其有效功率,保证在控制安全可靠的前提下节约能源。

1.4.4　应用分析

(1)应用场合

①配备20ft和40ft自动伸缩式集装箱吊具,可以用于集装箱码头堆场,特别是中小集装箱码头和货站堆场进行集装箱装卸。

②可选配吊钩,用于普通件杂货的装卸,吊架在卸下集装箱吊具后,通过旋锁与吊钩横梁

连接。

③换装C型吊钩后,可用于钢卷、盘园的装卸。

④设备钢丝绳纵向间距较大,吊架四角装有吊耳,配装索具后还可用于原木、长型钢材等的装卸作业。

(2)经济和社会效益

国家"十三五"规划纲要提出我国2015~2020年期间单位GDP能耗降低15%、单位GDP二氧化碳排放降低18%、其他主要污染物排放总量减少10%~15%的约束性指标。港口是交通运输的耗能大户,因此提高港口码头设备节能减排的重要性日益凸显,开展集装箱码头堆场装卸设备节能减排工作十分必要,且具有重要意义。

新型RTG与通用RTG、通用电动RTG关于主要参数、效益的比较见表1.2。

新型RTG与通用RTG、通用电动RTG关于主要参数、效益的比较表　　表1.2

参　　数	新型RTG	通用电动RTG	通用RTG
起重量(t)	30.5~40	40	40
起升高度	堆5过6	堆5过6	堆5过6
跨度(m)	17~23.47	23.47	23.47
单箱能耗	1.0~1.22kW·h(电)	1.97~2.5kW·h(电)	1.2~2.2L(柴油)
能源成本(元/单箱)	0.98~1.20	1.93~2.45	6.74~12.36
维护成本	低	低	高(0.6元/单箱)
废气排放	无	无	废气污染大
噪声污染	低	低	噪声大
废油水泄漏	无	无	有废油水泄漏

(3)技术优化与机型升级

根据不同港口的使用特点和需求,水运院在四卷筒控制的RTG技术基础上,升级开发了半牵引式的ERTG,可以比较好地提高轻载状态下的小车运行和集装箱装卸的稳定性。即:将起升机构安装在下面的一侧底梁上,通过牵引方式实现货物的起升和下降,而小车运行通过"三合一"电机、制动器和减速器直接驱动来实现。当进行装卸作业时,起升机构电机驱动两侧的双联卷筒,当双联卷筒卷绕收钢丝绳时,4根钢丝绳牵引货物实现竖直的上升,当双联卷筒放钢丝绳时,4根钢丝绳牵引货物实现竖直的下降;小车运行机构的小车电机直接驱动车轮在结构架主梁轨道上运行,实现货物的横向移动;通过程序控制可以方便实现起升和小车的联合动作,即货物的斜线运行,提高装卸效率(图1.21)。

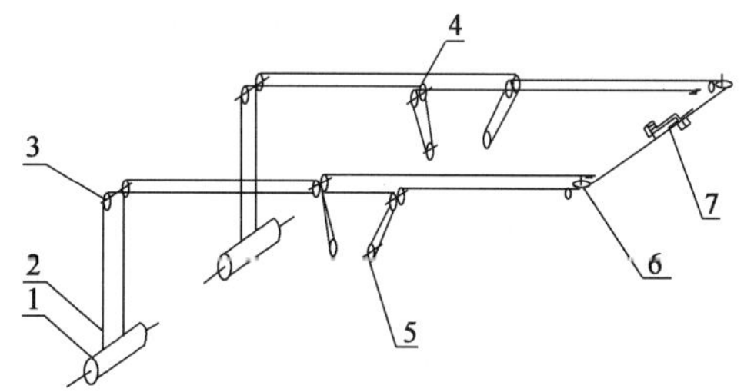

图1.21　半牵引式小车控制原理

1-卷筒;2-钢丝绳;3-结构架滑轮组;4-小车滑轮组;5-吊具滑轮组;6-转向滑轮组;7-吊具回转装置

第2章　集装箱正面吊运机节能减排技术

2.1　概述

集装箱正面吊运机(Reach stacker,以下简称集装箱正面吊)是用于集装箱装卸、堆码和水平运输作业的装卸搬运机械,主要应用于集装箱码头、中转站、铁路货运站等集装箱和件杂货装卸场所,具有机动灵活、操作简便、作业效率较高等优点。集装箱正面吊一般以柴油为动力源,发动机功率可达260kW,燃油消耗率约为215g/(kW·h),柴油燃烧产生的废气对环境具有明显污染。

(1)集装箱正面吊运机的产生与发展

世界第一台集装箱正面吊运机由意大利Belotti公司于20世纪70年代后期设计制造,型号为B75,它是在轮胎式起重机的基础上改进产生的。集装箱正面吊问世初期,人们对其前景并不看好,在国外仅有少数几家公司生产,如意大利的Belotti、Hyco、Ormig公司、法国的PPM公司等。这一时期,集装箱正面吊运机在总体性能、结构设计、产品质量等方面都存在一些问题。进入20世纪80年代以后,集装箱正面吊运机有了较快发展。众多知名企业开始生产这种设备,如瑞典Kalmar、SMV公司、意大利Fantuzzi、CVS公司、德国Lind公司、美国Hyster、Taylor公司、西班牙Luna公司、日本TCM公司等,技术与质量也有了明显提高。起重量进一步加大,可以满足9′6″集装箱五层堆码;吊具的水平回转角度增大,工作速度进一步提高。结构设计方面,用箱形梁车架取代原来的框架式车架;俯仰油缸的下支点前移,使油缸受力更加合理;内外臂架的支承由滚轮改为滑块;增加吊具减摇功能,同时在制动、转向、液压系统、电气系统等方面也都作了改进。集装箱正面吊运机技术逐渐成熟,其典型机型见图2.1。

图2.1　集装箱正面吊运机

目前,国外集装箱正面吊运机的生产企业有近20家,以欧洲为最多,其主要生产企业和技术性能见表2.1[13]。

国外集装箱正面吊运机的主要生产企业和技术性能　　表2.1

技术参数		Kalmar	Fantuzzi	Linde	Belotti
最大起重能力(kN)		450	450	450	450
第一排,1~4层		450/2000mm	450/1900mm	450/1670mm	450
第一排,第5层		350/2000mm	350/1900mm	350/1670mm	260
第二排,1~4层		310/3850mm	310/3850mm	350/3810mm	300
第三排,1~3层		150/6400mm	150/6350mm	190/6250mm	160
旋锁下最大起升高度(mm)		14900	14950	16000	5 ×9′6″
最大起升速度(空载/满载)(mm/s)		380/300	380/240	390/280	—
最大下降速度(空载/满载)(mm/s)		420/260	300/250	390/390	—
最大行驶速度(空载/满载)(km/h)		25/23	25/23	25/22	—
最小转弯半径(mm)		8000	8000	8605	8400
爬坡能力(空载/满载)(%)		42/26	30/26	34.5/33.9	—
整车质量(t)		69	72	70.4	—
吊具旋转角度(°)		+200/-100	+185/-95	+185/-95	±120
吊具侧移距离(mm)		±800	±800	±800	±800
轴距(mm)		6000	6000	6400	6000
发动机	型号规格	Scania,Volvo	Volvo,Cummins	Volvo,Cummins	Fiat,Mercedes
	最大功率(kW/r/min)	243/2100	236/2100	236/2100	~220
变矩器变速箱	型号规格	Clark-36431	Clark-36415	Clark 36000	Clark 36000
	换挡方式	动力换挡,自动/手动,前后各4挡	动力换挡,自动/手动,前后各4挡	动力换挡,自动/手动,前后各4挡	动力换挡,自动/手动,前后各4挡
驱动桥		Rockwell	Kessler	Kessler	自制
轮胎		18.00~25	18.00~25	18.00~33	18.00~25

目前,集装箱正面吊运机已呈稳定发展趋势,产品质量和技术水平进一步提高。归纳起来有以下特点:

①专业化的生产企业

集装箱正面吊运机的企业大多是长期生产汽车和轮胎式起重机、跨运车、叉车等的专业化企业,如瑞典Kalmar、意大利Fantuzzi、德国Lind等。

②产品的大型化和高效化

a)额定起重量提高。早期的集装箱正面吊运机额定起重量一般为36~41t,而现在多为42~45t,有的达到46t。不但满足用户进行非标准箱以及带交换车体的作业,同时也相应提高正面吊对第一排最高层以及第二排和第三排箱隔箱作业能力。

b)基础配置标准提高。随着起重量的提高,发动机、变速箱、驱动桥等也提高了配置标准。发动机由以前的200hp提高到350hp左右,变速箱由Clark28000系列提高到36000系列,驱动桥的承载能力也大幅提高。

c)作业速度提高。主要体现在臂架的俯仰油缸、伸缩油缸以及吊具各液压元件的作业速度提高。

③实现电气控制的微机化与自动化

将微机应用于正面吊运机的电气控制系统中,扩展了设备控制功能。通过微机控制器的运算及工况查询,可实时显示载荷状态、作业幅度等,并实现智能载荷预警、防倾覆报警、安全保护以及设备状态监测、故障预诊断等功能。还可根据需要实现载荷垂直升降以及根据载荷情况自动控制升降速度。

④重视人性化设计

人性化设计体现在驾驶室的结构设计,内部显示屏及操作元件的布置,力求给操作人员创造一个舒适的作业环境。为了扩大视野,有的产品将驾驶室前部设计成无边框结构。驾驶室的移动已不仅仅是为了方便维修,操作人员可以通过调节驾驶室的位置使自己在作业时看得更清楚。

⑤注重产品的改进和新产品开发

国外正面吊运机一直处在不断改进和提高的过程中,如 Kalmar 推出的长臂正面吊运机,臂架加长的同时,其下俯角度可以达到 0°以下,这种正面吊运机可以在码头进行装卸驳船的作业,同时也适合在铁路、货场进行集装箱装卸作业。该公司还推出一种越野正面吊运机,特别适合在野外崎岖的道路上搬运和装卸集装箱(图 2.2)。Liebherr 公司研发的圆弧臂式正面吊运机,其臂架为圆弧状,尤其适合对第二、三排箱的隔箱作业(图 2.3)。

图 2.2　越野正面吊运机图

图 2.3　圆弧臂式正面吊运机图

(2)国内发展情况

1985 年,我国第一台集装箱正面吊运机——JD40 问世,这是由交通部水运科学研究院与广州港口机械制造厂合作,在充分吸收了当时 B75 正面吊运机技术的基础上研制出来的,其结构形式与技术性能均与 B75 相同。JD40 在港口应用取得良好的效果。接着两个单位又合作研制了 JD24(起重量 24t)和 ST400 集装箱正面吊运机,使正面吊运机技术又向前推进了一步。

ST400 集装箱正面吊的主要技术参数为:吊具下最大起重量:第一排:40t(第四层 30.5t)/

第二排:24t/第三排:10t;起升高度:堆码 8′6″箱四层;最大行走速度:25km/h。

1990 年代之后,交通部水运科学研究院又先后与深圳招商机械、北京宏联中心、大连叉车厂、哈尔滨工程机械厂等单位合作开发了新的集装箱正面吊运机。为了解决正面吊运机外观设计中的薄弱环节,深圳招商机械、水运院与北京理工大学合作进行了正面吊运机的工业造型设计。

我国的集装箱正面吊运机产业走的是一条自主研发的道路。目前,国内从事正面吊运机的制造单位主要包括:三一重工、安徽合力、大连叉车厂、杭叉集团公司、哈工机械等,产品性能与质量已有很大提高。以水运院与大连叉车厂合作开发的 CRS450 型集装箱正面吊为例,其额定起重量达到 45t,总体设计、金属结构设计、部件造型以及液压系统和电气控制系统设计达到了国外产品的技术水平。CRS450 集装箱正面吊运机主要技术参数见表 2.2。

CRS450 集装箱正面吊运机主要技术参数　　表 2.2

技 术 参 数		CRS450
最大起重能力(kN)/幅度(mm)(不含吊具)	第一排:1 ~ 4 层箱	450/1900
	5 层箱	350/1900
	第二排:1 ~ 4 层箱	310/3850
	第三排:1 ~ 3 层箱	150/6350
最大起升高度(吊具下)(mm)		14850
最大起升速度(空载/满载)(mm/s)		380/240
最大下降速度(空载/满载)(mm/s)		300/250
最大行驶速度(空载/满载)(km/h)		25/20
最小转弯半径(mm)		8200
爬坡能力(空载/满载)(%)		30/15
轴距(mm)		6000
整机质量(t)		73
吊具回转角度(°)		+180/ -95
吊具侧移量(mm)		±800
发动机	型号	Cummins M11-C330
	额定功率/转速(kW/r/min)	246/2100
变速箱	型号	Clark 36000
	换挡形式	动力换挡,自动/手动,前后各 4 挡
驱动桥		Kessler
轮胎(数量—规格)	前轮	4 × 18.00 - 25
	后轮	2 × 18.00 - 25

CRS450 型集装箱正面吊运机由工程机械底盘、伸缩臂架、集装箱吊具等三部分组成,底盘有发动机、动力换挡变速箱、前桥、后桥、转向系统、驾驶室、车架、配重、车轮等部件;伸缩臂架有伸缩油缸、俯仰油缸、臂架等部件;集装箱吊具有旋转机构、上架、联接架、底架、伸缩架、伸缩油缸、防摇油缸、侧移油缸、旋锁油缸等部件。

该机有可伸缩和左右旋转的集装箱吊具,可用于 20ft/40ft 集装箱装卸作业,吊装集装箱时正面吊不一定要与集装箱垂直,可以与集装箱成夹角作业。在起吊后,可旋转吊具,以便通过比较狭窄的通道。同时,吊具可以左右侧移各800mm,以便于在吊装时对箱,提高作业效率。对于场地条件较差的货运站,正面吊也能正常作业。

伸缩式的臂架,可带载变幅,集装箱的起降由臂架伸缩和变幅来完成,在臂架伸出和俯仰油缸伸出时,其起升速度较快,在下降时同时缩入,可获得较快的下降速度。在作业时,可同时实现整车行走、变幅、臂架伸缩动作,具有较高的工作效率。

设备构成主要特点:

①采用原装进口六缸、水冷直喷柴油机。该机涡轮增压及中冷装置,燃油雾化充分,具有燃油消耗低,适应全天候、易起动特点。该机具有低速大扭矩,使设备具有最大功率和最佳效率。

②采用德国重型工程车辆驱动桥。该桥设计合理,桥壳强度高、承载能力大,充分考虑了各种复杂恶劣工况下冲击载荷造成的影响,多片湿式行车制动器、中央钳盘式驻车制动器,制动力矩大,具有相对独立的润滑系统和冷却系统。

③采用原装进口电控换挡变速箱。它由液压变矩器、中间轴变速结构的变速器和液压控制的多片离合器组成,具有四个前进挡和四个后退挡,具有前进和后退防逆转装置。变速箱上备有取力口以装配液压油泵,变速箱控制采用电子-液压控制系统,操作简单省力。

④采用瑞典进口吊具。转锁运动相互自锁,锁销可机械式防脱钩,适合20ft/40ft国际标准集装箱,吊具设计使用周期为200万次。

⑤液压系统的工作油泵、阀块等全套引进美国液压公司的产品。其变量液压系统为电液控制式,采用先进的负载电比例控制,响应速度快,冲击小,同时最大限度节省能耗。变量泵可实时控制完成各种动作的无级调速,工作效率高,双泵合流提供动力源,提高作业效率;流量放大转向器,使转向灵活,方向盘操纵力小,转向无死角;独立的制动系统,安全可靠,使用寿命长。系统各动作可靠性高,稳定性强;集中式操作手柄操作方便、灵活。

⑥电气系统的控制部分全套引进美国公司的产品。采用CAN总线通信连接,主控制器MDL2同时是显示器,可显示臂架伸出长度、起升角度和起吊重量,通过CAN总线与发动机控制器连接,显示发动机的转速、机油压力、电压、水温、工作时间等参数。界面简洁直观,方便司机和维修人员进行工作。

⑦动力移动式司机室。驾驶员可以随时调整驾驶室位置,改变操作视野,维护检修更加方便。

2.2 正面吊运机节能技术分析与应用

2.2.1 正面吊能耗分析

(1)能耗现状调查与统计

对我国多个代表性码头集装箱正面吊的使用情况进行调查,统计正面吊的能耗情况。如图2.4~图2.6所示。图2.4为2013年某中转货场正面吊按月能耗情况。图2.5为南方某物流场站正面吊按设备机型能耗情况。图2.6为北方某港口正面吊按设备机型能耗情况。可以看出,集装箱正面吊的能耗为0.45~0.91kg/TEU,各品牌及型号正面吊的能耗差别较大。

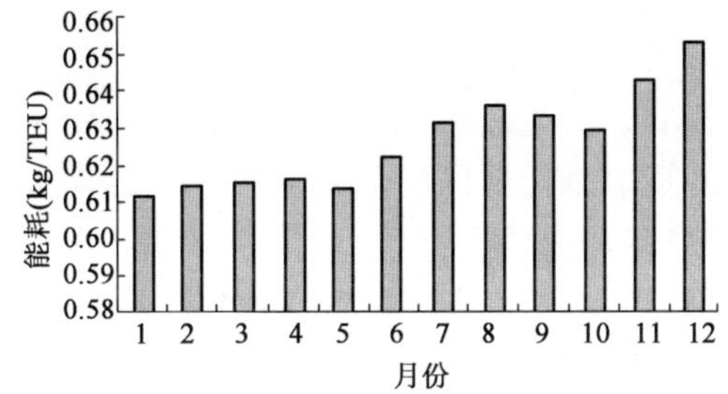

图2.4　2013年某中转货场正面吊按月能耗情况

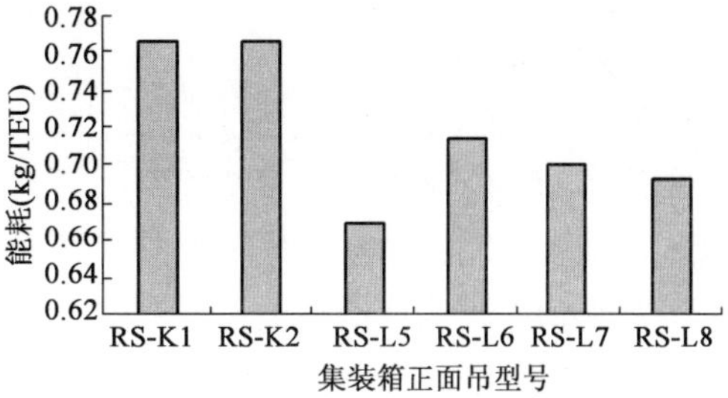

图2.5　南方某物流场站正面吊按设备机型能耗情况

(2)能耗影响因素

动力系统性能。集装箱正面吊发动机的燃油消耗率是影响其能耗的决定性因素,而发动机的燃油消耗率取决于发动机的结构和性能,当前可采用废气涡轮增压、燃油喷射和电子控制系统等节能新技术来提高燃油经济性。另外,不同燃料类型发动机的节能和排放效果不一样,例如:LNG发动机的环保性能较好;混合动力设备在减速、制动过程中不仅不消耗燃油,而且能回收制动能量,在停机时也不消耗燃油,从而大大提高设备的燃油经济性。

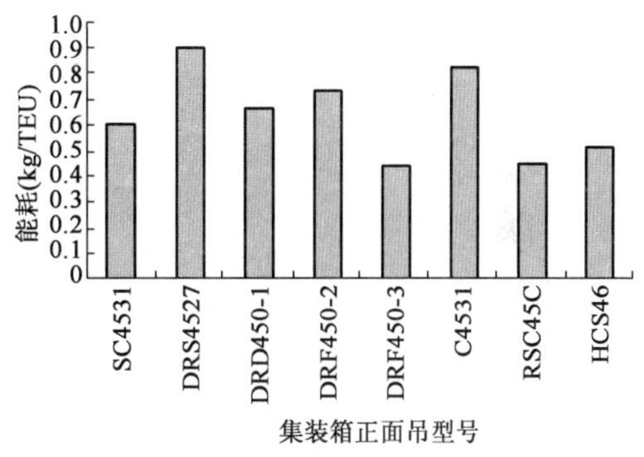

图2.6　北方某港口正面吊按设备机型能耗情况

传动系统效率。集装箱正面吊传动系统的效率不仅包括行走系统即发动机、变速箱、传动轴、驱动桥的效率,还包括液压泵和液压油缸的效率。设备传动系统效率越高,损失的能量越小,能源利用率就越高。合理优化发动机、变速箱、液压泵动力特性匹配,改善燃油经济性,是提高传动系统效率的有效途径。此外,合理选用传动系统润滑油也有利于提高传动系统效率。

设备和吊具总质量。设备总质量影响设备的滚动阻力、坡道阻力和加速阻力,对设备的燃油经济性影响较大。研究发现,设备质量每降低10%,其平均燃油经济性可以提高6%~8%,因此,轻量化设计是降低集装箱正面吊能耗的重要方法之一。另外,集装箱正面吊属于垂直起重运输机械,其起升吊载过程的能耗所占比重较大,减小吊具质量也是降低正面吊能耗的重要途径。目前市场上正面吊吊具质量为8.0~9.5t,选用较轻的吊具可以大大降低正面吊起升过程能耗。

使用工况和环境。作业路面平整情况、作业通道状况、环境温度和风力等均对集装箱正面吊能耗产生影响。

物流组织。集装箱堆码层数和列数、翻箱率、待箱时间等物流组织均是集装箱正面吊能耗的重要影响因素。

司机驾驶习惯。司机的行车和刹车习惯、待机操作习惯等均会影响集装箱正面吊的能耗。

维护和保养。随着使用时间的延长,集装箱正面吊的技术状况和性能会逐渐变差,因此对设备动力系统和传动系统进行定期维护和保养十分重要,是提高设备燃油效率的重要保障。

2.2.2 节能减排技术应用

(1)混合动力正面吊

长期以来,集装箱正面吊使用柴油发动机,其既可以驱动变速箱为传动系统提供动力,也可以直接驱动液压泵为液压系统提供动力。近年来,随着节能环保理念深入人心,采用混合动力以减小柴油发动机功率已成为集装箱正面吊节能技术的重要内容。液压混合动力系统不仅能够将制动动能送入液压蓄能器,使其在设备启动阶段得到重新利用,而且能够利用吊重下降时的势能。集装箱正面吊的自重和起吊载荷均较大,吊载45t集装箱时,整机总质量约115t,其制动时可在短时间内蓄积大量制动能量。2013年,KONE公司推出混合动力正面吊,最大起升能力45t。其动力系统由柴油发动机直接驱动发电机,实现整个行驶系统电气化驱动,液压起升系统由电动机直接驱动;设备配备能量储存装置超级电容能源可再生系统,用于回收和储存能源,满足设备牵引、提升等操作需求。传统设备的油耗为20~26L/h,而混合动力正面吊的油耗为8~10L/h,后者在环保和节支方面具有显著优势。

(2)LNG正面吊

以LNG作为能源是未来车辆和船舶运输业实现节能减排的重要途径之一。2013年,Kalmar公司开发由柴油和LNG驱动发动机的双燃料集装箱正面吊,以降低能耗和减少对环境的污染。以LNG作为设备动力源有利于减少碳足迹,降低集装箱码头运营成本(测试表明每小时能降低燃油成本20%)。

(3)电池组正面吊

目前,氢燃料电池、锂电池等电池组驱动技术已成功应用于集装箱牵引车、集装箱自动导引车等港口重型流动机械。集装箱正面吊同样可以使用电池组动力系统,尤其是正面吊配重可以结合电池组进行优化设计,以使在保证正面吊防倾覆能力的同时合理布置电池组,节省布置空间。

2.3 基于移动路径的正面吊作业优化

2.3.1 问题的描述

在集装箱堆场作业中,集装箱提箱作业是根据提箱订单要求从集装箱堆场中提取指定箱的作业过程。由于集卡到达的随机性,提箱作业中常常存在倒箱作业。在进行集装箱翻倒时,需要根据目标箱位置及当前堆场的实时状态来制定倒箱堆放策略。因此,如何优化提箱作业计划是当前堆场作业管理中的重要问题。本节针对一个箱区内多个贝范围内正面吊的提箱作业,寻求作业总成本最小的提箱作业方案。首先说明堆场的堆放状态以及提箱作业规则,其次构建描述提箱作业过程及倒箱作业路径的数学模型,然后建立提箱作业计划的优化模型并设计了嵌套求解算法,最后通过实例对算法进行验证和比较分析。

在提箱过程中将要被提走的集装箱称为待提箱。由于集装箱堆放状态和设备作业能力的限制,为提取待提箱,常常需要将其上方、前方的部分集装箱移走,这类箱称为待倒箱,而搬移待倒箱的过程称为倒箱作业。以下依次对集装箱堆场、正面吊作业、倒箱作业规则以及提箱作业过程进行描述[14]。

(1)集装箱堆场

集装箱堆场在布局上由若干个箱区(Block)组成,一个箱区由贝(Bay)、行(Row)、层(Tier)三维坐标构成。由此,一个箱区的某个放箱位置(称为箱位)可由贝、行、层来定义。图2.7为堆场中一个箱区的箱位状态示意图。设集装箱作业堆场一个箱区的堆放状态集合为S,S中任一个箱位s_i的位置坐标由一个三元组表示,记为$s_i=[b(s_i),r(s_i),t(s_i)]$,其中$b(s_i)$,$r(s_i)$,$t(s_i)$分别表示堆场中相应的贝号、行数和层数。因此,堆场$S$可以表示为:

$$S=\{s_i|1\leqslant b(s_i)\leqslant b_{max},1\leqslant r(s_i)\leqslant r_{max},1\leqslant t(s_i)\leqslant t_{max}\} \tag{2.1}$$

式中,b_{max},r_{max},t_{max}是该箱区中贝、行、层的最大值。用$\theta(s_i)$表示位置s_i的当前状态,如果有箱,$\theta(s_i)=1$;无箱,$\theta(s_i)=0$。考虑作业的一般情况,假定倒箱作业只在同一箱区中相邻的几个贝之间进行,由所指定的正面吊一种设备完成全程作业,在制定提箱作业计划期间场区内没有计划外的其他集装箱进出,作业开始时堆场状态S是已知的。

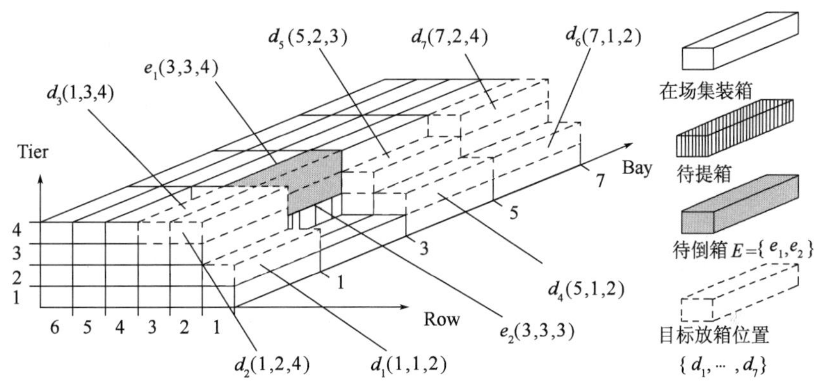

图2.7　箱区内的箱位状态示意图

(2)正面吊作业

正面吊作业能力按其在一个贝方向上的作业能力进行定义,由其作业最大跨度s_f、最高作业层数h_f以及模板来确定。对于指定的箱位,要确定其是否可作业以及倒箱序列,需要根据其所在的层数,匹配与之相对应的模板,如果不可作业,则根据模板可得到待倒箱位置,然后按照垂直作业模式,即从距离正面吊最近的一行开始作业,从而确定待倒箱的作业次序。

图2.8给出的Templet 1~4为在$s_f=3$和$h_f=4$情况下的几种模板示例,其中Templet 1为对位于第2层的集装箱进行作业的作业模板,Templet 2为对位于第3层的集装箱进行作业的作业模板,Templet 3、Templet 4则分别为对位于第1、4层的集装箱进行作业的作业模板。以Templet 1为例,表示直接可提取待提箱的堆放状态,即要直接提取待提箱,则必须要求第三层和第四层没有任何箱。

图2.8a)~c)说明了根据Templet 1提取第2层箱确定倒箱序列的模板匹配的过程,图中数字表示待倒箱的作业次序。在图2.8a)中,由于当前RS对待提箱的作业距离超过了s_f,无法直接提取待提箱,所以必须首先搬走集装箱1、2以满足s_f的要求;然后图2.8b)中,待提箱满足s_f的要求,根据模板Templet 1的匹配,需要搬走待倒箱3、4和5。图2.8c)表示了在搬走

待倒箱 1、2、3、4、5 的情况下，符合 Templet 1 的要求，所以 RS 可以提取待提箱进行作业。图 2.8d) ~ f) 说明了提取第 3 层箱时匹配 Templet 2 的得到倒箱序列的过程，其过程同理可以知。

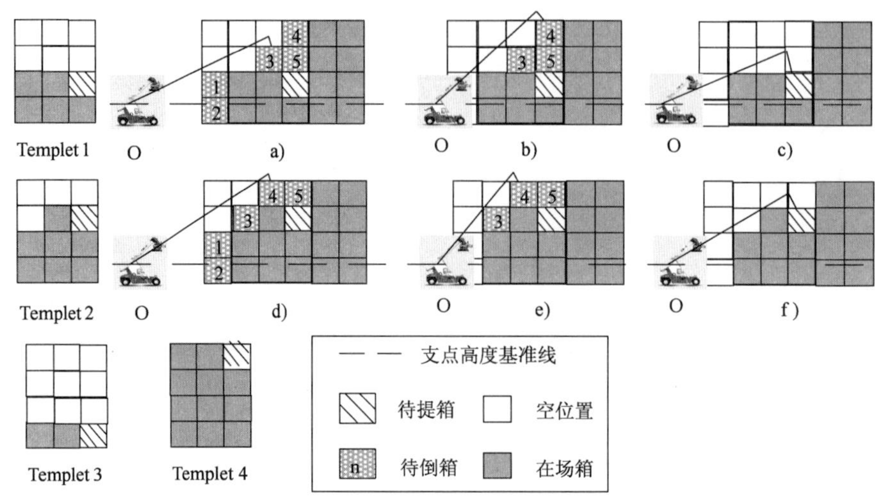

图 2.8　正面吊倒箱作业顺序示意图

(3) 倒箱作业规则

在提箱作业的倒箱作业过程中，除了需要确定待倒箱集合外，还需要根据当前堆场状态，把待倒箱搬运到堆场中合适的目标位置。选择倒箱作业的目标箱位需要遵循以下几个规则。

规则 1：集装箱倒放的目标箱位必须为空，并且当目标箱位不在第一层时，其下方相邻箱位不为空。定义 Ω_1 为堆场中允许放箱的空箱位集合，Ω_1 可由公式(2.2)表示。

$$\Omega_1 = \{s_i \mid \theta(s(b_i, r_i, t_i)) = 0, t_i = 1 \text{ 或 } \theta(s(b_i, r_i, t_i)) = 0, \theta(s(b_i, r_i, t_i - 1)) = 1, t_i \geqslant 2, s_i \in S\} \tag{2.2}$$

规则 2：倒箱目标贝的尺寸必须与待倒箱的尺寸符合。定义 $\delta(s_i)$ 表示箱位 s_i 可放集装箱规格，Ω_2 表示当前堆场状态下可以放置 20 尺箱(记为 20ft)的所有箱位集合，Ω_3 表示可以放置 40 尺箱(记为 40ft)的所有箱位集合，如式(2.3)、式(2.4)所示。

$$\Omega_2 = \{s_i \mid \delta(s_i) = 20\text{ft}, s_i \in \Omega_1\} \tag{2.3}$$

$$\Omega_3 = \{s_i \mid \delta(s_i) = 40\text{ft}, s_i \in \Omega_1\} \tag{2.4}$$

规则 3：某些特殊箱上方禁止放箱，因此不能作为倒箱的目标箱位。特殊箱包括预约箱和不可压箱，预约箱为货主提前 24h 通知场站预提的集装箱，不可压箱为货主要求的上方不可放置其他集装箱的特殊集装箱。令 $\eta(s_i)$ 表示箱位 s_i 是否放有特殊箱。如果放有特殊箱，$\eta(s_i) = 1$；否则，$\eta(s_i) = 0$。定义 Ω_4 为特殊箱箱位集合，如式(2.5)所示。

$$\Omega_4 = \{s_i \mid \eta(s_i) = 1, s_i \in S\} \tag{2.5}$$

定义 Ω_5 表示 Ω_1 中下方含有特殊箱的箱位集合，Ω_6 表示 Ω_1 中下方不含有特殊箱的箱位集合，如式(2.6)、式(2.7)所示。

$$\Omega_5 = \{s_i \mid \forall s_i \in \Omega_1, s_j \in \Omega_4, \exists b_i = b_j, r_i = r_j\} \tag{2.6}$$

$$\Omega_6 = \Omega_1 / \Omega_5 \tag{2.7}$$

规则 4：正面吊的可作业箱位。以 $\varphi(s_i)$ 表示根据模板判断箱位 s_i 是否符合正面吊作业规则。如果符合作业规则，$\varphi(s_i)=1$；否则，$\varphi(s_i)=0$。定义 Ω_7 为正面吊可作业箱位集合，如式(2.8)所示。

$$\Omega_7=\{s_i \mid \varphi(s_i)=1,s_i\in S\} \tag{2.8}$$

(4)提箱作业过程

设对于某个提箱作业过程，存在 n 个待倒箱，定义为集合 E：

$$E=\{e_1,\ e_2,\cdots,\ e_i,\cdots,e_{n+1}\},e_i\in S \tag{2.9}$$

其中，n 表示待倒箱的个数，$e_i(1\leqslant i\leqslant n)$ 表示提箱作业过程中第 i 个待倒箱在堆场中的初始位置，e_{n+1} 表示待提箱的初始位置。

设第 i 个待倒箱有 m_i 个可放置的倒箱目标位置，定义这些位置的集合为 D_i：

$$D_i=\{d_{i1},d_{i2}\cdots d_{ij_i}\cdots d_{im_i}\}\qquad (i=1,2,\cdots,n;\ j_i=1,2,\cdots,\ m_i) \tag{2.10}$$

其中，d_{ij_i} 表示 D_i 中的第 j_i 个位置，$d_{ij_i}\in\Omega_7$。

提箱作业过程，就是对于集合 E 中的 e_i，从与 e_i 相对应的 D_i 中选择 d_{ij_i} 作为其放置目标位置的过程。则 n 个 d_{ij_i} 所组成的最终目标箱位集合 D_s：

$$D_S=\{d_{1j_1},d_{2j_2},d_{3j_3}\cdots d_{nj_n}\} \tag{2.11}$$

提箱作业过程即为确定 D_S 的过程$(1\leqslant i\leqslant n)$，而设备在作业过程中会产生作业成本，提箱作业计划就是决定使得设备作业总成本最小的 D_S。

2.3.2　作业优化建模

(1)提箱作业分析

集合 E 所对应的提箱作业过程可表示为图 2.9 所示的 n 阶段树型结构，它描述一个包含 n 步倒箱作业的多阶段决策过程。为便于说明问题，采用深度搜索法描述决策集 D_S 的生成过程。记阶段 i 为 $N_i[S^{(i)},\ D_i]$，表示：第 i 步倒箱作业之前的堆场状态 $S^{(i)}$，可放箱位置集合 D_i。每条分支表示将 $e_i(1\leqslant i\leqslant n)$ 处的集装箱放置到被选择的 d_{ij_i} 目标箱位进行倒箱作业，使堆场状态由 $S^{(i)}$ 变化至 $S^{(i+1)}$，并产生 D_{i+1} 的过程，这一过程记为 $T(e_i\rightarrow d_{ij_i})$。这样，每个节点及其分支就是一个倒箱阶段，其状态转移过程可表示为：

$$N_{i+1}(S^{(i+1)},D_{i+1})=T(e_i\rightarrow d_{ij_i})\cdot N_i[S^{(i),D_i}] \tag{2.12}$$

经过 n 个阶段的决策选择 $d_{ij_i}(1\leqslant i\leqslant n)$ 构成了决策集 D_S。每阶段(stage i)决策过程分为两步：

Step 1：将集装箱由位置 e_i 搬运到 d_{ij_i}。根据 $S^{(i)}$ 确定 D_i，从 D_i 中选择箱位 d_{ij_i} 作为第 i 个待倒箱倒放的目标位置，并将待倒箱从 e_i 搬运到 d_{ij_i} 的过程，堆场状态由 $S^{(i)}$ 转为 $S^{(i+1)}$；

Step 2：设备空载从 d_{ij_i} 返回到下一个待倒箱的当前位置 e_{i+1}。

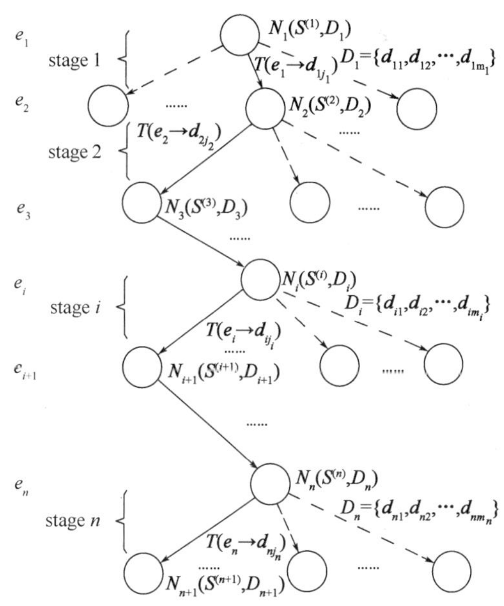

图 2.9　提箱作业优化问题的 n 阶段决策树

倒箱作业过程中设备的单位作业成本与设备的移动方向及带载/空载移动状况有关。设阶段 i 的设备带载作业成本为 C_{1i}、空载返回作业成本为 C_{2i}。整个倒箱作业过程作业成本总和为 C，见式(2.13)。

$$C=\sum_{i=1}^{n}(C_{1i}+C_{2i}) \tag{2.13}$$

由于只有在第 i 步倒箱作业完成之后，才能通过式(2.11)得到在当前堆场状态 $S^{(i+1)}$ 下第 $i+1$ 个待倒箱的可倒放位置集合 D_{i+1}。d_{ij_i} 选择的不同，$S^{(i+1)}$ 就不同，因此 D_{i+1} 也不同，这使问题具有多组合及动态性的特点。同时，在 Step 1 和 Step 2 过程中存在多种路径选择，路径不同则作业成本 C_{1i} 和 C_{2i} 也不同，以下讨论设备作业的最优路径搜索问题。

(2)设备载箱作业路径

对于第 i 个待倒箱，最多有上、下、左、右、前、后 6 个方向可以移动。以 P_0、P_t 表示集装箱移动的起点和终点，集装箱移动过程中所经过的箱位构成了集装箱移动的路径。图 2.10a)和图 2.10b)分别表示在一个贝截面的移动情况，对于相同的堆场状态，设备选择的不同路径。在行截面方向上的移动同理可得，这里具体描述忽略。设对于相同的 P_0、P_t 共存在 L 条路径，记一条路径为 U_l，$l=1,\cdots,L$，包含 t 个步骤。

$$U_l: P_0 \to P_{1l} \to P_{2l} \to \cdots P_{il} \cdots \to P_{t-1,l} \to P_t$$

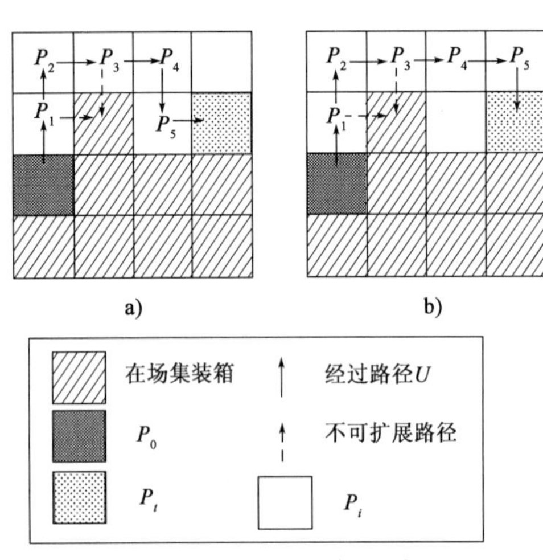

图 2.10　多条作业路径示意图

图 2.11 表示由堆场中的箱位状态及连接关系构成的路径 U 的状态空间图。对于路径 U，P_0 为 e_i、P_t 为 d_{ij_i}，路径 U_l 的步骤 t 由 d_{ij_i} 决定，路径上的其他节点 $P_{i,l}$ 为设备可作业空箱位，则 $P_{i,l}$ 满足 Ω_8。

$$\Omega_8=\{s_i \mid s_i\in\Omega_7,\theta(s_i)=0\} \tag{2.14}$$

路径 U_l 的产生的规则如下：

Step 1：向路径 U_l 中添加起点 P_0，令 $i=1$；

Step 2：选择与 $P_{i,1}$ 相邻的且不在 U_l 中节点作为待扩展箱位 s_i；

Step 3：If ($s_i\in\Omega_8$) then (令 $P_{i+1,1}=s_i$ 向路径 U_l 中添加节点 $P_{i+1,1}$)；

Step 4：If ($s_i=P_t$) then (End) else ($i=i+1$ 且转至 Step 2)。

设 $\varepsilon_{i,l}(1)$、$\varepsilon_{i,l}(2)$、$\varepsilon_{i,l}(3)$、$\varepsilon_{i,l}(4)$、$\varepsilon_{i,l}(5)$、$\varepsilon_{i,l}(6)$ 分别为待倒箱由 $P_{i-1,l}$ 移动到 $P_{i,l}$ 过程中在 6 个方向上移动的位移量，则设备的移动距离可以表示为向量 $\rho_{i,l}$

$$\rho_{i,l}=[\varepsilon_{i,l}(1),\ \varepsilon_{i,l}(2),\ \varepsilon_{i,l}(3),\ \varepsilon_{i,l}(4),\ \varepsilon_{i,l}(5),\ \varepsilon_{i,l}(6)]^{\mathrm{T}} \quad (1\leqslant i\leqslant t) \tag{2.15}$$

其中，$\rho_{i,l}$ 中的各元素可以由式(2.16)求得：

$$\varepsilon_{i,l}(1)=\begin{cases}|t(P_{i,l})-t(P_{(i-1),l})|, & t(P_{i,l})>t(P_{(i-1),l})\\ 0 & \text{other}\end{cases}$$

$$\varepsilon_{i,l}(2)=\begin{cases}|t(P_{i,l})-t(P_{(i-1),l})|, & t(P_{i,l})<t(P_{(i-1),l})\\ 0 & \text{other}\end{cases}$$

$$\varepsilon_{i,l}(3)=\begin{cases}|b(P_{i,l})-b(P_{(i-1),l})|, & b(P_{i,l})<b(P_{(i-1),l})\\ 0 & \text{other}\end{cases}$$

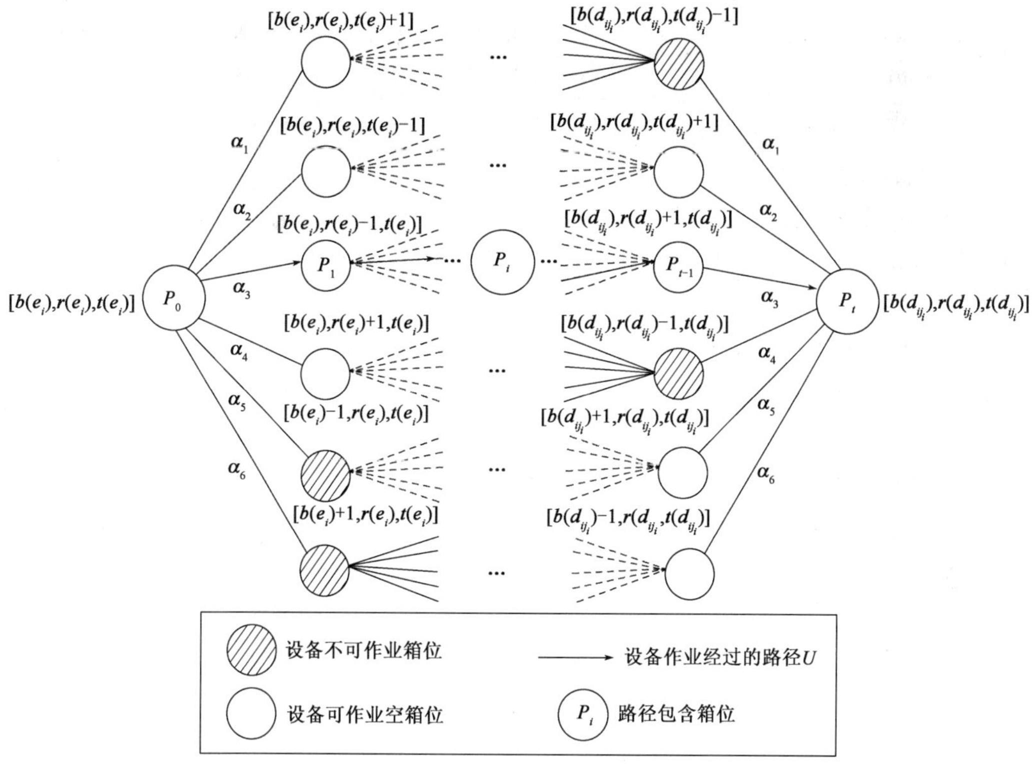

图 2.11　作业成本最小的路径搜索图

$$\varepsilon_{i,l}(4)=\begin{cases}|b(P_{i,l})-b(P_{(i-1),l})|, b(P_{i,l})>b(P_{(i-1),l})\\0 \qquad \text{other}\end{cases}$$

$$\varepsilon_{i,l}(5)=\begin{cases}|r(P_{i,l})-r(P_{(i-1),l})|, r(P_{i,l})>r(P_{(i-1),l})\\0 \qquad \text{other}\end{cases}$$

$$\varepsilon_{i,l}(6)=\begin{cases}|r(P_{i,l})-r(P_{(i-1),l})|, r(P_{i,l})>r(P_{(i-1),l})\\0 \qquad \text{other}\end{cases} \tag{2.16}$$

显然对于路径 U_l，每次移动只有一个位移量，则向量 $\rho_{i,l}$ 为一个单位向量，有公式(2.17)。

$$\varepsilon_{i,l}(j)=\begin{cases}1, \sum_{k\neq j}\varepsilon_{i,l}(k)=0\\0, \sum_{k\neq j}\varepsilon_{i,l}(k)=1\end{cases} \tag{2.17}$$

从 P_0 到 P_t 的载箱移动路径 U_l 的移动过程可以表示为矩阵式(2.18)。

$$U_l=[\rho_{1l},\rho_{2l},\cdots,\rho_{i,l}]=\begin{bmatrix}\varepsilon_{1l}(1) & \varepsilon_{2l}(1) & \cdots & \varepsilon_{il}(1)\\\varepsilon_{1l}(2) & \varepsilon_{2l}(2) & \cdots & \varepsilon_{il}(2)\\\varepsilon_{1l}(3) & \varepsilon_{2l}(3) & \cdots & \varepsilon_{il}(3)\\\varepsilon_{1l}(4) & \varepsilon_{2l}(4) & \cdots & \varepsilon_{il}(4)\\\varepsilon_{1l}(5) & \varepsilon_{2l}(5) & \cdots & \varepsilon_{il}(5)\\\varepsilon_{1l}(6) & \varepsilon_{2l}(6) & \cdots & \varepsilon_{il}(6)\end{bmatrix} \tag{2.18}$$

定义 $\alpha=[\alpha_1,\alpha_2,\alpha_3,\alpha_4,\alpha_5,\alpha_6]$ 为设备载箱作业单位成本向量，其中的分量分别表示载箱上移一层、下移一层、左移一贝、右移一贝、前移一行、后移一行的作业单位成本，则 C_{1i} 可由式(2.19)求得。

$$C_{1i}=\alpha\cdot U_{\min}=\min_{1\leq l\leq L}(\alpha\cdot U_l)=\min(\alpha\cdot\rho_{1l}+\alpha\cdot\rho_{2l}+\cdots+\alpha\cdot\rho_{i,l}) \tag{2.19}$$

(3)设备空载返回过程

设备将待倒箱移到指定位置之后，空载返回下一个待倒箱当前位置，其通过路径的选择过程与载箱作业同理可知。设返回路径为 U'_l，起点 P'_0 为 d_{ij_i}，终点 P'_t 为 e_{i+1}。

$$U'_l:P'_{0l}\to P'_{1l}\to P'_{2l}\to\cdots P'_{i,l}\cdots\to P'_{i-1,l}\to P'_{i,l}$$

与向量 α 同理可定义 $\alpha'=[\alpha_1',\alpha_2',\alpha_3',\alpha_4',\alpha_5',\alpha_6']$ 为设备空载作业单位成本向量。设在设备空载返回过程对于相同的 P'_0、P'_t 有 L' 条路径计为 $U'_l=[P'_{1l},P'_{2l},\cdots,P'_{il}]$，$l=1,\cdots,L'$，则 C_{2i} 可由式(2.20)求得。

$$C_{2i}=\alpha'\cdot U'_{\min}=\min_{1\leq l\leq L}(\alpha'\cdot U'_l)=\min(\alpha'\cdot\rho'_{1l}+\alpha'\cdot\rho'_{2l}+\cdots+\alpha'\cdot\rho'_{i,l}) \tag{2.20}$$

2.3.3 优化数学模型及其算法

(1)优化模型

对于集合 E 所对应的提箱作业，e_{i+1} 位置是已知的最终目标箱且 e_{i+1} 将被搬出堆场外运走，因此对于 e_{i+1} 的作业成本对各个方案来说都是相同的。所以在建立数学优化模型时，只需要考虑倒箱作业的作业成本优化问题即可。由前节分析可知，根据式(2.13)，倒箱作业调度的数学优化模型可表示为公式(2.21)。

$$\begin{aligned}
&obj\quad \min\quad C=\sum_{i=1}^{n}(C_{1i}+C_{2i}) && \text{(a)}\\
&s.t.\quad C_{1j}=\alpha\cdot U_{\min}=\min_{1\leq l\leq L}(\alpha\cdot U_l)=\min(\alpha\cdot\rho_{1l}+\alpha\cdot\rho_{2l}+\cdots+\alpha\cdot\rho_{i,l}) && \text{(b)}\\
&C_{2j}=\alpha'\cdot U'_{\min}=\min_{1\leq l\leq L}(\alpha'\cdot U'_l)=\min(\alpha'\cdot\rho'_{1l}+\alpha'\cdot\rho'_{2l}+\cdots+\alpha'\cdot\rho'_{i,l}) && \text{(c)}\\
&P_{i,l}\in\Omega_8 && \text{(d)}\\
&d_{ij_i}\in\Omega_6\cap\Omega_7 && \text{(e)}\\
&\text{if } e_i\in\Omega_2 \text{ then } d_{ij_i}\in\Omega_2 && \text{(f)}\\
&\text{if } e_i\in\Omega_3 \text{ then } d_{ij_i}\in\Omega_3 && \text{(g)}\\
&i=1,2,\cdots,n && \text{(h)}\\
&j_i=1,2,\cdots,m_i && \text{(i)}
\end{aligned} \tag{2.21}$$

这是一个具有两层结构的组合优化问题，其外层是一个动态多阶段决策树问题，求作业总成本最小，目标函数为式(2.21a)，内层是最短路搜索问题，计算每一阶段中使得作业成本小的集装箱移动路径搜索问题，目标函数为式(2.21b)和式(2.21c)。在外层堆场状态随着树节点选择的不同而变化，在外层计算成本的时候需要嵌套内层模型来获得最小路径和成本。

(2)优化算法

对于研究中的组合优化问题，求解空间由倒箱数量 n 以及可放箱集合 D_i 中的 m_i 决定，对于给定的初始堆场 $S^{(1)}$，每个 m_i 不会相差很大，因此设其估计值为 m，则整个问题的解空间的最大组合数估计值为 m^n。针对本优化模型提出了两层嵌套优化算法，外层算法(定义为

$A(^*)$)为动态多阶段决策问题,实现对待倒箱分配倒放箱位,并通过调用内层算法(定义为 $B(^*)$)求得全局最优。$B(^*)$为网络最短路径搜索问题,针对一个待倒箱及指定的目标箱位,寻找设备作业成本最小的路径,并将最小成本返回 $A(^*)$。算法流程如下[15]:

1° 获得集合 E;

2° 为最优成本 C^* 赋初始值;

3° 堆场状态初始化,得到 $S^{(1)}$;

4° 外层算法 $A(^*)$,进行如下操作:

4.1° 令 $i=1$;

4.1.1° 从集合 E 中取出 e_i;

4.1.2° 根据式(2.21)中的式(e)~(g),获得与当前 e_i 相对应的 D_i;

4.1.3° 调用内层算法 $B(^*)$ 根据式(2.14)~式(2.20)和式(2.21d)计算 C_{1i}, C_{2i};

4.1.4° 根据式(2.13)计算总成本 C;

4.1.5° 更新堆场状态 $S^{(i)}$ 为 $S^{(i+1)}$;

4.1.6° $i=i+1$;

4.1.7° if($i=n+1$)then (转 4.2°)else(转 4.1.1°);

4.2° 根据式(2.21a)计算最优成本 C^*;

4.3° if($A(^*)$结束条件成立)then (算法终止)else (转 4.1°)。

近年来,人们多采用智能计算方法研究作业调度优化问题。遗传算法、启发式算法等多用于动态规划、树搜索、有向图搜索等问题,其中最简单的典型的算法为 A^* 算法。A^* 算法和遗传算法对于提箱作业问题的解空间搜索具有有效性。因此外层算法 $A(^*)$ 和内层算法 $B(^*)$ 可以是启发式算法、遗传算法等,根据算法的不同,终止条件以及 d_{ij} 的选择方式不同,因此算法的效率也不同。为说明本模型的有效性,在本研究中算法 $A(^*)$ 和 $B(^*)$ 均采用已经成熟的 A^* 算法作为求解算法。

2.3.4　算例及分析

本节构建了一个集装箱堆场作业实际模型,验证模型的有效性。表 2.3 为一个拥有 $b_{max}=33$、$r_{max}=6$、$t_{max}=4$ 的集装箱堆场的某个箱区的初始状态表。表的列、行标分别表示堆场的贝、行号,表中的数字表示某一贝某一行集装箱堆积的层数(集装箱数量),最多可以堆 4 层,表中数值范围在 0 ~ 4 之间。作业区有 408 个箱位,初始集装箱数为 252,集装箱堆放率为 61.76%。

图 2.12 描述了该箱区 17 贝中集装箱的堆放信息,横坐标表示行号,纵坐标表示层号。设待提箱所在箱位为(17,5,3),则该提箱作业的初始箱位集合为

$$E=\{(17,1,3),(17,1,2),(17,1,1),(17,2,2),(17,2,1)\}$$

此时 $n=5$,$m=26$。设堆场设备 RS 的作业性能参数为 $s_f=3$,$h_f=4$,其作业时的单位移动成本 $\alpha=[15,13,10,10,6,6]$,$\alpha'=[10,8,0,0,0,0]$。特殊箱集合为

$$\Omega_4=\{(15,2,2),(15,3,2),(15,4,2),(13,3,1),(21,2,2),(21,3,3)\}$$

本节分别依据本优化模型和传统的人工作业方式制定倒箱方案,得到了不同方法下的提箱方案的最优倒箱策略 D_S 和作业成本 C,如表 2.4 所示。这里,最优的倒箱策略 $D_S=\{(19,$

1,2),(19,1,3),(13,1,2),(15,1,2),(15,1,3)},$C^*=187$,与 D_S 所对应的倒箱的移动路径 U_{min} 或 U'_{min} 如表 2.5 所示,与传统作业相对应的倒箱移动路径如表 2.6 所示。

堆场某箱区的初始堆放状态 表 2.3

Row	Bay																
	1	3	5	7	9	11	13	15	17	19	21	23	25	27	29	31	33
1	0	1	1	1	1	1	1	1	3	1	2	1	2	1	1	1	0
2	0	1	1	3	1	1	2	2	2	2	2	1	3	2	2	1	1
3	1	2	2	3	2	3	2	2	3	2	3	2	3	2	2	1	2
4	2	3	3	3	2	4	3	3	3	3	3	2	3	3	3	2	2
5	3	3	3	3	3	4	3	4	3	4	4	3	4	3	3	2	3
6	4	4	4	4	4	4	4	4	4	4	4	4	4	4	4	3	4

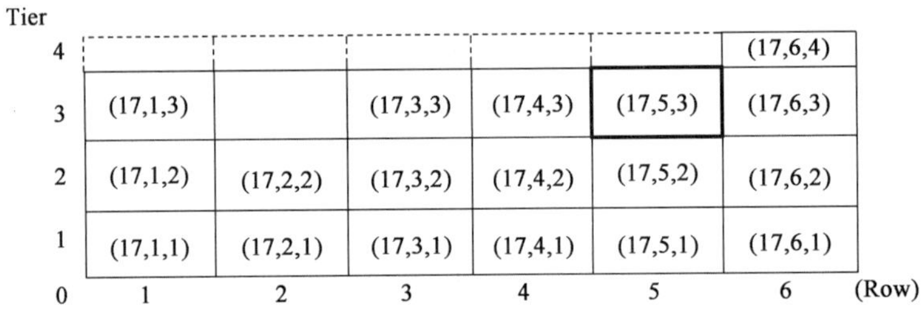

Tier						
4						(17,6,4)
3	(17,1,3)		(17,3,3)	(17,4,3)	(17,5,3)	(17,6,3)
2	(17,1,2)	(17,2,2)	(17,3,2)	(17,4,2)	(17,5,2)	(17,6,2)
1	(17,1,1)	(17,2,1)	(17,3,1)	(17,4,1)	(17,5,1)	(17,6,1)
0	1	2	3	4	5	6 (Row)

图 2.12 第 17 贝的堆放状态

倒 箱 方 案 比 较 表 2.4

Value of n, m		R	本文所提优化算法		人工作业方式	
n	m		倒箱策略	作业成本	倒箱策略	作业成本
5	26	(17,1,3) (17,1,2) (17,1,1) (17,2,2) (17,2,1)	(19,1,2) (19,1,3) (13,1,2) (15,1,2) (15,1,3)	187	(19,1,2) (15,1,2) (15,1,3) (19,2,3) (19,1,3)	206

算法优化后倒箱移动路径 表 2.5

P_0 或 P'_0	P_t 或 P'_t	路径(U_{min} 或 U'_{min})
P_0(17,1,3)	P_t(19,1,2)	U_{min}:(17,1,3)→(19,1,3)→(19,1,2)
P'_0(19,1,2)	P'_t(17,1,2)	U'_{min}:(19,1,2)→(17,1,2)
P_0(17,1,2)	P_t(19,1,3)	U_{min}:(17,1,2)→(17,1,3)→(19,1,3)
P'_0(19,1,3)	P'_t(17,1,1)	U'_{min}:(19,1,3)→(17,1,3)→(17,1,2)→(17,1,1)
P_0(17,1,1)	P_t(13,1,2)	U_{min}:(17,1,1)→(17,1,2)→(15,1,2)→(13,1,2)
P'_0(13,1,2)	P'_t(17,2,2)	U'_{min}:(13,1,2)→(15,1,2)→(17,1,2)→(17,2,2)
P_0(17,2,2)	P_t(15,1,2)	U_{min}:(17,2,2)→(17,1,2)→(15,1,2)
P'_0(15,1,2)	P'_t(17,2,1)	U'_{min}:(15,1,2)→(17,1,2)→(17,2,2)→(17,2,1)
P_0(17,2,1)	P_t(15,1,3)	U_{min}:(17,2,1)→(17,2,2)→(17,1,2)→(15,1,2)→(15,1,3)
P'_0(15,1,3)	P'_t(17,5,3)	U'_{min}:(15,1,3)→(17,1,3)→(17,2,3)→(17,2,4)→(17,3,4)→(17,4,4)→(17,5,4)→(17,5,3)

传统人工作业倒箱移动路径　　表 2.6

P_0 或 P'_0	P_t 或 P'_t	路径（U_{min} 或 U'_{min}）
$P_0(17,1,3)$	$P_t(19,1,2)$	U_{min}：(17,1,3)→(19,1,3)→(19,1,2)
$P'_0(19,1,2)$	$P'_t(17,1,2)$	U'_{min}：(19,1,2)→(17,1,2)
$P_0(17,1,2)$	$P_t(15,1,2)$	U_{min}：(17,1,2)→(15,1,2)
$P'_0(15,1,2)$	$P'_t(17,1,1)$	U'_{min}：(15,1,2)→(17,1,2)→(17,1,1)
$P_0(17,1,1)$	$P_t(15,1,3)$	U_{min}：(17,1,1)→(17,1,2)→(17,1,3)→(15,1,3)
$P'_0(15,1,3)$	$P'_t(17,2,2)$	U'_{min}：(15,1,3)→(17,1,3)→(17,2,3)→(17,2,2)
$P_0(17,2,2)$	$P_t(19,2,3)$	U_{min}：(17,2,2)→(17,2,3)→(17,1,3)→(19,1,3)→(19,2,3)
$P'_0(19,2,3)$	$P'_t(17,2,1)$	U'_{min}：(19,2,3)→(19,1,3)→(17,1,3)→(17,1,2)→(17,1,1)→(17,2,1)
$P_0(17,2,1)$	$P_t(19,1,3)$	U_{min}：(17,2,1)→(17,2,2)→(17,2,3)→(17,1,3)→(19,1,3)
$P'_0(19,1,3)$	$P'_t(17,5,3)$	U'_{min}：(19,1,3)→(17,1,3)→(17,2,3)→(17,2,4)→(17,3,4)→(17,4,4)→(17,5,4)→(17,5,3)

通过图 2.13 中倒箱数从 $n=1$ 到 $n=8$ 的倒箱方案的成本进行比较可以看出，当 n 较小时，本优化模型与传统的人工随机寻找最近位置的方法所得到的倒箱方案的成本基本相当，当 n 增大时本文的方法可以找到更优的作业成本倒箱方案，降低作业成本 10% 左右。

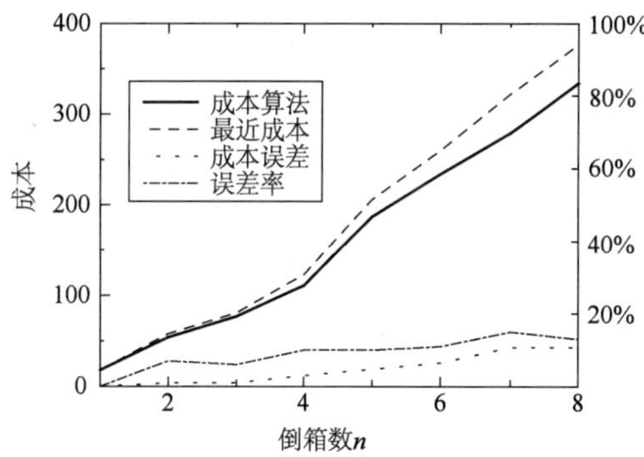

图 2.13　优化模型与人工方法成本比较结果

第3章 集装箱港口的碳足迹综合评估

3.1 概述

在我国致力于建设资源节约型、环境友好型社会的大背景下,水运建设、生产所消耗资源规模和对环境的影响越来越受到社会的关注。而节能、减排、环保以及低碳发展等与水运企业追求经济效益的要求难以完全协同,为提升企业追求节能、减排、环保以及低碳发展的自觉性和积极性,交通运输部发布《“十二五”水运节能减排总体推进实施方案》,提出开展水运节能减排长效机制研究工作,以推进我国绿色港口建设、促进港口的可持续发展。

集装箱港口的空气污染主要来源于码头区域的各种作业活动。因此,对集装箱港口碳足迹的研究显得尤为重要。碳足迹(Carbon Footprint,CF)是管理温室气体(Green House Gas,GHG)排放的评估工具。目前碳足迹有四种定义:①以商品为研究对象,定义碳足迹为商品生产和消费过程中温室气体排放总量;②以活动、产品为研究对象,定义碳足迹为度量某一活动直接或间接产生的 CO_2 排放,或某一产品在整个生命周期内累积的 CO_2 排放总量;③以供应链为研究对象,定义碳足迹为商品和服务在生产、运输、销售、使用、报废整个生命周期内温室气体排放总量;④以地域为研究对象,定义碳足迹为地理边界内能源消费(包括交通)所产生的直接和间接 CO_2 的排放[16]。目前,大多数学者都是以地域为研究对象,本章碳足迹的定义也采用第四种,地理边界为集装箱码头,研究在集装箱码头内,各个作业设备所产生的 CO_2 的排放。

目前国内针对碳足迹的研究主要包括如下六个领域:一是集装箱码头碳排放评估框架建模以及绿色低碳港口评价指标体系;二是集装箱码头的可持续发展政策的制定;三是在集装箱码头的作业层面讨论如何减少能源消耗问题;四是集装箱码头的能源消耗数据的统计精确度问题及数据收集种类等;五是集装箱码头的碳足迹研究方法和计算方法问题,如投入产出法、生命周期评价法、IPCC 法等;六是在集装箱码头的战略层面,研究如何根据港口碳排放的评估来制定建设绿色港口以及绿色城市的途径问题,涉及评价指标体系建设、环境保护法制体系应用、港口绿色信息系统完善、环保激励机制实施、技术革新等方面[16,17]。

本章重点针对碳足迹综合评价问题,介绍一种碳足迹评估框架,这个评估框架基于上述研究的基础,为集装箱港口追溯碳排放提供了方法,同时为节能减排提供政策依据,是实现绿色经营的有效工具。这个碳足迹评价系统框架包含三种分析方法,定性分析、定量分析和实证分析,整体结构如图 3.1 所示。在综合框架的构建阶段,使用定性分析进行多案例研究,使用定量方法进行框架评价和数据收集;在验证阶段,针对海港的实际情况,使用实证分析来验证所提出的评估框架的有效性。

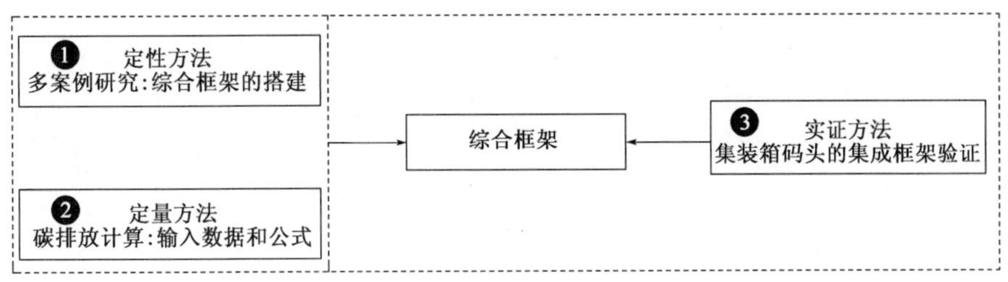

图 3.1　研究方法框架

在研究综合框架之前,首先对在低碳建设方面取得进展的美国洛杉矶港、瑞典哥德堡港、新加坡裕廊港和荷兰鹿特丹港进行调查。这些海港的年吞吐量很高,可以代表亚洲、欧洲和美洲地区,有助于对碳足迹的方法和实用工具进行系统研究。多案例研究表明,集装箱码头大量排放量的产生都与五种以柴油为燃料的设备操作有关,五种设备分别是:远洋船(OGV)、港务船(HC)、货物装卸设备(CHE)、道路重型车辆(HDV)和铁路机车(RL)。后面将分析这五种设备的典型操作,并设计排放计算公式。

基于活动的方法非常适合碳足迹的计算。在这种计算方法中,三种数据元素至关重要,分别为:资源数据(发动机使用时间,型号,制造商)、活动数据(随时间和操作模式的负载和燃料消耗的变化的操作特性,行驶距离,功率)、排放系数(将燃料消耗或能源输出量转换为污染物排放率的参数)。基于活动的方法估算 CO_2 排放的基本计算式见式(3.1):

$$E = A_{ct} \times O_t \times E_f \tag{3.1}$$

其中,A_{ct}代表排放源的行为或活动,以 hp · h 或 kW · h 为测量单位,以 gal 或 kg 为燃料消耗单位。资源活动主要表现在发动机额定功率(R_p)和负载系数(L_f);O_t 代表资源的操作时间,用 h/year 表示;E_f代表排放系数,反映单位能耗的排放输出特性,以 gCO_2/hp · h 或 gCO_2/kW · h 为单位表示能量测量,以 lb 或 gal、g 或 kg 为单位表示燃料消耗;E 表示碳排放量,单位吨。

3.2　集成评估框架结构

本章提出的综合框架包括五个模块:策略组件模块、资源结构模块、输入数据模块、排放估算模块、排放减缓模块,如图 3.2 所示。该综合框架包括排放估算过程和减排战略,可以帮助集装箱码头管理者制定减排战略。综合框架的特征有三个,分别为:灵活性(根据集装箱码头的特定基础设施进行定制),功能性(将集装箱码头可持续发展策略与碳足迹相关联)和可用性(包括排放源分类,输入数据库,计算公式和 CO_2 减排工具)。以下对各个模块进行说明[18]。

(1)策略组件模块

策略组件模块(Policy Component Module, PCM)是用于构建碳足迹的一般过程的一种工具框架。它在组织层面确定了以下碳足迹主要元素的规模:基准年、利益相关者、地理边界、估算方法等。集装箱码头管理人员执行地方和政府的环境政策,并在一段时间内将 CO_2 排放量减少到固定水平。

关于计算方法,越详细越好,详细的计算方法可以保证较高的准确度。集装箱码头管理者还可以应用替代方法,例如使用其他海港的数据。但是,使用替代方法可能会降低准确性。因此,在本研究后面验证实际案例的集成框架时，使用的是详细方法和替代方法相结合的混合方法。

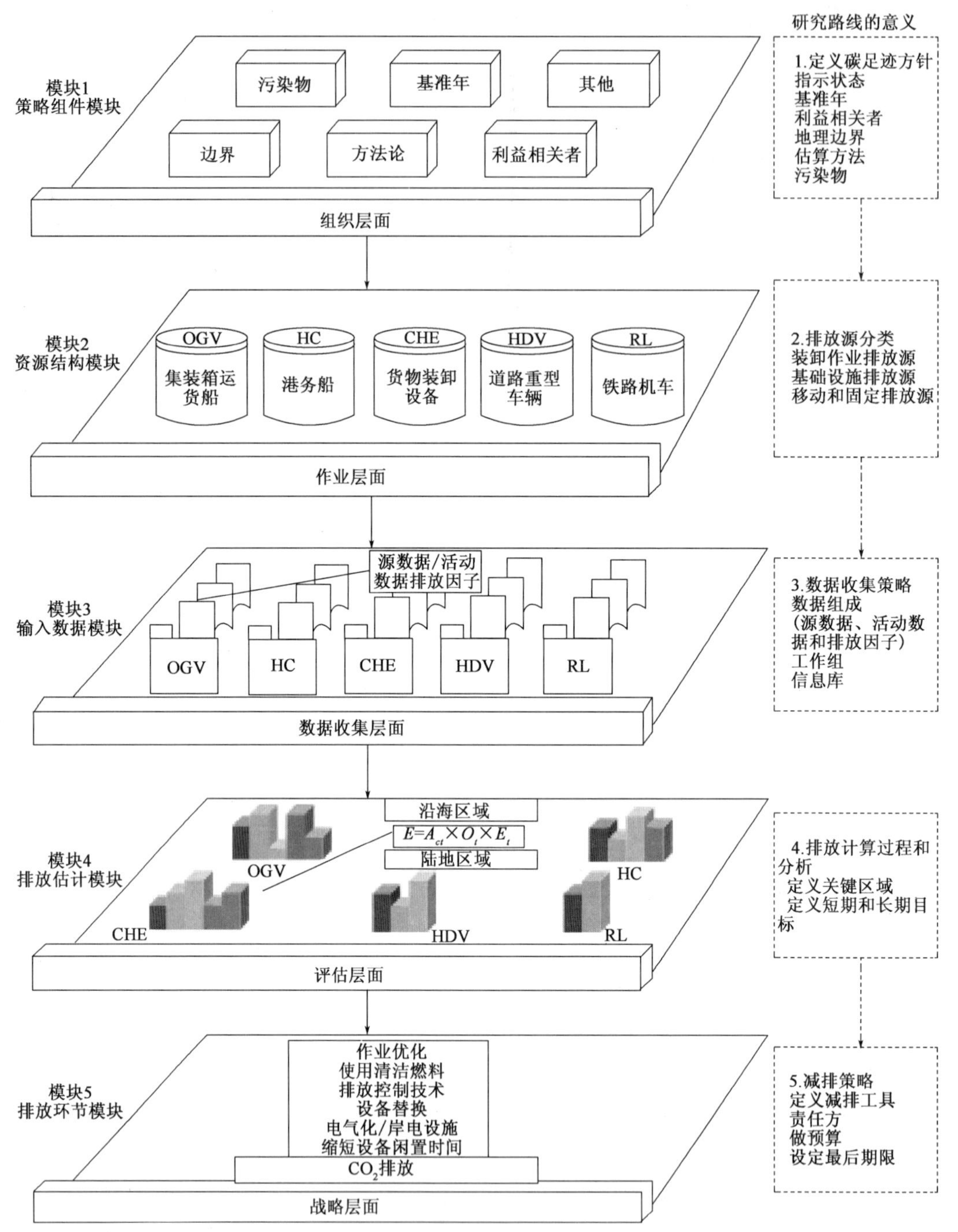

图3.2　集成评价框架的整体架构

(2)资源结构模块

在操作层，资源结构模块(Sources Structure Module，SSM)根据集装箱码头主要操作描述了释放源的结构。与集装箱码头活动相关的所有排放几乎都归因于五种柴油燃料，分别是：远洋船，港务船，货物装卸设备，道路重型车辆和铁路机车。它们完成主要的集装箱码头操作：船舶装卸，码头搬运，卡车和火车集装箱运输，如图3.3所示。

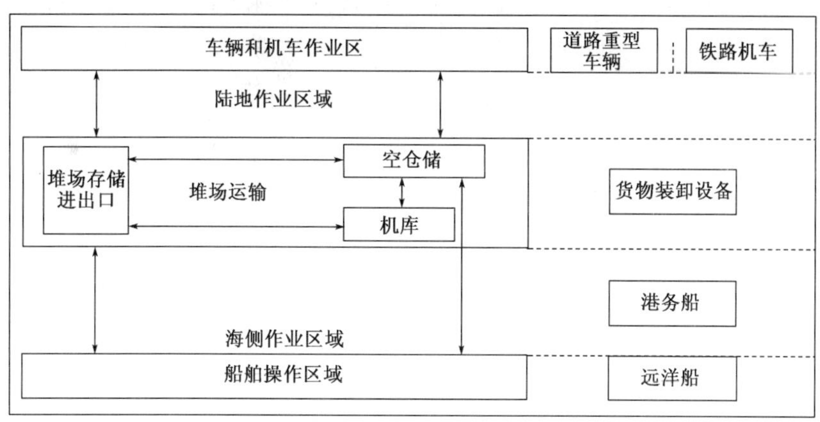

图3.3　集装箱港口和排放源的作业区域

(3)输入数据模块

在数据收集层面，输入数据模块(Input Data Module，IDM)对碳足迹计算过程中的数据进行系统化处理，并从中获得必要的数据。排放估算中的主要数据包括资源数据、活动数据和排放系数。资源数据包括发动机的额定功率、船舶的特定类型、设备、卡车或火车。活动数据包括作业小时数和负载系数，以及道路重型车辆的空闲时间和铁路机车的缺口时间。排放系数的定义是相关的单位活动产生的温室气体的平均排放量。

因为数据源可能来源于不同的利益相关者，如集装箱码头管理者、租户、制造商等，所以收集必要的信息比较困难。表3.1、表3.2给出了必要的输入数据与可能的数据源。参数单位说明见表3.3。

输入参数和数据源(船舶发动机类)　　表3.1

输入参数	参数含义	数据来源
远洋船舶主发动机		
$MCR(i)$	发动机的最大连续额定功率(kW)	劳合社的船舶注册；Lloyd's MIU
$S_{sea}(i)$	船平均速度(knots)	数字海洋
$S_{\max}(i)$	船最大速度(knots)	
$D_t(i)$	运输距离(n mile)	港口领航员、船舶交通系统(VTS)、自动识别系统(AIS)
EF_{ME}	推进发动机系统的排放系数($gCO_2/kW \cdot h$)	IMO 2009；IPCC 2006
N_v	船舶年访问量	港口经营者
辅助发动机		
$L_{AEt}(i)$	运输中的平均辅助负载(kW)	船长、港口经营者
EF_{AE}	辅助发动机系统排放系数($gCO_2/kW \cdot h$)	IMO 2009；政府间气候变化专门委员会(IPCC 2006)
$L_{AEm}(i)$	操作中平均负载(kW)	船长、港口经营者
$D_m(i)$	操作距离(n mile)	港口飞行员、VTS、AIS

续上表

输入参数	参数含义	数据来源
$S_m(i)$	机动速度(knots)	港口飞行员、港口经营者，VTS、AIS
$L_{AEb}(i)$	泊位平均辅助载荷(kW)	船长、港口经营者
$H_b(i)$	泊位时间(h)	港口飞行员，港口经营者，VTS、AIS
辅助锅炉		
$L_{ABm}(i)$	操作过程中锅炉平均负荷(kW)	船长，港口经营者
EF_{AB}	辅助锅炉系统排放系数(gCO_2/kW·h)	IMO 2009、IPCC 2006

输入参数和数据源(装卸设备类) 表3.2

输入参数	参数含义	数据来源
港口工艺		
$R_{cp}(i)$	特定类型船舶的额定功率(kW)	发动机制造商、所有者或运营商
$L_{cf}(i)$	负载系数，无单位	美国环境保护署(CARB)
$O_{ct}(i)$	年作业时间(h)	设备业主或经营者、估计运行时间表
$E_{cfe}(i)$	船舶发动机排放系数(gCO_2/kW·h)	CARB
货物装卸设备		
$R_{hp}(i)$	特定类型设备的额定功率(kW)	设备制造商，业主或经营者
$L_{hf}(i)$	负载系数，无单位	美国环境保护署；设备业主或经营者
$O_{ht}(i)$	年作业时间(h)	作业时间表
$E_{hfe}(i)$	设备发动机排放系数	温室气体议定书
重型车辆		
$N_t(j)$	每年的卡车次数，无单位	车主、港口经营者
$I_t(j)$	平均空闲时间(min)	交通工程师
D_{term}	平均运行距离(km)	
D_{reg}	平均区域运行距离(km)	城市规划组织
$E_{fi}(j)$	空转排放系数(gCO_2/h)	美国环境保护署
$E_{fr}(j)$	运行排放系数(gCO_2/h)	美国环境保护署
机车		
$R_{lp}(i)$	特定类型的机车额定功率(hp)	机车制造商、业主或经营者
$L_{lf}(i)$	负载系数，无单位	美国环境保护署(CARB)
$O_{lt}(i)$	年作业时间(h)	设备所有人或操作员
$E_{lfe}(i)$	机车发动机的排放系数(gCO_2/hp·h)	WPCI 2010

参数单位说明表 表3.3

字母	单位含义
CO_2E	CO_2 排放量
g	重量单位
gal	体积单位[1加仑(美制)=3.78541升]
$gCO_2/hp \cdot h$	1马力的功率运行1小时产生的 CO_2 克数
gCO_2/h	1小时产生的 CO_2 克数
$gCO_2/kW \cdot h$	1千瓦的功率运行1小时产生的 CO_2 克数
g/t/km	1吨货物运行1千米产生的 CO_2 克数
h	时间单位
hp	功率单位(1hp≈0.746kW)
hp·h	能量量度单位,表示功率为1马力的机器在使用1小时之后所消耗的能量
h/year	每年作业的小时数
kg	重量单位
km	距离单位
knots	船速单位(1节=1海里/小时)
kW	功率单位
kW·h	能量量度单位,表示功率为1千瓦的机器在使用1小时之后所消耗的能量
lb	重量单位(1磅=0.4535924千克)
min	时间单位
nm	距离单位(1海里=1.852公里)

(4)排放估算模块

排放估算模块(Emissions Estimation Module,EEM)包含针对每种集装箱码头操作的 CO_2 排放计算公式。如前节所述,基于活动的方法适用于碳排放计算。因此,使用公式(3.1)对集装箱码头的碳足迹进行评估计算。公式已经详细规定了集装箱码头五个操作区域和相应使用的设备。对于远洋船,包括发动机系统的活动、运输和操纵的模式。对于道路重型车辆和铁路机车,分别分析其在码头、港口和地区的活动。排放计算的输入参数收集如表3.1所示。

①远洋船排放估算模块

远洋船的排放源包括以下三组活动:推进系统(通过水动力移动船),辅助系统(在船舶操作期间产生电力)和辅助锅炉(为船员设施提供蒸汽和热水)。每组活动包括在运输、操纵和停靠模式期间以不同方式起作用的各种类型的设备。因此,一艘远洋船的排放量 $E_{OVG}(i)$ 为船舶在各种运行模式下主发动机 $E_{ME}(i)$、辅助发动机 $E_{AE}(i)$ 和辅助锅炉 $E_{AB}(i)$ 的排放量的总和。最后,所有远洋船的总排放量 TE_{OGV} 如公式(3.2)所示。

$$TE_{OGV} = \sum_{i=1}^{n_V} E_{OVG}(i) = \sum_{i=1}^{n_V} [E_{ME}(i) + E_{AE}(i) + E_{AB}(i)]$$

$$= \sum_{i=1}^{n_V} \left\{ MCR(i) \times \left[\frac{S_{sea}(i)}{S_{\max}(i)}\right]^3 \times \frac{D_t(i)}{S_{sea}(i)} \times EF_{ME} \times 2 \times N_v + MCR(i) \times \left[\frac{S_m(i)}{S_{\max}(i)}\right]^3 \times \right.$$

$$\frac{D_m(i)}{S_m(i)} \times EF_{ME} \times 2 \times Nv\Big\} + \sum_{i=1}^{n_V}\Big[L_{AEt}(i) \times \frac{D_t(i)}{S_{sea}(i)} \times EF_{AE} \times 2 \times N_v + L_{AEm}(i) \times$$

$$\frac{D_m(i)}{S_m(i)} \times EF_{AE} \times 2 \times N_v + L_{AEb}(i) \times H_b(i) \times EF_{AE}\Big] +$$

$$\sum_{i=1}^{n_V}\Big[L_{ABm}(i) \times \frac{D_m(i)}{S_m(i)} \times EF_{AB} \times 2 \times N_v + L_{ABm}(i) \times H_b(i) \times EF_{AB}\Big] \tag{3.2}$$

②港务船排放估算模块

通常,港务船船舶装备有一个或两个主发动机和一个或多个辅助发动机。一艘港务船的排放量 $E_{HC}(i)$ 为这种设备的发动机额定功率、负载系数、运行时间和排放系数的乘积。公式(3.3)为所有港务船件的总排放量 TE_{HC}。

$$TE_{HC} = \sum_{i=1}^{n_h} E_{HC}(i) = \sum_{i=1}^{n_h}[R_{cp}(i) \times L_{cf}(i) \times O_{ct}(i) \times E_{cfe}(i)] \tag{3.3}$$

③装卸设备排放估算模块

当计算装卸设备的排放时,可以分别计算每台装卸设备,也可以计算整个装卸设备队列。最好分别计算每台装卸设备的排放量,因为这种方法可以检测到减排措施的关键点。每台装卸设备的排放量即为该类型设备的发动机额定功率、负载系数、运行时间和排放系数的乘积。所有装卸设备的总排放量如公式(3.4)所示。

$$TE_{CHE} = \sum_{i=1}^{n_c} E_{CHC}(i) = \sum_{i=1}^{n_c}[R_{hp}(i) \times L_{hf}(i) \times O_{ht}(i) \times E_{hfe}(i)] \tag{3.4}$$

④重型车辆排放估算模块

道路重型车辆排放估算包含怠速状态和运行状态两种操作模式。怠速状态意味着车辆不运动,但发动机起动;运行状态表示发动机起动并且车辆处于移动状态。道路重型车辆的碳排放也可以根据道路重型车辆运行区域来划分:码头范围内和地区范围内。因此,总排放为怠速状态 $E_{iter}(i)$、码头内运行状态 $E_{rter}(i)$ 和地区内运行状态 $E_{rreg}(i)$ 的排放量之和,如公式(3.5)所示。

$$\begin{aligned} TE_{HDV} &= \sum_{i=1}^{n_d} E_{HDV}(i) = \sum_{i=1}^{n_d}[E_{iter}(i) + E_{rter}(i) + E_{rreg}(i)] \\ &= \sum_{i=1}^{n_d}\Big[N_t(i) \times I_t(i) \times \frac{1\text{h}}{60\text{min}} \times E_{fi}(i) + N_t(i) \times D_{term}(i) \times E_{fr}(i) + N_t(i) \times D_{reg} \times E_{fr}(i)\Big] \end{aligned} \tag{3.5}$$

⑤铁路机车排放估算模块

“运行状态”用于描述铁路机车的运行活动。运行状态可以从“空闲”到 8 种不同的运行模式之间转换。每种模式的平均发动机负荷都比上一种更高。因此,铁路机车活动产生的排放即为八种运行状态下排放的和,每种运行状态下的排放为该状态对应的发动机额定功率、负载系数、运行时间和排放系数的乘积,如公式(3.6)所示。

$$TE_{RL} = \sum_{i=1}^{n_r} E_{RL}(i) = \sum_{i=1}^{n_r}[R_{lp}(i) \times L_{lf}(i) \times O_{lt}(i) \times E_{lfe}(i)] \tag{3.6}$$

远洋船、港务船、装卸设备、道路重型车辆和铁路机车的排放总和即为集装箱码头活动的总碳排放,如公式(3.7)中所示。

$$TE_{CS} = TE_{OGV} + TE_{HC} + TE_{CHE} + TE_{HDVs} + TE_{RLs} \tag{3.7}$$

(5)排放减缓模块

基于排放估算模块的结果,可以构造出排放结构。然后,集装箱码头管理者可以识别出排放最多的区域并减少排放。根据表3.4中描述的五个操作区域,排放减缓模块(Emissions Mitigation Module,EMM)可以构建综合减缓措施。关键措施分为如下几个方向:减慢远洋船的速度和减少道路重型车辆和铁路机车的空载时间;优化操作;使用清洁燃料;采用排放控制技术等。集装箱码头管理者可以使用这些策略制定自己的减排措施。

减 排 战 略　　表3.4

类型	策略	内　　容
远洋船	降低船速	港区减速(12节或更低)
	优化操作	支持电动再生式起重机、加快船舶装卸时间的基础设施
	使用清洁燃料	让船舶辅助发动机和推进式锅炉使用清洁燃料
	排放控制技术	对于主机:滑阀、海水洗涤、发动机升级 对于辅助发动机:选择性催化还原、发动机重新设计或重新启动
	岸电	在泊位操作期间为船舶提供发电需求
港务船	替代引擎	使用最新标准的清洁发动机来提升HC主机和辅助发动机
	使用清洁燃料	低和超低硫柴油燃料、乳化柴油燃料、生物柴油、含氧燃料
	排放控制技术	柴油氧化催化剂、柴油颗粒过滤器、选择性催化还原
	电气化	通过杂化减少港口工艺排放、并提供岸电供电
货物装卸设备	设备替换	更换符合清洁标准的发动机
	使用清洁燃料	与港务船相同
	排放控制技术	与港务船相同
道路重型车辆	设备替换	使用适合清洁发动机标准的新型卡车代替常用的旧卡车
	作业优化	使用射频识别和光学字符读取器来提高门和终端的效率
	使用清洁燃料	与货物装卸设备相同
	排放控制技术	柴油颗粒过滤器、柴油氧化催化剂(50% PM还原或更多)、NO_x催化剂、气体再循环
	空闲减少技术	在码头为临时停靠的卡车提供动力、自动关机和启动系统、电池电源
铁路机车	设备替换	用电动或混合机车代替较旧的机车
	作业优化	为总体燃油效率建设更长的火车、提高区域铁路能力
	使用清洁燃料	低硫和超低硫柴油燃料、乳化柴油燃料、含氧燃料、生物柴油
	排放控制技术	与港务船相同
	空闲减少技术	自动发动机停机起动控制、辅助动力单元、岸电插拔单元、混合式交换机车

综上,为了保证评价框架的完整性,首先要制定碳足迹政策(包括环境目标、所涉及的地理范围和利益相关者等);然后对排放源进行分类,利益相关方合作收集数据,估算碳排放并分析结果;最后,完成相关战略的制定(包括界定责任方,制定预算、措施等)。

3.3 案例研究

本文以我国北方某集装箱港口为对象进行案例研究。该港 2014 年集装箱吞吐量为 1662 万 TEU。该港的核心集装箱码头 QT 的布局如图 3.4 所示，其中泊位长度为 3400m，堆场面积 225 公顷。该码头提供装载/卸载、存储、传输、制冷和包装/拆包等服务。

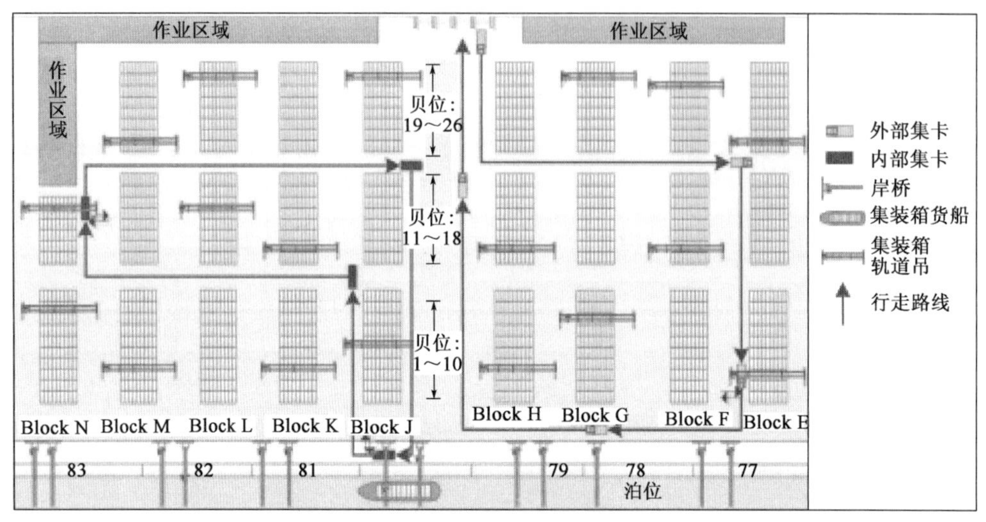

图 3.4 QT 集装箱码头布局示意图

码头 QT 的集成框架如图 3.5 所示。为了构建集成框架模块，把从码头各个部门获得的数据分成五组，分别从五个操作领域（远洋船，港务船，货物装卸设备，道路重型车辆，铁路机车）进行结构化计算。完成码头碳排放量估算后，与码头管理者协商讨论，然后决定碳足迹的总体政策。整个 QT 的碳足迹集成评估过程细节如下。

3.3.1 港口的策略组件模块

选择 2012 年作为活动的基准年。地理范围为港湾境内的水域和主要码头。选择混合方法作为主要估算方法。一些数据取自代理集装箱码头。资源包括集装箱码头的移动资源：到港的远洋船、港务船、集装箱装卸设备、道路重型车辆和铁路机车。

3.3.2 港口的资源结构模块

按照 QT 的日常作业（船舶装卸，集装箱堆场进出口，仓储，卡车门闸作业，机车配送），建立资源结构。如图 3.5 所示，远洋船被分为 7 组；港务船组由辅助拖船、工作船和拖船组成；装卸设备包括所有参与装卸集装箱的设备；道路重型车辆用于将集装箱运入、运出码头，QT 最常见的道路重型车辆类型是集装箱拖车；在 QT 作业中使用的铁路机车分为长途运输机车和中转机车。

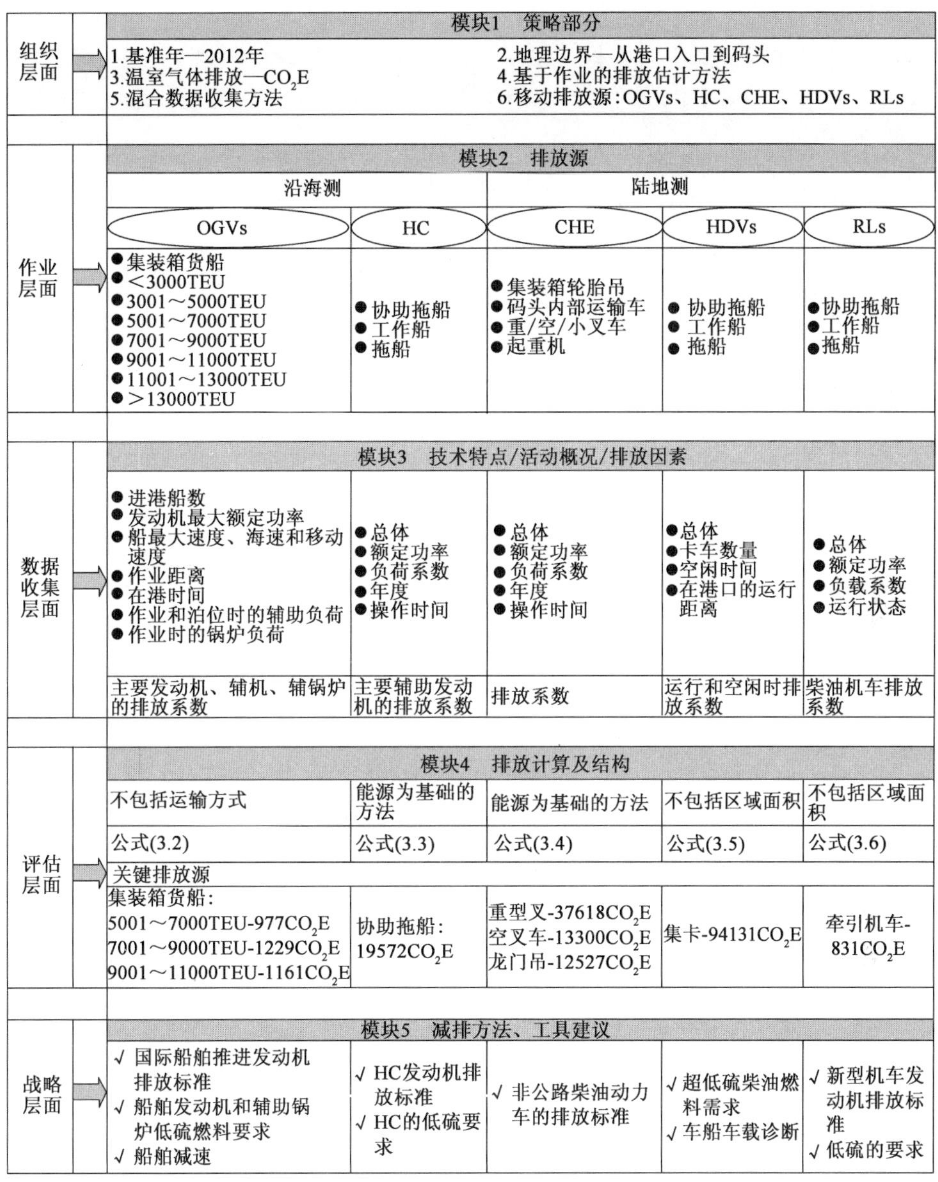

图 3.5　QT 的集成框架

3.3.3　港口的输入数据模块

输入数据的收集过程包括收集活动数据和选择排放系数。一些可替代数据来自美国环保局公布的美国环保指南,在碳足迹的实践应用方面,该环保指南目前是做得最好的。

输入数据如表 3.5、表 3.6、表 3.7、表 3.8 和表 3.9 所示。表 3.5 中的远洋船参数包括技术特性(发动机功率,最大速度,海速和机动速度)、活动数据(泊位时间,呼叫次数)、模式数据、排放系数。

表 3.6 和表 3.7 为港务船和货物装卸设备的数据,包括每种设备的数量、额定功率、每月

作业时间和负载系数。

表3.8给出了道路重型车辆的数量和年行驶路程的信息。这里面的平均空载时间和行驶距离仅限于码头区域。对于机车,仅考虑使用第4种运行状态作为输入数据。排放系数取自美国环保指南。

远洋船输入数据　　表3.5

序号	类　型	N_v	MR (kW)	S_{max} (kt)	S_m (kt)	D_m nm	H_b (h)	L_{AEm} (kW)	L_{AEb} (kW)	L_{ABm} (kW)
1	<3000TEU	120	21522	21.3	7	3.5	24	2180	1035	325
2	3001~5000TEU	272	39672	24.0	7	3.5	26	2526	1161	492
3	5001~7000TEU	311	59842	25.4	6	3.5	36	2178	986	565
4	7001~9000TEU	308	67824	25.2	6	3.5	40	3158	980	525
5	9001~11000TEU	268	68638	25.8	6	3.5	75	3350	1040	547
6	11001~13000TEU	172	71174	25.1	6	3.5	71	4000	1500	600
7	>13000TEU	144	72027	24.7	6	3.5	79	4175	1981	630

港务船输入数据　　表3.6

序　号	类　型	N	R_{cp}(kW)	L_{cf}	O_{ct}(h)
1	协助拖船	18	1511	0.3	3560
2	工作船	13	1476	0.4	3415
3	拖船	9	348	0.7	1380

装卸设备输入数据　　表3.7

序号	类　型	N	Engine type	R_{hp}(kW)	O_{ht}(h)	L_{hf}
1	轮胎龙门吊	106	Electric	134	3565	0.42
2	内部运输车辆	84	Diesel	75	1657	0.32
3	重型叉车	112	Diesel	450	2880	0.44
4	空载叉车	128	Diesel	130	3231	0.42
5	小型叉车	154	Diesel	37	2163	0.36
6	起重机	2	Electric	500	360	0.18

道路重型车辆输入数据　　表3.8

序　号	类　型	N	N_t	I_t(min) per truck trip	E_{fi} (gCO_2/h)	D_{term} (km)	E_{fr} (gCO_2/h)
1	集卡	1000	14501	62	4655	1.3	1293
2	一般卡车	128	3741	47	4655	0.5	1293

铁路机车输入数据　　表3.9

序　号	类　型	N	R_{lp}(hp)	L_{lf}	O_{lt}(h)	E_{lfe}
1	长途运输机车	2	2500	0.3	950	510
2	中转机车	3	2500	0.3	580	505

3.3.4　港口的排放估算模块

远洋船的排放估算的边界限于港口水域。不考虑在运输模式下的主发动机和辅助发动机的排放。对于发动机，主发动机的排放系数为629.9g CO_2/kW・h，辅助发动机的排放系数为692.8gCO_2/kW・h；辅助锅炉的排放系数为994.8gCO_2/kW・h。根据公式(3.2)计算每种类型远洋船的排放。

对于类型1(<3000TEU)：

$$E_{OGV(1)} = \left\{ \left[21522\text{kW} \times \left(\frac{7\text{knots}}{21.3\text{knots}} \right)^3 \times \frac{3.5\text{nm}}{7\text{knots}} \times 629.9 \frac{\text{gCO}_2\text{E}}{\text{kW} \cdot \text{h}} \times 2 \times 120 \right] + \left[\left(2180\text{kW} \times \frac{3.5\text{nm}}{7\text{knots}} \times 692.8 \frac{\text{gCO}_2\text{E}}{\text{kW} \cdot \text{h}} \times 2 \times 120 \right) + \left(1035\text{kW} \times 24\text{h} \times 692.8 \frac{\text{gCO}_2\text{E}}{\text{kW} \cdot \text{h}} \right) \right] + \left[\left(325\text{kW} \times \frac{3.5\text{nm}}{7\text{knots}} \times 994.8 \frac{\text{gCO}_2\text{E}}{\text{kW} \cdot \text{h}} \times 2 \times 120 \right) + \left(325\text{kW} \times 24\text{h} \times 994.8 \frac{\text{gCO}_2\text{E}}{\text{kW} \cdot \text{h}} \right) \right] \right\} / 1000000 = 303\text{tCO}_2\text{E}$$

其他六种远洋船类型的排放的计算方法与类型1类似，分别对其进行计算。然后，将每种远洋船类型的排放相加，以计算二氧化碳排放的总量：

$$TE_{OGV} = \sum_{i=1}^{7} E(i) = (303 + 811 + 977 + 1229 + 1161 + 915 + 858)\text{tCO}_2\text{E} = 6254\text{tCO}_2\text{E}$$

对于港务船，分别计算三种类型港务船(例如辅助拖船，工作船和拖船)的排放，然后根据公式(3.3)对其进行相加获得总排放量。

辅助拖船总排放量：

$$E_{HC(1)} = \left(18 \times 1511.2\text{kW} \times 0.31 \times 3560\text{h} \times 652 \frac{\text{gCO}_2\text{E}}{\text{kW} \cdot \text{h}} \right) / 1000000 = 19573\text{tCO}_2\text{E}$$

港务船排放总量：

$$TE_{HC} = \sum_{i=1}^{3} E_{HC}(i) = (19573 + 16242 + 1914)\text{tCO}_2\text{E} = 37729\text{tCO}_2\text{E}$$

对于货物装卸设备，分别估计六种类型的货物装卸设备的碳排放，如RTG、ITV、重型叉车、空叉车、小型叉车和起重机，然后根据公式(3.4)进行计算。

RTG：

$$E_{CHE(1)} = \left(106 \times 134\text{kW} \times 3565\text{h} \times 0.42 \times 589 \frac{\text{gCO}_2\text{E}}{\text{kW} \cdot \text{h}} \right) / 1000000 = 12527\text{tCO}_2\text{E}$$

货物装卸设备的总排放量：

$$TE_{CHE} = \sum_{i=1}^{6} E_{CHE}(i) = (12527 + 1968 + 37618 + 13300 + 2613 + 38)\text{tCO}_2\text{E} = 68064\text{tCO}_2\text{E}$$

对于道路重型车辆和铁路机车，排放估算的边界限于码头内部集装箱运输，不包括地区运输的排放。根据公式(3.5)估算两种类型的道路重型车辆(集装箱运输设备和非集装箱运输设备)的排放。

集装箱卡车总排放量：

$$E_{HDV}(1)=\left[\left(1000\times14501\times62\text{min}\times\frac{1\text{h}}{60\text{min}}\times4655.3\ \frac{\text{gCO}_2\text{E}}{\text{h}}\right)+\left(1000\times14501\times1.3\text{km}\times1293\ \frac{\text{gCO}_2\text{E}}{\text{h}}\right)\right]/1000000=94131\text{tCO}_2\text{E}$$

道路重型车辆的总排放量：

$$TE_{HDV}=\sum_{i=1}^{2}E_{HDV}(i)=(94131+2056)\text{tCO}_2\text{E}=96187\text{tCO}_2\text{E}$$

两种类型的铁路机车(长途运输或中转)的排放量按照公式(3.6)计算。

长途运输设备总排放量：

$$E_{RL}(1)=\left(2\times2500\text{hp}\times0.343\times950\text{h}\times510.14\ \frac{\text{gCO}_2\text{E}}{\text{hp}\cdot\text{h}}\right)/1000000=831\text{tCO}_2\text{E}$$

铁路机车的总排放量：

$$TE_{RL}=\sum_{i=1}^{2}E_{RL}(i)=(831+754)\text{tCO}_2\text{E}=1585\text{tCO}_2\text{E}$$

为了估算2012年QT活动的 CO_2 排放总量，使用公式(3.7)将远洋船、港务船、货物装卸设备、道路重型车辆和铁路机车的排放相加。

$$\begin{aligned}TE_{QQCT}&=TE_{OGV}+TE_{HC}+TE_{CHE}+TE_{HDV}+TE_{RL}\\&=(6254+37729+68064+96187+1585)\text{tCO}_2\text{E}=209819\text{tCO}_2\text{E}\end{aligned}$$

二氧化碳排放总量和资源类别的排放结构，分别如表3.10和图3.6a)～e)所示。该结构可以确定具有最大减排潜力的区域。在对收到的结果进行分析之后，可以在第五战略层面制定减排战略。

2012年总排放结构 表3.10

编　号	排　放　源	CO_2 排放量(t)	占　比　(%)
1	集装箱船	6254	3.0
2	港务船	37729	18.0
3	货物装卸设备	68064	32.4
4	重型车辆	96187	45.8
5	机车	1585	0.8
6	排放总量	209819	100

3.3.5 港口的排放缓解模块

由于远洋船的交通模式不包括在本案例研究的排放计算过程中，远洋船活动在QT领域产生相对少量的排放(3%)。QT管理者应采取措施减少远洋船和港务船的排放。可能的相关措施包括：船舶发动机和辅助锅炉的低硫燃料调节，船舶减速计划等。

对陆地排放的分析表明，与货物装卸设备(32.4%)和铁路机车(0.8%)相比，道路重型车辆产生最大量的二氧化碳排放(45.8%)。码头应集中注意减少其排放。这些战略可以通过采取租赁要求、关税费用、资本资金等方式实现。

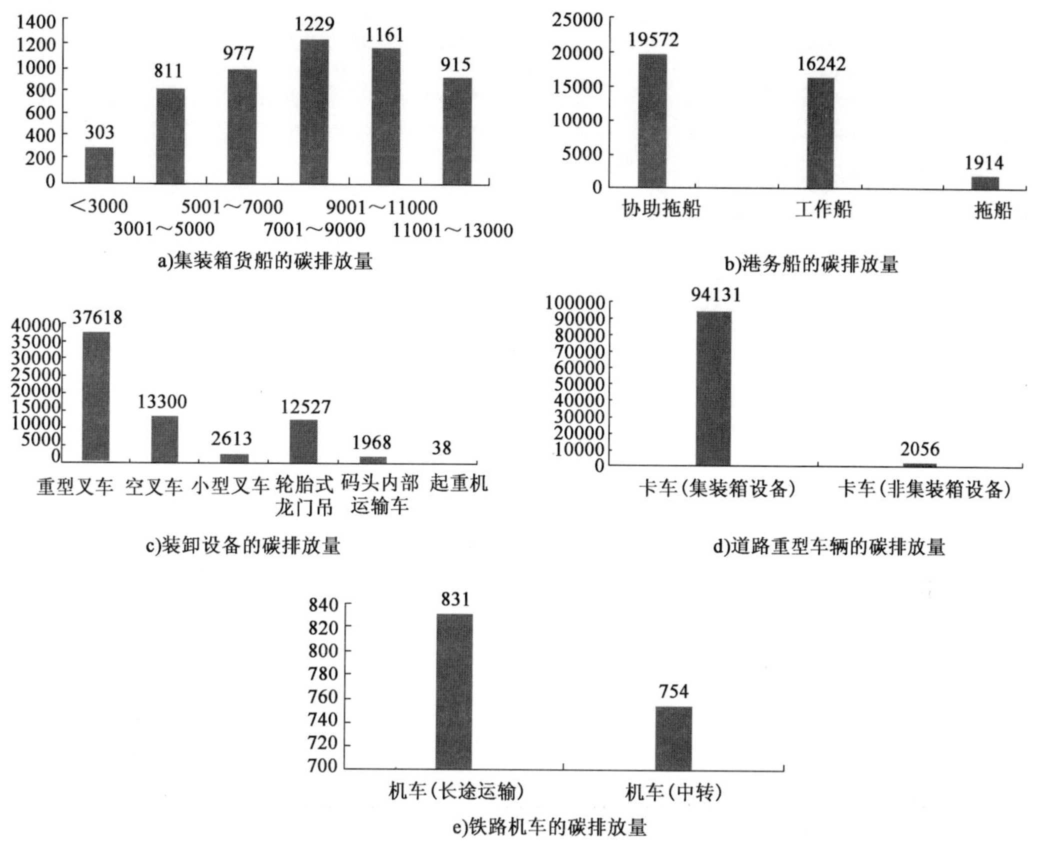

图 3.6　按资源类别的排放结构

3.4　应用分析

(1)策略组件模块

该集成框架仅用于某港的 QT 区域。但是,集成框架的体系结构在应用上具有普遍性。碳足迹的边界可以扩展到某港的其他码头(干散货,石油,乘客),这将使碳足迹的研究结果更具代表性。这种综合框架的模式可以推广到包括道路重型车辆和铁路机车的沿海地区。

(2)资源结构模块

在确定二氧化碳排放源时,集成框架涉及五个作业区和相应的设备。这种分类方法使集装箱码头管理者能够检测到哪个资源产生最大量的污染,并以此制定适当的缓解策略。另外,也可以根据移动性,将集装箱码头排放源分为移动排放源(远洋船、港务船、货物装卸设备、道路重型车辆、铁路机车)和固定排放源(便携式或应急发电机、锅炉、发电厂);根据燃料,分为使用电力、柴油或其他燃料的设备组。

(3)输入数据模块

这部分研究检测数据收集的问题。排放评估的输入参数来自来源不同(不同的码头利益相关者)。由于集装箱码头活动的碳排放计算问题是近年才被提出,目前为止 QT 管理者还没有为排放计算创建统一的信息库。同时收集的数据精度也是一个有待解决的问题。因此,所有利益相关者都有必要相互合作,为 CO_2 排放估算创建统一的数据库。

(4)排放估算模块

表3.11显示了几个港口的年度二氧化碳排放量的比较。这三个港口分别是:2012年的QT、2012年的美国洛杉矶港(LA)和2010年的越南西贡港(SG)。LA的数据来自洛杉矶港2013年的空气排放清单,SG的数据是来自Bang 2013年关于空气排放清单方法的研究[19]。QT在2012年的 CO_2 排放总量为209819tCO_2E。

几个港口的 CO_2 排放量的比较(单位:t) 表3.11

资源	QT		美国洛杉矶港		越南西贡港	
年吞吐量	1450万TEU	总额比例(%)	808万TEU	总额比例(%)	43万TEU	总额比例(%)
OGVs	6254	3.0	203846	26.1	24784	74.4
HC	37729	18.0	50330	6.4	355	1.1
CHE	68064	32.4	146046	18.7	8147	24.4
HDVs	96187	45.8	380665	48.7	40	0.1
RLs	1585	0.8	—	—	—	—
Total	209819	100	780887	100	33327	100

总体趋势证明远洋船产生大量的排放(在LA中占26.1%,在SG中占74.4%)。在QT,仅占3%,这是因为远洋船的传输模式不包括在估算过程中。在陆侧区域,货物装卸设备是SG运营的最大排放源。货物装卸设备运营作业也为LA和QT地区带来了相当大的排放份额,分别为18.7%和32.4%。同样对于LA和QT,陆侧排放的最大排放是道路重型车辆的活动:在QT占45.8%的排放,在LA占48.7%的排放。

(5)排放减缓模块

一般道路重型车辆作业是陆地区域污染的主要来源。有效解决这个问题的方案之一是切换成轨道运输,涉及能量消耗和排放产生时,轨道运输比卡车更有效。铁路—电气运输单元的二氧化碳排放量为18g/(t/km)、轨道柴油的排放量为17g/(t/km),它们与道路重型车辆的50g/(t/km)相比减少了2/3左右。未来,转换轨道运输方式的战略对QT非常重要,也是集装箱码头低碳发展的重要策略之一[20]。

第2篇　平 安 港 口

第4章　港口起重机械结构疲劳与安全性评估

4.1　概述

本部分集中讨论集装箱码头作业装备与作业系统的安全问题。该问题涉及港口作业系统中包括设备、环境、人员、维护及管理五个方面的任何一个要素的安全及其组合衍生问题。

设备因素。港口机械设备特点是大、重、精，其保养、维修不方便，在运转中多处于低速、重载，有冲击负荷的状态。设备随着使用时间的延长、保养维护工作的欠缺等而发生的变化对设备的安全产生不利影响。因此港口设备需要关注其使用的疲劳问题[21]。

环境因素。港口设备多是露天、潮湿的环境中工作，因此设备管理工作中防潮、防锈维护十分必要。

人员因素。由于人员判断失误、操作失误、违章指挥、精力不集中、疲劳或身体缺陷等对作业安全具有重要影响，因此应该重视港口作业安全中的人员要素。

维护因素。为确保起重机处于良好的状态，应按规程对起重机进行正常的维护，正常使用设备，确保起重机安全运行。

管理因素。作业安全是一个系统工程问题，是涉及设备、环境、人员、维护及管理多方综合作用的结果，因此安全管理工作从装备设计、单机操作、系统作业和维护全生命周期的视角来对上述各方面要素进行综合组织、计划、实施、控制和改进，系统性建立安全管理的规章制度，确保把整个作业系统的安全风险降低到最小。

综上，港口安全需要从装备设计、操作使用、作业流程等角度出发分析港口设备及系统的作业安全相关问题。在装备的设计阶段，考虑结构抗疲劳能力和振动的影响可以降低设备的结构安全风险；在装备的操作阶段，利用模拟训练的方法可以使作业人员快速掌握各种工况下机械设备的正确操作方法，降低因操作失误所产生的安全风险；在作业流程设计阶段，优化人－机协同作业流程，可以减少系统运营过程中的作业安全风险。

4.2　基于应力响应时程的港口机械结构疲劳寿命分析与预测技术

结构疲劳寿命预测及安全性分析不仅在航天、航空、造船等尖端工业领域有着十分重要的意义，其对一般机械设备的使用可靠性和安全性也具有重要作用。

根据国外的统计，机械零件的破坏50%～90%为疲劳破坏。我国目前尚没有对疲劳破坏问题做过全面调查，但同类产品的使用寿命往往比发达国家低，问题更为严重。港口起重机械是码头装卸船的关键设备,其钢结构作为承受载荷的支撑部件,在循环往复的交变载荷作用下,都可能发生裂纹萌生、扩展,并导致突然断裂的破坏。结构疲劳破坏是实际工作中比较常见的现象,正确估算设计港机金属结构的疲劳寿命,对港口运营安全性、可靠性具有非常重要的意义[22]。

4.2.1 基本理论

我国起重机设计规范规定,结构疲劳强度计算采用应力比法,即按照第一类载荷组合条件下疲劳计算点的最大应力 σ_{max} 不得超过规范规定的疲劳许用应力$[\sigma_r]$,即

$$\sigma_{max} \leqslant [\sigma_r] \tag{4.1}$$

疲劳许用应力要考虑应力比、结构连接型式、循环次数和材料的影响。计算时先通过试验确定应力比 $r=-1$,不同结构连接型式和材料的疲劳许用应力基本值(σ_{-1}),然后计入应力比和循环次数的影响。

20 世纪 70 年代,美国 NCHRP(公路研究协作机构)完成了一系列大规模的疲劳试验研究,发现同一应力幅水平不同结构型式的试验钢梁具有接近的疲劳寿命,尽管试验的最小应力、最大应力和应力比相差悬殊,但它们对最终结果没有什么影响。同时不同结构连接型式对疲劳强度存在着影响。一些带有补强板的结构,虽然可以提高强度,但对疲劳寿命却有明显削弱。这一研究成果目前已应用于美国起重机钢结构设计规范,1977 年,美国 AASHO 公路桥、AREA 铁路桥,以及美国、德国的钢结构规范也相继采用应力幅法计算钢结构疲劳强度。我国 1988 年批准施行的钢结构设计规范 GBJ 17—88 规定,承受动力荷载重复作用的钢结构件(如吊车梁、吊车衔架、工作平台梁等)及其连接,当应力变化的循环次数 n 等于或大于 10^5 次时应进行疲劳计算,其计算准则将原规范中以应力比概念为基础的疲劳计算准则改为应力幅准则。

应力幅准则中,根据试验确定的应力幅与诸相关因素之间的关系为:

$$\beta = \frac{\lg N_1 - \lg N_2}{\lg\Delta\sigma_2 - \lg\Delta\sigma_1} \tag{4.2}$$

故可得:

$$(\Delta\sigma)^{\beta} N = (\Delta\sigma_1)^{\beta} N_1 = (\Delta\sigma_2)^{\beta} N_2 = C \tag{4.3}$$

式中,N 为应力循环次数;C,β 为与构件和连接型式有关的系数。

据此确定的应力幅法疲劳强度计算式为:

$$\Delta\sigma \leqslant [\Delta\sigma] \tag{4.4}$$

式中,$\Delta\sigma$ 为应力幅。

对变幅(应力循环内的应力幅随机变化)疲劳,若能预测结构在使用寿命期间各种载荷的频率分布、应力幅水平以及频次分布总和所构成的设计应力谱,则可将其折算为等效常幅疲劳。其计算式为:

$$\Delta\sigma_r \leqslant [\Delta\sigma] \tag{4.5}$$

式中,$\Delta\sigma_r$ 为变幅疲劳的等效应力幅。

4.2.2 分析过程

工程结构的随机应力过程,在很多情况下可以看成是平稳、各态历经的随机过程。即使是

非平稳过程，由于其非平稳性只在长时间作用下才表现出来，而在一相对较短时间内则基本上是平稳的，因而可以分段作为平稳过程来处理。另外，由于工程环境的复杂性，造成结构响应的随机性因素很多。应用概率理论分析，对有很多独立随机变量作用的随机过程，如每个变量对总和的影响足够小时，则一般认为其和的分布服从高斯分布，而与每个随机变量本身的分布规律无关。因此，应力响应过程可看作是平稳各态历经的高斯随机过程。如果非高斯程度非常严重，则可以作相应的修正。港口装卸机械的工作过程就是这样一种较为典型的工程结构随机应力过程。

对于一应力响应的时程样本，其一切特性均可用均值 μ_x 和单边谱密度函数 $G(f)$ 来描述。时程应力响应样本可以通过试验、计算两种手段获得。在产品研制初期，由于没有具体的应力响应试验样本，因而通过计算来获取有限的样本以进行疲劳寿命分析就具有更加重要的应用价值。

本节应用有限元法计算典型工况下诸危险点的应力—位置响应，由岸边集装箱起重机的工作循环图进而得到应力—时间响应样本，采用数值计算方法进行自功率谱密度函数 $G(f)$ 分析，然后按照随机模拟原理对样本进行采样、复制，对每个样本按照雨流计数法进行循环计数，同时根据应力幅准则计算损伤，对样本累计平均便得到疲劳寿命的期望值。

设随机过程样本记录 $\chi(t)$ 的自相关函数为 $R_\chi(t)$，则双边自功率谱密度函数为：

$$S_\chi(\omega) = \frac{1}{2\pi}\int_{-\infty}^{\infty} R_\chi(\tau)\mathrm{e}^{-j\omega\tau}\mathrm{d}\tau \tag{4.6}$$

在实际工作中，因 $\omega \geqslant 0$，故常采用单边功率谱，即在正频率范围内：

$$\begin{aligned} G_\chi(\omega) &= 2S_\chi(\omega) = \frac{1}{\pi}\int_{-\infty}^{\infty} R_\chi(\tau)\mathrm{e}^{-j\omega\tau}\mathrm{d}\tau \\ &= \frac{1}{\pi}\int_{-\infty}^{\infty}\left[\frac{1}{T}\int_0^T \chi(t)\chi(t+\tau)\mathrm{d}t\right]\mathrm{e}^{-j\omega\tau}\mathrm{d}\tau \\ &= \frac{1}{\pi T}\int_{-\infty}^{\infty}\int_0^T \chi(t)\mathrm{e}^{j\omega\tau}\mathrm{d}t\chi(t+\tau)\mathrm{e}^{-j\omega(t+\tau)}\mathrm{d}(t+\tau) \\ &= \frac{1}{\pi T}\int_0^T \chi(t)\mathrm{e}^{j\omega\tau}\mathrm{d}t\int_{-\infty}^{\infty}\chi(t+\tau)\mathrm{e}^{-j\omega(t+\tau)}\mathrm{d}(t+\tau) \end{aligned} \tag{4.7}$$

而 $t+\tau<0$ 时，$\chi(t+\tau)=0$，故上式可写成：

$$G_\chi(\omega) = \frac{1}{\pi T}\int_0^T \chi(t)\mathrm{e}^{j\omega\tau}\mathrm{d}t\int_0^{\infty}\chi(t+\tau)\mathrm{e}^{-j\omega(t+\tau)}\mathrm{d}(t+\tau) \tag{4.8}$$

在式中将积分变量 $t+\tau$ 换成 t，且频率用赫兹作单位，即采用 $f=\frac{\omega}{2\pi}$，则 $G_\chi(f)=2\pi G_\chi(\omega)$。因此

$$G_\chi(f) = \frac{2}{T}\int_0^T \chi(t)\mathrm{e}^{j2\pi f}\mathrm{d}t\int_0^{\infty}\chi(t)\mathrm{e}^{-j2\pi ft}\mathrm{d}t \tag{4.9}$$

由式(4.9)，应用 Cooley-Tukey 法直接对 $\chi(t)$ 作 FFT 变换，从而求得 $G_\chi(f)$ 的离散值。

根据上述疲劳寿命的理论分析方法，编制相应的计算软件，其程序设计框图如图 4.1 所示。

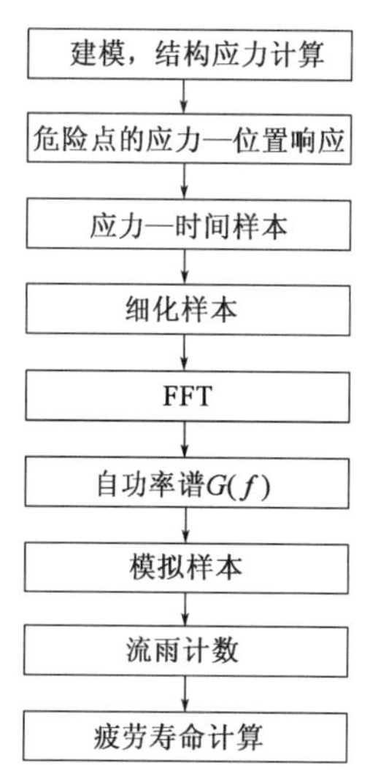

图 4.1　程序设计框图

4.2.3 疲劳寿命计算案例

根据岸边集装箱起重机的特点，选择主梁及门框等结构上8个典型位置（图4.2）进行疲劳寿命分析。

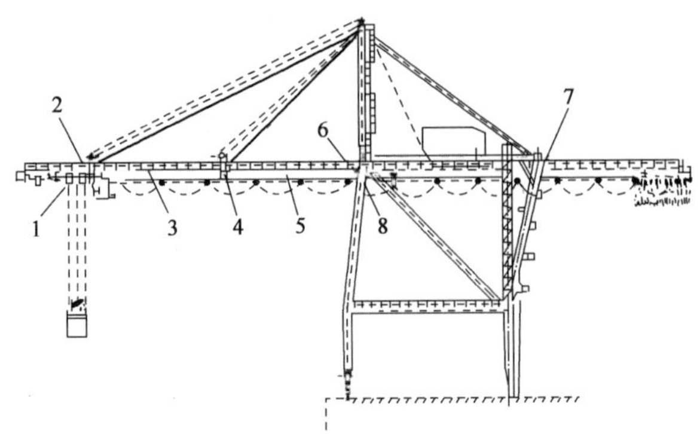

图4.2 岸边集装箱起重机疲劳计算点位置示意图（图中数字为截面编号）

对岸边集装箱起重机结构进行有限元计算，得到疲劳计算截面应力随小车运行不同位置产生的响应。根据岸边集装箱起重机的工作特点，结合港口集装箱专用船的配载数据，选取6种具有代表意义的工作循环过程（6种工况，见图4.3～图4.8，其中$V_{起}$为起升速度，$V_{小}$为小车运行速度），通过与应力—位置响应综合分析处理，确定各工况条件下各疲劳计算截面的应力—时程响应样本。

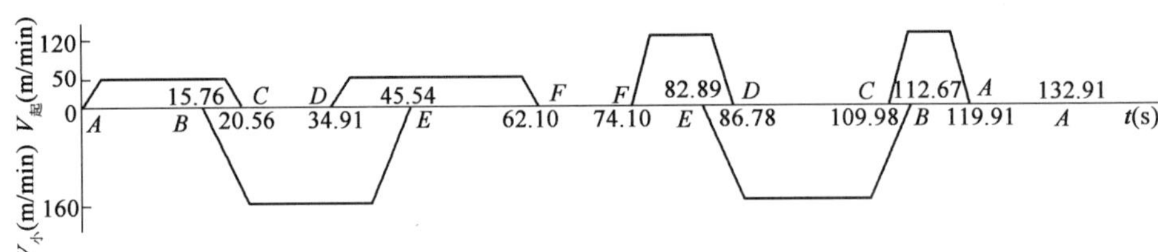

图4.3 工况1工作循环图

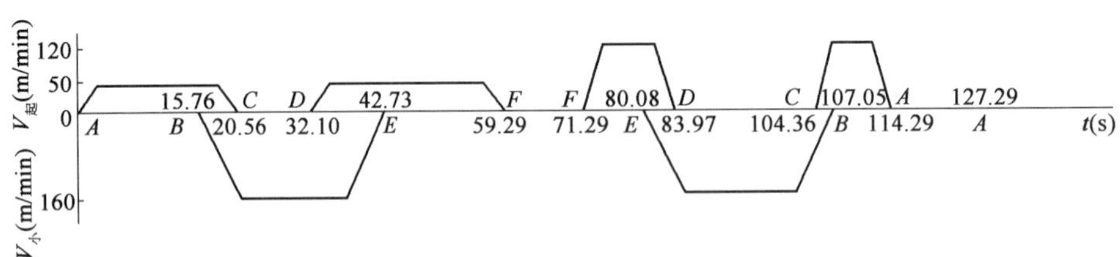

图4.4 工况2工作循环图

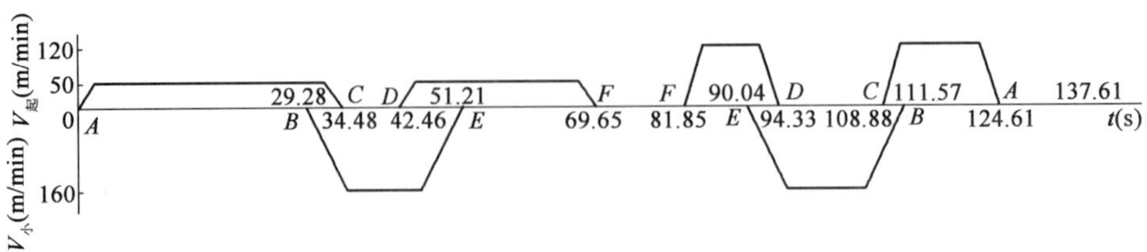

图4.5 工况3工作循环图

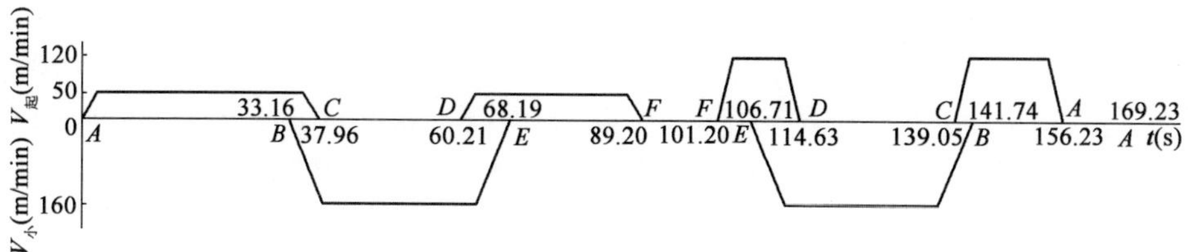

图4.6　工况4工作循环图

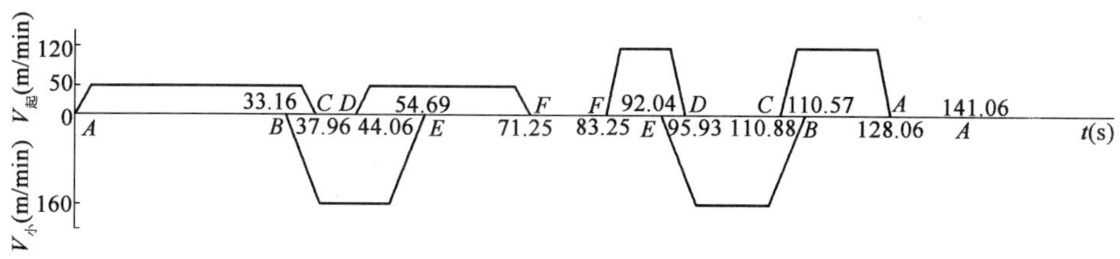

图4.7　工况5工作循环图

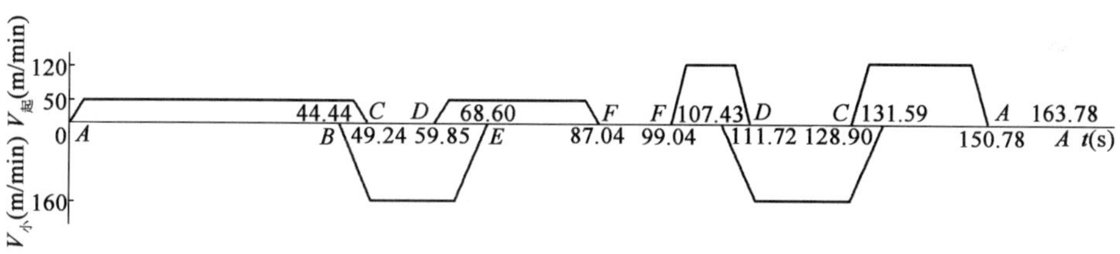

图4.8　工况6工作循环图

图4.3～图4.8所示工况在实际工作过程中出现的几率并不相同，因而对金属机构疲劳寿命的影响也不一样。表4.1为岸边集装箱起重机工作过程中假定的各工况出现的可能性，图4.9～图4.11为工况1条件下，疲劳计算的1、3、5截面上小车运行不同时刻的应力变化曲线。

各工况出现的可能性　　　　表4.1

工　况	1	2	3	4	5	6
各工况占总作业量大比率(%)	5	20	30	10	30	5

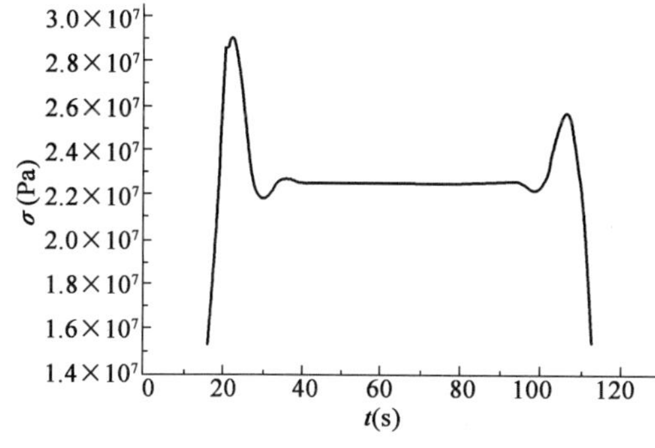

图4.9　疲劳计算截面1 $\sigma \sim t$ 变化曲线

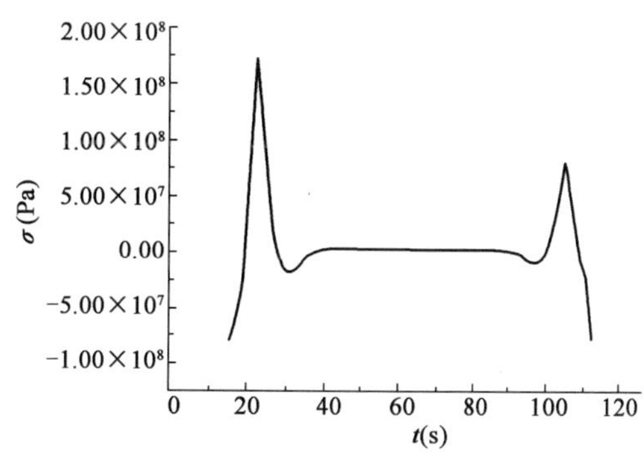

图4.10　疲劳计算截面3 $\sigma \sim t$ 变化曲线

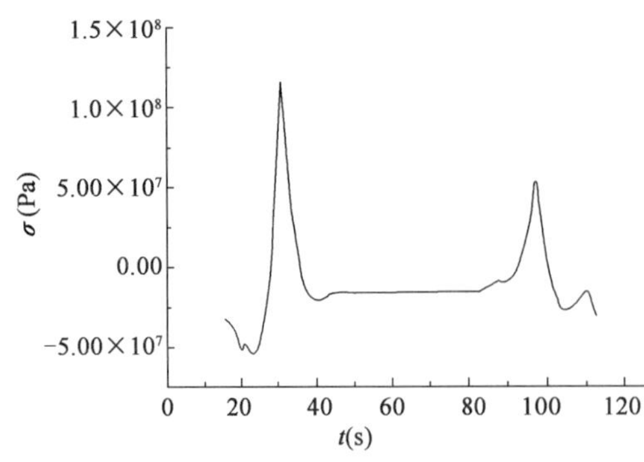

图 4.11　疲劳计算截面 5 $\sigma \sim t$ 变化曲线

在应用软件对岸边集装箱起重机进行金属结构疲劳寿命分析时，根据港口提供的满负荷作业情况分析，取年工作时间为 6300h。

根据 6 种典型作业工况，结合有限元分析计算，运用疲劳寿命分析软件对岸边集装箱起重机特定的疲劳计算截面的疲劳寿命进行估算。表 4.2 为各工况条件下主梁、门框等位置各截面结构的计算疲劳寿命。

根据表 4.2 的各工况结构计算疲劳寿命，结合表 4.1 各工况出现的几率进行加权平均，得到岸边集装箱起重机金属结构计算截面的疲劳寿命，见表 4.3。

各工况条件下结构典型位置截面的疲劳寿命估算（单位：h）　　表 4.2

截面	工况 1	工况 2	工况 3	工况 4	工况 5	工况 6
1	9.513×10^4	8.316×10^4	0.135×10^4	7.749×10^4	9.639×10^4	8.127×10^4
2	4.221×10^4	8.316×10^4	9.009×10^4	8.190×10^4	9.954×10^4	7.938×10^4
3	4.914×10^4	5.796×10^4	1.059×10^5	2.324×10^5	2.457×10^5	8.064×10^4
4	9.702×10^4	1.361×10^5	1.278×10^5	1.122×10^5	7.056×10^4	8.631×10^4
5	7.371×10^4	1.046×10^5	8.505×10^4	1.808×10^5	1.745×10^5	8.253×10^4
6	1.291×10^5	2.992×10^5	1.549×10^5	1.650×10^5	1.638×10^5	1.367×10^5
7	7.119×10^4	8.379×10^4	1.166×10^5	1.279×10^5	1.247×10^5	1.008×10^5
8	8.883×10^4	1.191×10^5	1.228×10^5	1.052×10^5	1.335×10^5	1.103×10^5

岸边集装箱起重机金属结构计算截面的疲劳寿命（单位：年）　　表 4.3

计算截面	1	2	3	4	5	6	7	8
疲劳寿命	14.2	14.0	23.3	17	19.8	29.4	17.6	19.2

由表 4.3 可以看出，该机金属结构的疲劳寿命一般在 14 ~ 20 年以上，即危险点的疲劳寿命在这一范围上下波动。这一疲劳计算寿命可以为工程技术人员进行岸边集装箱起重机金属结构设计提供技术依据。

4.3　基于无损检测的结构疲劳寿命分析技术

疲劳破坏是港口起重机金属结构失效的主要形式，而港口起重机金属结构作为一个承载结构系统，它的失效不仅使起重机失去功能，而且容易导致断臂等重大事故。引起港口起重机金属结构失效的故障主要有裂纹、局部或整体变形、折断、锈蚀、刚度不足等，其中裂纹是目前港口起重机金属结构的主要故障形式，在门座起重机的转柱、门架、人字架、小拉杆、大拉杆、象鼻梁、臂架等主要构件上经常出现。裂纹主要出现在焊缝或焊缝附近的母材上，它在一定的变化载荷作用下往往会扩展，致使金属结构出现破坏，裂纹形成与扩展的过程就是疲劳破坏的过程[23,24]。

传统疲劳寿命分析主要包括以下4种方法：

(1)名义应力法。以名义应力为基本参数，以 $S \sim N$ 曲线为主要计算依据。根据设计寿命的不同，分为无限寿命设计法和有限寿命设计法；根据名义应力参数的不同，又分为应力比法和应力幅法。

(2)局部应力应变法。是在低周疲劳基础上发展起来的疲劳寿命估算方法，其基本设计参数为应力集中处的局部应变和局部应力。局部应力应变法目前主要应用于单个零件的疲劳分析，对于大型复杂结构，尚难以进行精确的应力应变分析。

(3)损伤容限法。在断裂力学基础上发展起来的一种疲劳分析方法。其基本原则是承认材料内有初始缺陷(裂纹)，根据材料在外载荷下的裂纹扩展性质，估算其剩余寿命。

(4)疲劳可靠性法。在考虑了载荷、材料疲劳性能和其他影响疲劳寿命数据分散性的基础上，提出疲劳破坏的概率，保证在一定范围内不破坏。

上述疲劳寿命分析方法中，根据 $S \sim N$ 曲线的斜线部分进行寿命估算的名义应力法算出的是总寿命，局部应力应变法算出的是裂纹形成寿命，根据断裂力学方法进行寿命估算的损伤容限法算出的是裂纹扩展寿命，裂纹形成寿命和裂纹扩展寿命之和为总寿命。

4.3.1　分析方法

20世纪60年代初，我国少数研究院开始进行疲劳问题的研究试验，1978年召开了首次全国性的疲劳问题讨论会。疲劳分析工作进展最快的是航空工业部门，其开展的试验研究为我国疲劳分析的推广应用奠定了很好的基础。港口机械开展结构疲劳寿命研究与试验、检测主要是从20世纪90年代开始。随着我国经济建设的发展，港口有了大的发展，大量的港口装卸设备投入使用，同时一批国外二手设备也流入国内码头。港口繁忙的工作状态、恶劣的工作环境、循环往复装卸船的工作性质造成港口装卸机械结构疲劳问题日益严重，推动了港机结构疲劳寿命分析工作的开展。

目前，对大型金属结构，尤其是受变载、重载的港口起重机械含缺陷钢结构的疲劳寿命预测及安全寿命评估技术、维修与护理方面的研究尚未广泛与深入开展，也未形成适合各港口机械特点的系统性的安全性检测、分析与评估方法。

4.3.1.1　名义应力法

传统上港口机械进行结构疲劳分析与寿命评估，一般采用名义应力法。名义应力法的主要分析步骤为：

(1)用雨流计数法统计出结构疲劳分析位置在典型工作时间历程中的应力循环情况，确定结构的载荷谱和应力谱。应力循环可以选择典型工作状态计算分析，也可以现场检测结构应变获取应力谱。

(2)结合材料的 $S \sim N$ 曲线，再考虑各种影响系数，确定结构构件的 $S \sim N$ 曲线。

(3)按照线形(或非线性)累计损伤法则进行疲劳强度分析。

线性累计损伤法则(Miner法则)简单易用，但该法则没有考虑加载循序、残余应力、低于疲劳极限的应力对结构的影响和某些应变时效材料的低应力锻炼作用，估算出的寿命与实际寿命相比出入较大。采用修正后的Miner法则(非线性累计损伤法则)可以提高分析准确度，如 Marco-Starkey 损伤曲线法和 Corten-Dolan 指数损伤法。

(4)按照一定的累计损伤理论进行疲劳寿命估算。以总损伤值为产生裂纹的依据,计算裂纹形成寿命,排除设备过去使用的工作时间,以此估算金属结构的剩余寿命。

(5)进行验证性疲劳试验。由于港口装卸设备结构庞大,而进行疲劳分析的设备一般为在用设备,难以进行疲劳验证性试验。目前一般是在疲劳寿命估算期内,采用安全巡检的方式,对设备疲劳危险点进行监控,以保证结构安全使用。

应用名义应力法计算疲劳寿命,理论简单,易于进行应力分析与现场检测。但该方法都是以结构材料内没有缺陷和裂纹为前提的,同时需要在总寿命中排除设备过去工作的应力循环数。实际工作中,由于种种原因,结构材料内部往往已经存在着这样那样的初始缺陷或裂纹,不论是宏观缺陷(或裂纹)还是微观缺陷(或裂纹);同时许多企业对进行疲劳分析设备的历史工作记录不全或不准确。这些因素都严重影响了应用名义应力法开展结构疲劳寿命分析的准确性。

4.3.1.2 损伤容限法

损伤容限法是以断裂力学理论为基础,以无损检测技术和断裂韧性与疲劳裂纹扩展速率的计算、测定技术为手段,以有初始缺陷或裂纹结构的剩余寿命估算为中心,以断裂控制为保证,确保结构在使用期内能够安全使用的一种疲劳分析方法。

断裂力学认为,材料均有缺陷,有了裂纹不一定破坏,只有到达临界状态时的裂纹才能造成结构破坏。损伤容限法的关键是在结构探伤的基础上正确估算裂纹扩展寿命。应用以断裂力学为基础的损伤容限法进行结构疲劳寿命分析,在飞机、船舶、海洋平台结构等均有一定的研究,港机结构方面也开展了一定的工作,但目前还没有成熟的检测与分析系统投入实际应用。

(1)应力场强因子

当结构存在裂纹时,裂纹尖的应力理论上为无穷大,因此不能用理论应力集中系数表达,而必须用应力强度因子 K 来表达。K 的大小反映了裂纹尖附近区域内弹性应力场的强弱程度,可以作为判断裂纹是否发生失稳破坏的指标。

应力强度因子 K 分为 K_1、K_2、K_3,分别代表 I 型(张开型)、II 型(滑开型)和 III 型(撕开型)变形情况下的裂纹尖的应力强度。其中 I 型最危险,研究的也最成熟。

一般情况下,应力强度因子 K 的普遍形式为:

$$K = F\sigma\sqrt{\pi a} \tag{4.10}$$

式中,F 决定于裂纹体形状、裂纹形状、裂纹位置与加载方式的系数,可能是常数,也可能是 a 的函数(可查手册);a 为裂纹尺寸。

(2)断裂韧度

应力强度因子的临界值,即发生脆断时的应力强度因子,为断裂韧度 K_C。断裂力学的断裂判断依据为:$K \geqslant K_C$。

I 型裂纹在平面应变条件下的临界应力强度因子为平面应变断裂韧度 K_{1C},K_{1C},是反映材料韧度的一个最主要指标,代表材料断裂韧度的最低值。在平面应变条件下的断裂判据为:$K_1 \geqslant K_{1C}$。

K_{1C}，可以试验测定，对于常用材料，可以在手册上查找。

(3)疲劳裂纹扩展速率

疲劳裂纹扩展速率 da/dN 是应力强度因子范围的函数。da/dN 与 ΔK 的关系在双对数坐标上是一条 S 曲线，如图4.12所示。$da/dN \sim \Delta K$ 曲线可以划分为三个区域：Ⅰ区、Ⅱ区、Ⅲ区。

Ⅰ区为不扩展区，此时 $\Delta K < \Delta K_{th}$，ΔK_{th} 称为裂纹扩展的门槛值；Ⅱ区为稳定扩展区，是决定疲劳裂纹扩展寿命的主要区域；Ⅲ区为快速扩展区。由于Ⅲ区的裂纹扩展寿命很短，在计算疲劳裂纹扩展寿命时可以将其忽略。

在Ⅱ区的疲劳裂纹扩展速率可以用帕里斯公式表示：

$$\frac{da}{dN} = C(\Delta K)^m \tag{4.11}$$

式中，ΔK 为应力强度因子范围，$\Delta K = K_{max} - K_{min}$；$C$ 为材料常数；m 为曲线的斜率。

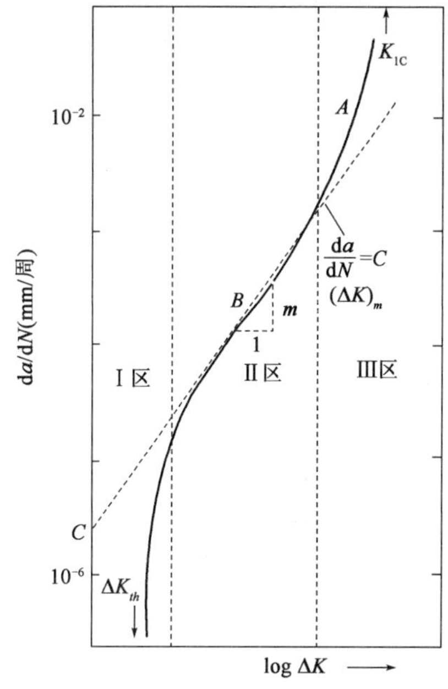

图4.12　$da/dN \sim \Delta K$ 曲线

(4)剩余寿命估算

对结构进行有限元分析，找出需要进行疲劳分析的关键位置，确定分析点初始裂纹、临界裂纹尺寸、相应的应力强度因子和材料的疲劳裂纹扩展速率表达式后，即可进行结构剩余寿命分析。

①初始裂纹尺寸

初始裂纹尺寸 a_0 可按如下方法确定：

a)以无损探伤方法测定检测点的最大缺陷尺寸；

b)当用无损探伤方法未检测出缺陷时，对超声波探伤，一般可取初始裂纹尺寸 $a_0 = 2\text{mm}$。

初始裂纹尺寸对结构裂纹扩展寿命有显著影响。不同的 a_0 值可以在相当范围内改变结构疲劳的寿命。

②临界裂纹尺寸

根据以下原则确定临界裂纹尺寸 a_C：

a)结构净截面应力应小于或等于强度极限 σ_b；

b)结构应力强度因子 ΔK 应小于快速扩展区起点的应力强度因子值，实际中，可以用 K_{1C} 的下限值代替 III 区的应力强度因子。

按照上述条件确定的较小裂纹尺寸即为临界裂纹尺寸 a_C。计算结构净截面应力时，需要考虑一定的载荷动力系数。

③疲劳裂纹扩展寿命估算

在脉动循环和其他循环下，均可使用帕里斯公式进行疲劳估算。但对于每种循环，都要使用相应的 da/dN 表达式，即式(4.11)中的 C、m 值随应力比不同而变化。

将式(4.11)积分，得到疲劳裂纹扩展寿命为：

$$N = \int_{N_0}^{N_f} dN = \int_{a_0}^{a_C} \frac{da}{C(\Delta K)^m} \tag{4.12}$$

若式(4.11)中 F 为常数,可得

$$N=\frac{a_C^{(1-m/2)}-a_0^{(1-m/2)}}{(1-m/2)C(\Delta\sigma)^m\pi^{m/2}F^m} \tag{4.13}$$

对港机结构使用的材料,式中 m 一般为 3 左右。

根据港口机械结构常用材料(Q235、Q345)的特性,在考虑当前结构缺陷的类型、尺寸和位置、结构和焊缝的几何形状和尺寸、载荷引起的应力以及残余应力的基础上,可以进行基于疲劳裂纹扩展寿命计算的结构疲劳寿命分析。

根据应力和疲劳强度数据的分散性质,选择合适的分布曲线(如正态分布),应用概率统计理论,进行疲劳寿命可靠性分析,可以把破坏概率控制在一定范围内。疲劳可靠性分析是概率统计方法对疲劳分析方法必要的补充。

4.3.2 结构疲劳寿命分析系统

由于名义应力法是以结构材料内没有缺陷和裂纹为前提的,而实际结构中,特别是已经使用较长时间的港口机械结构,不可避免地存在着宏观或微观裂纹,因而其疲劳计算寿命与实际差异较大。损伤容限法以断裂力学理论为基础,结合检测港口机械当前结构初始裂纹,计算结构疲劳裂纹扩展速率,可以比较准确地分析结构的疲劳剩余寿命,是一种预测结构疲劳寿命的有效方法。

基于缺陷探伤为基础的结构疲劳寿命分析系统组成主要包括:

(1)声发射检测设备——用于动态监测、检测材料的开裂和裂纹扩展,以及缺陷的定位;

(2)超声波探伤设备——用于结构内部多种缺陷(焊缝、裂纹、夹杂、气孔等)的检测、定位、评估和诊断;

(3)应力应变测量设备——用于金属结构应力应变的动态监测和测量;

(4)疲劳寿命分析与评估软件。

采用基于断裂力学为理论基础的疲劳寿命分析方法,进行港口结构疲劳寿命估算与安全可靠性概率分析,其软件分析系统模块组成见图 4.13。

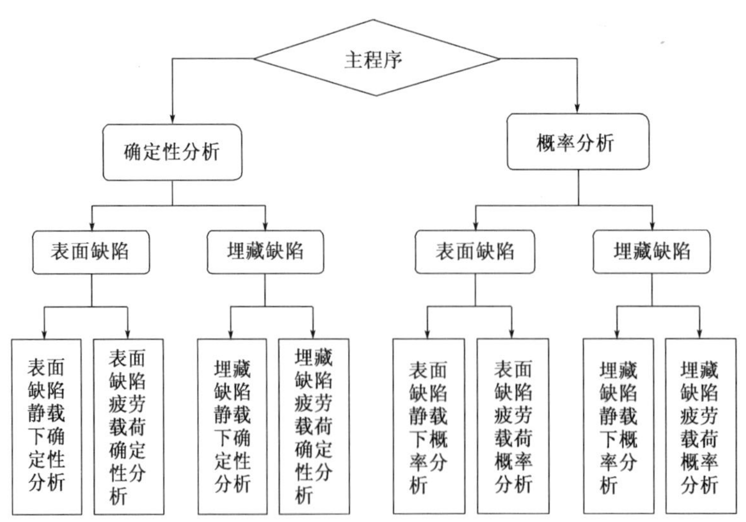

图 4.13 软件分析系统模块组成

应用本结构疲劳寿命分析系统,结合有限元计算和声发射检测确定疲劳破坏关键位置,进行结构缺陷探伤(确定初始裂纹)、动应力检测(确定应力谱),可以准确地评定结构疲劳寿命,确定合理的安全检验周期(一般检修周期小于或等于剩余寿命的一半),保证港口装卸设备的安全、有效运营。

到 2016 年底,全国港口拥有生产用码头泊位 30388 个,其中万吨级及以上泊位 2317 个。港口生产配套装备的各类港口装卸机械达 10 万余台,其中多数是 20 世纪我国自行设计制造或引进的。这批设备的机械零件、金属结构已不同程度地出现了各种损伤,按设计寿命 20 年考虑,均已进入服役后期或超期服役阶段。但由于港口具体条件和设备更新费用的限制,不少有结构损伤的设备仍在港口第一线繁忙地工作,或由大型港口码头转向中小型港口码头继续进行装卸作业,对安全生产构成了潜在的威胁。随着时间的推移,还将有大批设备相继服役期满,因此比较好地检测监测结构损伤情况,探清材料缺陷状态,提出港口机械结构疲劳预期寿命与安全可靠性概率,具有重要的社会与经济效益。

4.4　起重机管结构前大梁节点应力分析

随着集装箱运输日益向专业化方向发展,沿海及内河的一些件杂货码头和多用途码头相继改建成为集装箱专用码头,并配备了相应的集装箱装卸设备。但是,由于旧码头承载力一般较低,对集装箱装卸设备的轮压有较大的限制,如果进行提高码头承载能力的码头改造,涉及面广,投入费用大,因此许多码头用户提出了配备轻型岸边集装箱起重机的愿望。轻型岸边集装箱起重机需要采用轻量化的结构设计,并选用高强度优质钢材来实现。

目前,岸边集装箱起重机轻型化主要体现在前大梁和主梁的轻量化上。前大梁和主梁采用三角形或四边形断面的管结构桁架结构型式,可以有效降低结构自重,改善整机金属结构受力状况,降低轮压,实现整机的轻型化。

采用钢管桁架结构可以减轻结构的自重,但在焊接节点处容易产生应力集中。起重机主梁——特别是岸边集装箱起重机前大梁这类结构,在运行小车循环往复工作条件下,焊接节点处如果有太大的应力集中,则极易造成局部应力过大,产生结构疲劳,在节点处首先出现裂纹,引起结构破坏。本书作者在考虑轻型岸边集装箱起重机设计过程中,针对前大梁结构采用的三角形管结构形式,为了减少焊接节点处应力集中,在结构设计上采用了开喇叭口焊接的新的结构形式,一定程度上改善了结构受力状况,提高了结构承载能力。

本节结合港口 35t/35m 轻型岸边集装箱起重机管结构前大梁的结构型式,对管结构焊接节点的应力集中问题进行了计算与分析[25]。

4.4.1　管结构节点形式及力学模型

以港口 35t/35m 轻型岸边集装箱起重机管结构前大梁为计算分析对象,取主弦杆钢管 ϕ406.44mm × 12.7mm、腹杆钢管 ϕ180mm × 16mm。为保证施加到模型的外力不影响节点处应力集中的计算,根据圣维南原理,取主弦杆长 4000mm,腹杆长 1750mm。以管结构型节点焊接结构为计算模型,计算模型见图 4.14。图中,L 为喇叭口至弦杆中心线距离,β 为喇叭口与弦杆相切角度。模型中,假设弦杆和腹杆均为由三维板壳元构成的有限元网格结构,分别承受单位轴向载荷或单位弯矩载荷。为分析节点应力集中状况,分别考虑弦杆和腹杆相交至相切的各种连接情况。典型的有限元模型见图4.15a),节点结构的有限元网格局部放大图见图4.15b)。

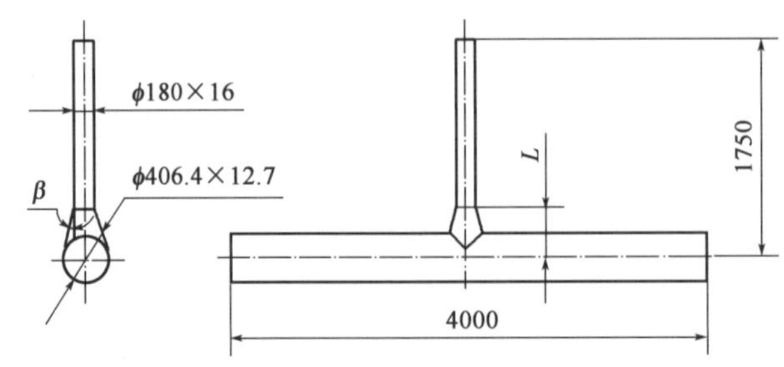

图4.14　管结构T形节点计算模型(尺寸单位:mm)

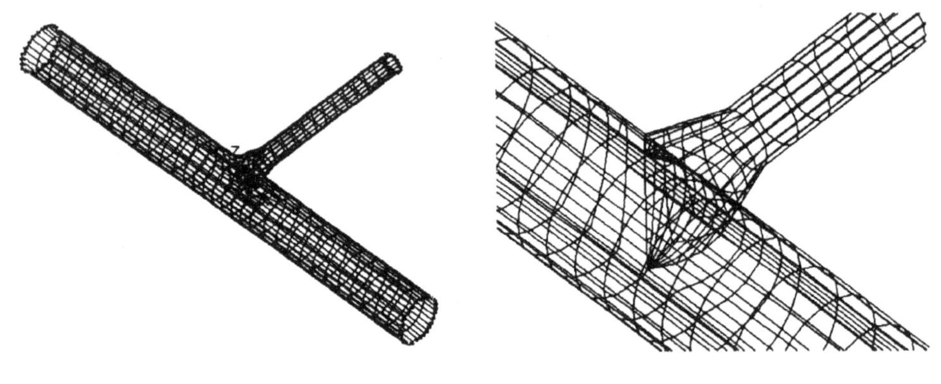

a)有限元模型网络图　　b)节点结构有限元网格局部放大图

图4.15　节点结构有限元图

4.4.2　应力计算与分析

对于岸边集装箱起重机桁架类型的主梁结构,运行小车车轮作用在弦杆上,随着小车的往复运行,桁架各节间的弦杆主要承受着弯矩载荷,同时,由于腹杆刚度较弦杆刚度相对较小,腹杆主要承受着轴向载荷作用,因此,有限元模型外载荷分别考虑作用在腹杆上的单位轴向力载荷或弦杆上的单位弯矩载荷。以上述假设为计算条件,应用结构分析计算程序,对管结构节点不同结构型式、不同载荷的应力集中状况进行计算。

4.4.2.1　单位轴向力载荷作用

根据图4.14所示的计算模型,假设L与弦杆管的直径相同,取喇叭口张开角度$\alpha = n\beta/5$,($n = 0,1,2,\cdots$),分析腹杆的喇叭口大小对节点应力集中状况的影响。计算结果见表4.4,相应的弦杆和腹杆应力集中变化系数曲线见图4.16。

腹杆的喇叭口大小对节点应力集中状况的影响　　表4.4

n	0	1	2	3	4	5
弦杆应力集中变化系数K_x	1	0.861	0.725	0.629	0.502	0.251
腹杆应力集中变化系数K_f	1	0.899	0.813	0.734	0.635	0.457

相应地,分析腹杆的喇叭口长度对节点应力集中状况的影响,取 $L=nR$,R 为弦杆管的半径,($n=1.25,1.50,\cdots$),在腹杆与弦杆保持相切的条件下,弦杆和腹杆应力集中变化系数计算结果见表4.5,相应的应力集中变化曲线见图4.17。

弦杆和腹杆应力集中变化系数计算结果　　表4.5

n	1.25	1.50	1.75	2.00	2.25	2.50	2.75	3.00
弦杆应力集中变化系数 K_x	1.267	1.107	1.040	1.000	0.502	0.922	0.896	0.882
腹杆应力集中变化系数 K_f	1.432	1.251	1.103	1.000	0.935	0.899	0.870	0.850

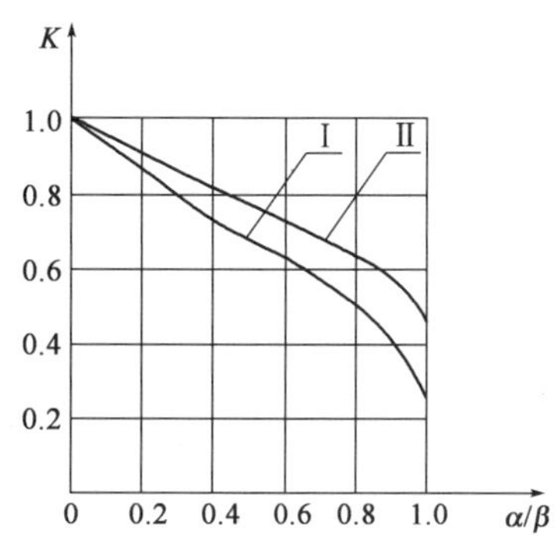

图4.16　应力集中变化 $N\sim\alpha$ 曲线
Ⅰ-弦杆;Ⅱ-腹杆

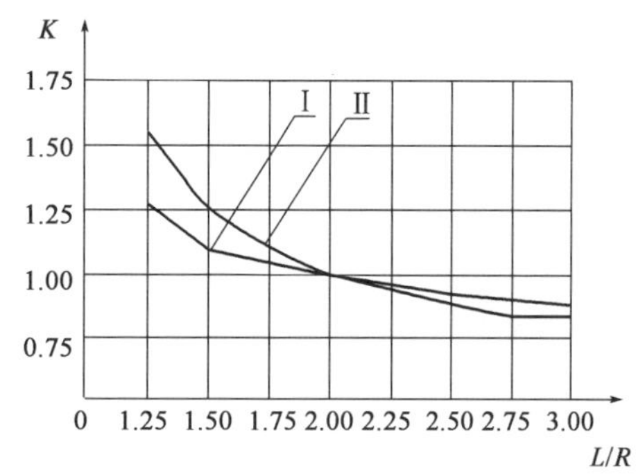

图4.17　应力集中变化 $N\sim L$ 曲线
Ⅰ-弦杆;Ⅱ-腹杆

分析表4.4、表4.5的计算结果与图4.16、图4.17的相应曲线,可知轴向载荷对管结构焊接节点的影响为:

在腹杆喇叭口长度相同的条件下,喇叭口的大小对弦杆和腹杆均有较明显的影响。对弦杆承受的应力而言,腹杆与弦杆相切时的应力集中比直接相交时小0.251倍,即直接相交时弦杆的应力约为相切时的4倍;对腹杆承受的应力而言,腹杆与弦杆相切时的应力集中比直接相交时小0.457倍,即直接相交时腹杆的应力约为相切时的2倍。腹杆和弦杆的连接形式对弦杆的影响要大于腹杆。

在腹杆与弦杆保持相切的条件下,喇叭口的长度对弦杆和腹杆也有一定的影响。对弦杆承受的应力而言,L/R 等于1.25时的应力集中比 L/R 等于2时大1.267倍,即 L/R 等于1.25时弦杆的应力约为 L/R 等于2时的1.3倍;对腹杆承受的应力而言,L/R 等于1.25时的应力集中比 L/R 等于2时大1.432倍,即 L/R 等于时腹杆的应力约为 L/R 等于2时的1.4倍,喇叭口的长度对腹杆的影响要大于弦杆。在 L/R 小于2时,应力集中变化较大,在 L/R 大于2以后,应力集中变化趋于平缓。

图4.18a)、图4.18b)分别为腹杆与弦杆相交及相切时的节点位移图,图4.19a)、图4.19b)分别是相应的节点应力图。

比较图4.18、图4.19的节点位移图和应力图可以发现,腹杆和弦杆相切时,节点上弦杆的变形更为平缓,应力分布也更均匀而腹杆和弦杆直接相交时,节点周围高应力区区域要小,因而应力值更大。

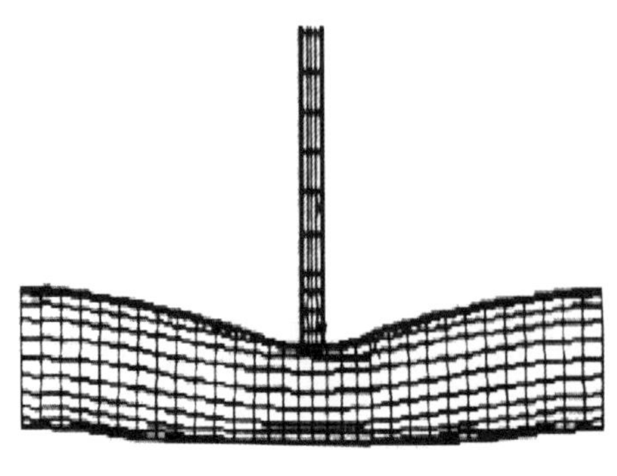

a)腹杆与弦杆相交时节点位移图

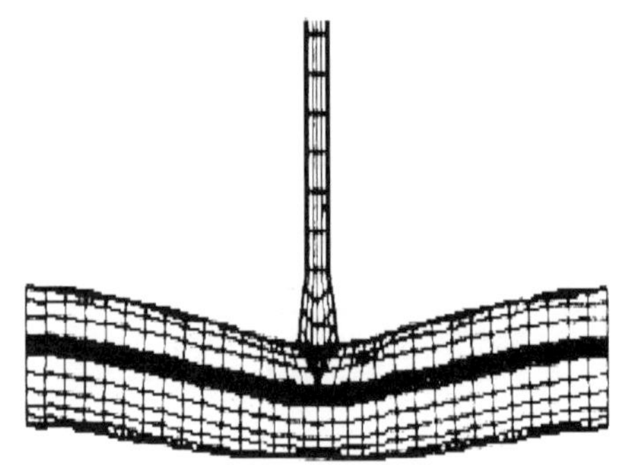

b)腹杆与弦杆相切时节点位移图

图 4.18　节点结构位移图

a)腹杆与弦杆相交时节点应力图

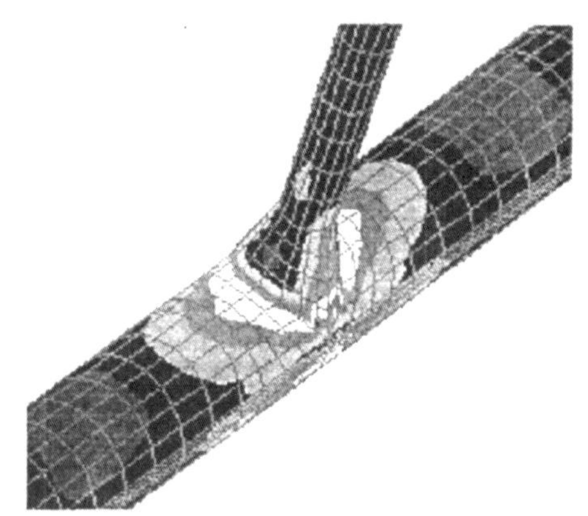

b)腹杆与弦杆相切时节点应力图

图 4.19　节点结构应力图

4.4.2.2　单位弯矩载荷作用

针对图 4.14 所示计算模型,假设弦杆承受单位弯矩载荷作用,分别分析腹杆的喇叭口大小和长度对节点应力集中的影响,计算结果见表 4.6、表 4.7,相应的弦杆和腹杆应力集中变化见图 4.20、图 4.21。

腹杆的喇叭口大小对节点应力集中的影响　　表 4.6

n	0	1	2	3	4	5
弦杆应力集中变化系数 K_x	1	0.941	0.891	0.828	0.749	0.671
腹杆应力集中变化系数 K_f	1	0.945	0.867	0.781	0.648	0.421

腹杆的喇叭口长度对节点应力集中的影响　　表 4.7

n	1.25	1.50	1.75	2.00	2.25	2.50	2.75	3.00
弦杆应力集中变化系数 K_x	1.008	1.005	1.003	1.000	0.999	0.997	0.995	0.993
腹杆应力集中变化系数 K_f	1.181	1.112	1.052	1.000	0.957	0.922	0.896	0.877

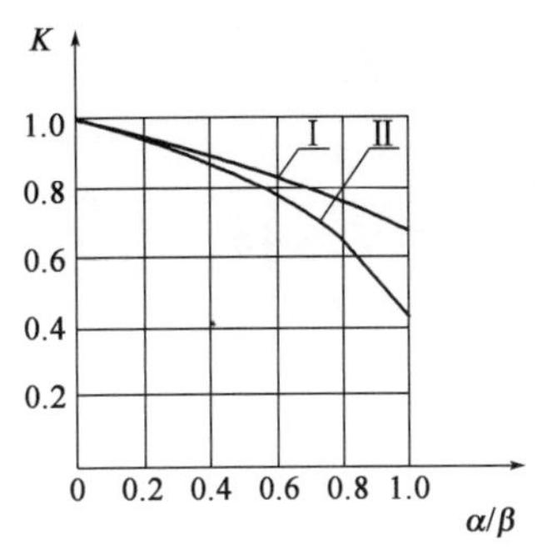

图4.20　应力集中变化 $N \sim \alpha$ 曲线

Ⅰ-弦杆；Ⅱ-腹杆

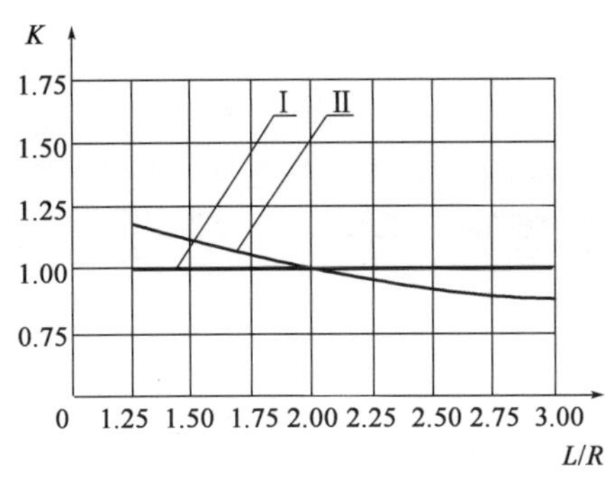

图4.21　应力集中变化 $N \sim L$ 曲线

Ⅰ-弦杆；Ⅱ-腹杆

分析表4.6、表4.7的计算结果与图4.20、图4.21的相应曲线，可知弯矩载荷对管结构焊接节点的影响为：

喇叭口的大小对弦杆和腹杆均有较明显的影响。对弦杆承受的应力而言，腹杆与弦杆相切时的应力集中比直接相交时小0.671倍，即直接相交时弦杆的应力约为相切时的1.5倍；对腹杆承受的应力而言，腹杆与弦杆相切时的应力集中比直接相交时小0.421倍，即直接相交时腹杆的应力约为相切时的2.4倍。喇叭口的大小对腹杆的影响要大于弦杆。

喇叭口的长度对腹杆有一定的影响，而对弦杆影响不大。对弦杆承受的应力而言，L/R 等于1.25时的应力集中比 L/R 等于2时大1.008倍，即 L/R 等于1.25时弦杆的应力仅为 L/R 等于2时的1.008倍；对腹杆承受的应力而言，L/R 等于1.25时的应力集中比 L/R 等于2时大1.181倍，即 L/R 等于1.25时腹杆的应力约为 L/R 等于2时的1.181倍。

在起重机桁架结构中，弦杆和腹杆相互联系、相互作用。根据上述计算分析，腹杆喇叭口的大小对弦杆的影响较大，而喇叭口的长度对腹杆的影响较大。由于结构载荷主要由弦杆承受，因而喇叭口的大小对改善管结构焊接节点应力集中会起到更重要的作用。在起重机主梁结构中，拉杆拉点或钢丝绳吊点处腹杆受力较大，因而拉点处的焊接节点可以考虑用加长腹杆喇叭口的长度的方法改善焊接节点的应力集中。

第5章 港口起重机时变系统结构动力特性

5.1 概述

随着运输船舶的大型化,港口装卸船设备也日益向大型化发展,生产率越来越高,起重量越来越大,运行小车在起重机主梁上的运行质量也不断加大,移动质量对起重机结构的影响已不容忽视。在工作状态下,起重机是一个由多个刚体在三维空间运动而形成的变质量、变刚度、变阻尼的复杂系统。掌握桥架类大型装卸设备小车运行和起升过程载荷的动位移所引起的金属结构的动力学特性,可以提高港机整体结构性能,改善工作特性,增强作业安全性。

长期以来,对起重机金属结构的动态分析主要是应用动力系数法,控制金属结构承受的最大动应力,这实际是一种静态化的动态计算过程。以往应用单质点、双质点以及多质点系统计算模型,对起重机金属结构进行动态计算,这在某些方面能够反映动力效应的一些因素,但整个计算分析没有考虑时变特征,结构系统简化较大,精度不高,有相当大的局限性。有限元法可以完成结构固有振动频率和振动衰减时间的计算,这对于控制起重机动态性质,改善工作特性,使整机金属结构能够比较好地满足起重机工作要求具有一定的指导意义。但是,随着港口机械的大型化、高速化、重载化发展,这种基于固定质量、固定刚度、固定阻尼的结构有限元计算,已不能够适应现代起重机金属结构动态响应计算的要求。只有充分考虑随时间变化的整个动态运动工作时程,才能真实准确地反映具有高速、重载运动过程的起重机金属结构动态响应,为起重机结构设计提供动态计算依据。这种随时间变化的具有变质量、变刚度、变阻尼特征的起重机时变系统结构动态响应,是普通有限元计算分析软件无法解决的。

5.2 理论分析与运动方程

5.2.1 时变系统运动方程的建立

时变系统在不同工程领域应用中具有不同的动力学特征,并呈现不同的动力学特性。本节针对集装箱门式起重机在工作过程中,由于运行小车+起升载荷的动位移所引起的时变特性,从三维角度对其变质量、变刚度、变阻尼的时变结构系统进行分析,提出相应的力学计算模型,为起重机动力特性分析奠定基础[26,27]。

在建立时变系统运动方程时,将集装箱门式起重机整体系统分为两个子系统,一个是运行小车系统,即小车—钢丝绳—吊具和集装箱系统,另一个是桥架系统。用 Hamilton 变分原理建立运行小车系统的运动方程,用有限元法建立桥架系统的运动方程。再根据起重机的工作循环，建立这两个子系统之间的非定常的约束条件，由此获得整体耦合系统的运动方程。

5.2.1.1　自行式运行小车系统的运动方程

在建立运行小车系统的运动方程时，将运行小车和吊重当作刚体处理，并做如下简化：

(1) 钢丝绳作为弹簧元处理，集装箱几何中心到小车几何中心的长度 $l(t)$ 是时间的函数；

(2) 描述运行小车系统采用如下坐标：运行小车与支撑梁的接触点几何中心的位移为 u，v，w；运行小车绕坐标轴的转角 $\bar{\theta}_z$，$\bar{\theta}_y$；钢丝绳的平均伸长量 $\eta(t)$，摆角 α，β；吊具和集装箱绕通过几何中心的坐标轴的转角 θ_x，θ_y，共 10 个自由度。

计算模型如图 5.1、图 5.2 所示。设初始起吊位置为 S_0；运行小车运行距离为 S_t；几何中心的钢丝绳绳长为 $l(t)$；钢丝绳在几何中心处的伸长量为 η；A 是运行小车前后轮距；B 是运行小车的轨距，门式起重机系统的示意图如图 5.1 所示。设运行小车几何中心的弹性变形矢量为 u，v，w，吊重平行于大车轨道方向的摆角为 α，垂直于大车轨道方向的摆动角为 β，运行小车的几何中心的变形及集装箱摆动等示意图如图 5.2 所示。

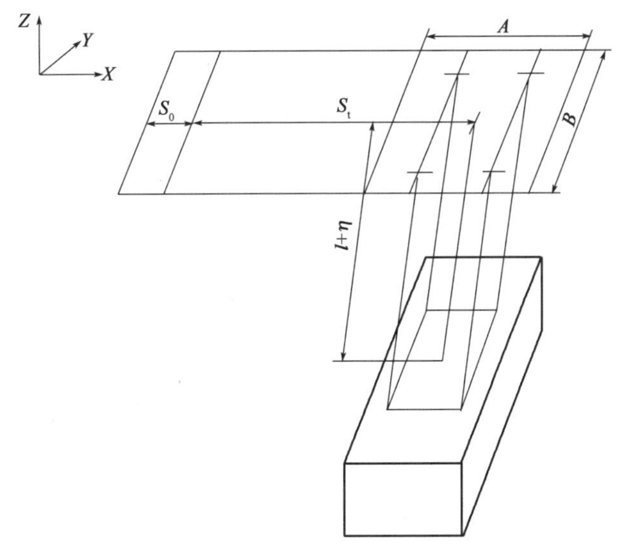

图 5.1　门式起重机系统示意图

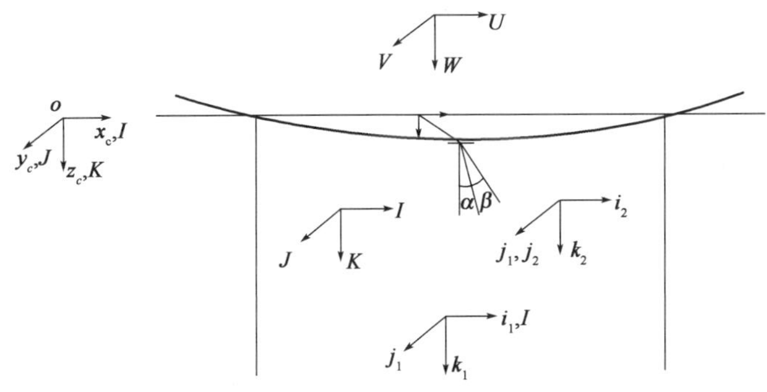

图 5.2　小车几何中心变形及货物摆动示意图

建立坐标系如图5.1、图5.2所示，推导系统的动能 $T=T_R+T_{CS}$、势能 $U=U_T+U_R+U_{CS}$ 及非保守力的虚功 δW 并应用Hamilton变分原理建立系统方程：

$$\int_0^T[\beta(T-U)+\delta W]\mathrm{d}t=0 \tag{5.1}$$

下标R,CS分别指运行小车、吊具集装箱；U_T 表示钢丝绳的弹性势能。在数学建模时，采用逐级隐式的表达方式。这里仅以吊具集装箱部分为例说明其推导过程。

吊具集装箱部分的动能 T_{CS}：

先写出质心的位移矢径，由位移矢径求导得速度矢径。吊具几何中心的矢径：

$$\begin{aligned}\overline{r_p}&=(S_0+S_t,0,0)[I,J,K]^{\mathrm{T}}+(u,v,w)[I,J,K]^{\mathrm{T}}+(0,0,l(t)+\eta)T_\beta T_\alpha T_c[I,J,K]^{\mathrm{T}}\\&\triangleq(x_p,y_p,z_p)[I,J,K]^{\mathrm{T}}\end{aligned} \tag{5.2}$$

式中，T_β,T_α,T_c 为坐标之间的变换矩阵：

$$T_\beta=\begin{bmatrix}\cos\beta & 0 & -\sin\beta\\ 0 & 1 & 0\\ \sin\beta & 0 & \cos\beta\end{bmatrix},T_\alpha=\begin{bmatrix}1 & 0 & 0\\ 0 & \cos\alpha & \sin\alpha\\ 0 & -\sin\alpha & \cos\alpha\end{bmatrix},T_c=\begin{bmatrix}1 & 0 & 0\\ 0 & -1 & 0\\ 0 & 0 & -1\end{bmatrix}$$

吊重质心的位移、速度矢径可表示为

$$\overline{r_m}=\overline{r_P}+(C_x,C_y,h)[I,J,K]^{\mathrm{T}}\triangleq(x_m,y_m,z_m)[I,J,K]^{\mathrm{T}} \tag{5.3}$$

$$\begin{aligned}\overline{v_m}=\frac{\mathrm{d}\,\overline{r_m}}{\mathrm{d}t}&=(v_t+\dot{u},\dot{v},\dot{w})[I,J,K]^{\mathrm{T}}+(0,0,\dot{l}(t)+\dot{\eta})T_\beta T_\alpha T_c[I,J,K]^{\mathrm{T}}+\\&(0,0,l(t)+\eta)\frac{\mathrm{d}}{\mathrm{d}t}(T_\beta T_\alpha T_c)[I,J,K]^{\mathrm{T}}\triangleq(\dot{x}_m,\dot{y}_m,\dot{z}_m)[I,J,M]^{\mathrm{T}}\end{aligned} \tag{5.4}$$

式中，C_x 为货物沿 x 方向的偏心量；C_y 为货物沿 y 方向的偏心量；h 为吊具与吊重质心之间高度；v_t 为运行小车的移动速度。

同样可表达 $\overline{v_p}$，于是：

$$T_{CS}=\frac{1}{2}m_p\overline{v_p}\cdot\overline{v_p}+\frac{1}{2}m_c\overline{v_m}\cdot\overline{v_m}+\frac{1}{2}\overline{I_x}\cdot\overline{\theta_x^2}+\frac{1}{2}\times\frac{1}{2}\overline{I_y}\cdot\overline{\theta_y^2} \tag{5.5}$$

式中，m_p、m_c 分别为吊具和集装箱的质量；$\overline{I_z}$、$\overline{I_y}$ 为相应的转动惯量。

吊具集装箱部分的重力势能 U_{CS}：

由上述吊具几何中心的矢径表达式 $\overline{r_p}$ 可得 z_p，由集装箱的质心矢径表达式 $\overline{r_m}$ 可得 z_m。于是，

$$U_{CS}=m_pgz_p+m_cgz_m \tag{5.6}$$

其他部分的动能、势能均可仿此方式得到。

非保守力的虚功 δW 的表达式：

$$\delta W=F_x\delta u+F_y\delta v+F_z\delta w+M_z\delta\overline{\theta_z}+M_y\delta\overline{\theta_y} \tag{5.7}$$

式中，F_x,F_y,F_z 分别为桥架结构对运行小车几何中心的接触力在 x,y,z 三个方向上的分量；M_z,M_y 则为 z,y 方向的力矩。

将 T、U 及 δW，代入式(5.1)进行推导，并注意到变分 $\delta u,\delta v,\delta w,\delta\overline{\theta_z},\delta\overline{\theta_y},\delta\eta,\delta\beta,\delta\alpha,\delta\overline{\theta_x}$，$\delta\overline{\theta_y}$ 的独立性，得到运行小车系统广义力 $Q_i=0(i=1,2,\cdots,10)$ 的十个控制方程：

$$m_R(a_l+\ddot{u})+m_{cs}\ddot{y}_m-F_x=0$$

$$m_R\ddot{v}+m_{cs}\ddot{y}_m=0$$

$$m_R\ddot{w}+m_{cs}\ddot{z}_m+(m_R+m_{cs})g-F_z=0$$

$$\overline{I_{zR}}\,\overline{\theta_z}-M_z=0$$

$$\overline{I_{yR}}\,\overline{\theta_y}-M_y=0$$

$$m_{cs}\left[\ddot{x}_m(0,0,1)T_\beta T_\alpha T_C\begin{bmatrix}1\\0\\0\end{bmatrix}+\ddot{y}_m(0,0,1)T_\beta T_\alpha T_c\begin{bmatrix}0\\1\\0\end{bmatrix}+\ddot{z}_m(0,0,1)T_\beta T_\alpha T_c\begin{bmatrix}0\\0\\1\end{bmatrix}\right]+$$

$$m_{cs}g(0,0,1)T_\beta T_\alpha T_c\begin{bmatrix}0\\0\\1\end{bmatrix}+\sum_{i=1}^{4}k_i\lambda_i/\cos\gamma=0$$

$$m_{cs}\left[\ddot{x}_m(0,0,l(t)+\eta)\frac{\partial T_\beta}{\partial\beta}T_\alpha T_c\begin{bmatrix}1\\0\\0\end{bmatrix}+\ddot{y}_m(0,0,l(t)+\eta)\frac{\partial T_\beta}{\partial\beta}T_\alpha T_c\begin{bmatrix}0\\1\\0\end{bmatrix}+\ddot{z}_m(0,0,l(t)+\eta)\frac{\partial T_\beta}{\partial\beta}T_\alpha T_c\begin{bmatrix}0\\0\\1\end{bmatrix}\right]+$$

$$m_{cs}g(0,0,l(t)+\eta)\frac{\partial T_\beta}{\partial\beta}T_\alpha T_c\begin{bmatrix}0\\0\\1\end{bmatrix}=0$$

$$m_{cs}\left[\ddot{x}_m(0,0,l(t)+\eta)T_\beta\frac{\partial T_a}{\partial\alpha}T_c\begin{bmatrix}1\\0\\0\end{bmatrix}+\ddot{y}_m(0,0,l(t)+\eta)T_\beta\frac{\partial T_\alpha}{\partial\alpha}T\begin{bmatrix}0\\1\\0\end{bmatrix}+\ddot{z}_m(0,0,l(t)+\eta)T_\beta\frac{\partial T_\alpha}{\partial\alpha}T_c\begin{bmatrix}0\\0\\1\end{bmatrix}\right]+$$

$$m_{cs}g(0,0,l(t)+\eta)T_\beta\frac{\partial T_\alpha}{\partial\alpha}T_c\begin{bmatrix}0\\0\\1\end{bmatrix}=0$$

$$I_x\ \ddot{\theta}_x+\frac{a_2}{2\cos\gamma}(k_1\lambda_1+k_2\lambda_2-k_3\lambda_3-k_4\lambda_4)=0$$

$$I_y\ \ddot{\theta}_y+\frac{b_2}{2\cos\gamma}(k_1l_1-k_2l_2-k_3l_3+k_4l_4)=0 \tag{5.8}$$

式中，$m_{cs}=m_p+m_c$；K 为起升绳的刚度，按 $K_i=EA_l/l_i$ 计算；λ_i 为钢丝绳的伸长量；γ 为钢丝绳起吊点与车架上的连接点的偏角；a_2，b_2 为起吊点处的钢丝绳在宽度、长度方向上的连接尺寸；θ_x，θ_y 为吊具 x、y 轴的转动角。

由 Q_i 可得质量阵 M^v、速度阵 C^v、刚度阵 K^v 的元素：

$$M_{ij}^v=\frac{\partial Q_i}{\partial\ddot{q}_j};C_{ij}^v=\frac{\partial Q_i}{\partial\dot{q}_j};K_{ij}^v=\frac{\partial Q_i}{\partial q_j} \tag{5.9}$$

由此可得运行小车系统在平衡位置附近的线化方程为：

$$M^v\ \ddot{X}^v+C^v\ \dot{X}^v+K^vX^v=R^v+F_{bv} \tag{5.10}$$

式中，$X^v=[u,v,w,\overline{\theta_z},\overline{\theta_y},\eta,\beta,\alpha,\theta_x,\theta_y]^{\mathrm{T}}$；$R^v$ 为作用在运行小车系统上的外力；F_{bv} 为桥架结构对运行小车系统的作用力。

在推导上述线化方程时，应用到如下算子：

$$\frac{\partial \ddot{x}_m}{\partial q_i},\frac{\partial \ddot{y}_m}{\partial q_i},\frac{\partial \ddot{z}_m}{\partial q_i};\frac{\partial \ddot{x}_m}{\partial \dot{q}_i},\frac{\partial \ddot{y}_m}{\partial \dot{q}_i},\frac{\partial \ddot{z}_m}{\partial \dot{q}_i};\frac{\partial \ddot{x}_m}{\partial \ddot{q}_i},\frac{\partial \ddot{y}_m}{\partial \ddot{q}_i},\frac{\partial \ddot{z}_m}{\partial \ddot{q}_i}$$

而在演算上述算子是需应用到更进一步算子，以 $\ddot{x}_m$ 为例：

$$\ddot{x}_m = a_t + \ddot{u} + \{[0,0,\ddot{l}(t)+\ddot{\eta}]T_\beta T_\alpha T_C + 2[0,0,\dot{l}(t)+\dot{\eta}]\frac{\mathrm{d}}{\mathrm{d}t}(T_\beta T_\alpha T_C) + [0,0,l(t)+\eta]\frac{\mathrm{d}^2}{\mathrm{d}t^2}(T_\beta T_\alpha T_C)\}(1,0,0)^{\mathrm{T}}$$

$$\frac{\partial \ddot{x}_m}{\partial q_i} = \left\{[0,0,\ddot{l}(t)+\ddot{\eta}]\frac{\partial}{\partial q_i}(T_\beta T_\alpha T_C) + 2[0,0,\dot{l}(t)+\dot{\eta}]\frac{\partial}{\partial q_i}\left[\frac{\mathrm{d}}{\mathrm{d}t}(T_\beta T_\alpha T_C)\right] + [0,0,l(t)+\eta]\frac{\partial}{\partial q_i}\left[\frac{\mathrm{d}^2}{\mathrm{d}t^2}(T_\beta T_\alpha T_C)\right] + (0,0,1)\frac{\mathrm{d}^2}{\mathrm{d}t}(T_\beta T_\alpha T_C)\frac{\partial \eta}{\partial q_i}\right\}(1,0,0)^{\mathrm{T}}$$

$$\frac{\partial \ddot{x}_m}{\partial \dot{q}_i} = \left\{2[0,0,\dot{l}(t)+\dot{\eta}]\frac{\partial}{\partial \dot{q}_i}\left[\frac{\mathrm{d}}{\mathrm{d}t}(T_\beta T_\alpha T_C)\right] + 2(0,0,1)\frac{\mathrm{d}}{\mathrm{d}t}(T_\beta T_\alpha T_C)\frac{\partial \dot{\eta}}{\partial \dot{q}_i} + [0,0,l(t)+\eta]\frac{\partial}{\partial \dot{q}_i}\left[\frac{\mathrm{d}^2}{\mathrm{d}t^2}(T_\beta T_\alpha T_C)\right]\right\}(1,0,0)^{\mathrm{T}}$$

$$\frac{\partial \ddot{x}_m}{\partial \ddot{q}_i} = \frac{\partial \ddot{u}}{\partial \ddot{q}_i}\left\{(0,0,1)(T_\beta T_\alpha T_C)\frac{\partial \ddot{\eta}}{\partial \ddot{q}_i} + [0,0,l(t)+\eta]\frac{\partial}{\partial \ddot{q}_i}\left[\frac{\mathrm{d}^2}{\mathrm{d}t^2}(T_\beta T_\alpha T_C)\right]\right\}(1,0,0)^{\mathrm{T}}$$

由此可以看出，上述应用到关于 T_β,T_α,T_c 的一些算子：

$$\frac{\partial}{\partial q_i}(T_\beta T_\alpha T_c),\quad \frac{\partial}{\partial q_i}\left[\frac{\mathrm{d}}{\mathrm{d}t}(T_\beta T_\alpha T_c)\right],\quad \frac{\partial}{\partial q_i}\left[\frac{\mathrm{d}^2}{\mathrm{d}t^2}(T_\beta T_\alpha T_c)\right];$$

$$\frac{\partial}{\partial \dot{q}_i}\left[\frac{\mathrm{d}}{\mathrm{d}t}(T_\beta T_\alpha T_c)\right],\quad \frac{\partial}{\partial \dot{q}_i}\left[\frac{\mathrm{d}^2}{\mathrm{d}t^2}(T_\beta T_\alpha T_c)\right],\quad \frac{\partial}{\partial \ddot{q}_i}\left[\frac{\mathrm{d}^2}{\mathrm{d}t^2}(T_\beta T_\alpha T_c)\right];$$

$$T_\beta T_\alpha T_c,\quad \frac{\mathrm{d}}{\mathrm{d}t}(T_\beta T_\alpha T_c),\quad \frac{\mathrm{d}^2}{\mathrm{d}t^2}(T_\beta T_\alpha T_c)$$

上面关于 T_β,T_α,T_c 的算子可以进一步演算，并注意到 T_c 是常系数矩阵，最后的基本算子：

$$T_\beta,T_\alpha,T_c;\quad \dot{T}_\beta,\dot{T}_\alpha;\quad \ddot{T}_\beta,\ddot{T}_\alpha$$

$$\frac{\partial T_\beta}{\partial q_i},\frac{\partial T_\partial}{\partial q_i};\quad \frac{\partial \dot{T}_\beta}{\partial \dot{q}_i},\frac{\partial \dot{T}_\partial}{\partial \dot{q}_i};\quad \frac{\partial \ddot{T}_\beta}{\partial \ddot{q}_i},\frac{\partial \ddot{T}_\partial}{\partial \ddot{q}_i}$$

$$\frac{\partial \ddot{T}_\beta}{\partial \dot{q}_i},\frac{\partial \ddot{T}_\partial}{\partial \dot{q}_i}\quad \cdots\cdots$$

而其中最基本算子是 T_β,T_α,T_c，其他算子均可由之导出。

5.2.1.2 牵引式小车系统的运动方程

以上运行小车系统运动方程是建立在自行式小车基础上，对于牵引式小车系统，将钢丝绳作用在导向滑轮上的力，作为一个时变的外力，作用在桥架的导向滑轮上，这样，小车系统的广义坐标仍是：

$$X^V = [U,V,W,\theta_{x车},\theta_{y车},\eta,\beta,\alpha,\theta_x,\theta_y]^{\mathrm{T}}$$

$$X^V=\begin{bmatrix}X_J^V\\X_I^V\end{bmatrix}=\begin{bmatrix}A(t)&0\\0&I\end{bmatrix}\begin{bmatrix}X_J^b\\X_I^V\end{bmatrix}=R(t)X^V$$

也就是小车系统中,小车运动的广义坐标$(u,v,w,\theta_x,\theta_y)$仍可运用小车车轮所在的梁单元的节点位移来表示,这时表达小车系统位移的广义坐标是相关八个节点位移及吊具集装箱等五个广义坐标,与原来一样推导得小车系统运动方程:

$$\overline{M^V}\,\overline{X^V}+\overline{C^V}\,\overline{X^V}+\overline{K^V}\,\overline{X^V}=\overline{R^V}+\overline{F_{bV}}$$

式中:

$\overline{M^V}=R^{\mathrm{T}}(t)M^VR(t)$

$\overline{C^V}=2R^{\mathrm{T}}(t)M^V\dot{R}(t)+R^{\mathrm{T}}(t)C^VR(t)$

$\overline{K^V}=R^{\mathrm{T}}(t)M^V\dot{R}(t)+R^{\mathrm{T}}(t)C^V\dot{R}(t)+R^{\mathrm{T}}(t)K^VR(t)$

$\overline{R^V}=R^{\mathrm{T}}(t)R^V$

$\overline{F_{bV}}=R^{\mathrm{T}}(t)F_{bV}$

$\overline{X^V}=[X_j^b,X_I^V]$

桥架结构运动方程:

$$M^b\ddot{X}^b+C^b\dot{X}^b+K^bX^b=R^b+F_{vb}$$

式中,$X^b=[X_i^b,X_j^b,X_G^b]$;X_G^b 为桥架上全部导向滑轮所在节点的位移向量;X_j^b 为小车车轮所在单元的节点位移量;

$$M^b=\begin{bmatrix}M_{ii}^b&M_{ij}^b&M_{iG}^b\\M_{ji}^b&M_{jj}^b&M_{Jg}^B\\M_{Gi}^b&M_{Gj}^b&M_{GG}^B\end{bmatrix};K^b=\begin{bmatrix}K_{ii}^b&K_{ij}^b&K_{iG}^b\\K_{ji}^b&K_{jj}^b&K_{jG}^b\\K_{Gi}^b&K_{Gj}^b&K_{GG}^b\end{bmatrix}$$

R^b 为桥架节点上的外力(不包括小车轮压及导向滑轮上外力);F_{vb} 为小车系统对桥架上作用力(小车轮压及导向滑轮上外力)。

这样,就将导向滑轮上外力加入系统中。

5.2.1.3　桥架结构的运动方程

针对桥架系统,应用有限元建立桥架结构的运动方程:

$$M^b\ddot{X}^b+C^b\dot{X}^b+K^bX^b=R^b+F_{vb}\tag{5.11}$$

式中,R^b 为作用在桥架结构上的外力;F_{vb} 为运行小车对桥架结构的接触力矢量;C^b 为桥架结构的阻尼阵,采用比例阻尼,即 $C^b=\alpha_bM^b+\beta_bK^b$,$\alpha_b$,$\beta_b$ 为比例阻尼因子。

为便于得到综合体系的运动方程,将结构位移矢量 X^b 划分为运行小车运动范围内所接触的桥架结构的所有坐标 X_j^b,定义为结构的界面坐标矢量;桥架结构的其余坐标矢量 X_i^b,即

$$X^b=[X_i^b+X_j^b]$$

于是运动方程(5.11),按照 X^b 的划分,可以写成相应的子块形式:

$$\begin{bmatrix}M_{ii}^b,M_{ij}^b\\M_{ji}^b,M_{jj}^b\end{bmatrix}\begin{bmatrix}\ddot{X}_i^b\\\ddot{X}_j^b\end{bmatrix}+\begin{bmatrix}C_{ii}^b,C_{ij}^b\\C_{ji}^b,C_{jj}^b\end{bmatrix}\begin{bmatrix}\dot{X}_i^b\\\dot{X}_j^b\end{bmatrix}+\begin{bmatrix}K_{ii}^b,K_{ij}^b\\K_{ji}^b,K_{jj}^b\end{bmatrix}\begin{bmatrix}X_i^b\\X_j^b\end{bmatrix}=\begin{bmatrix}R_i^b\\R_j^b\end{bmatrix}+\begin{bmatrix}0\\F_{vb}\end{bmatrix}\tag{5.12}$$

根据起重机的工作循环，建立这两个子系统之间的非定常的约束条件，由此获得整体耦合系统的运动方程，进行结构变质量、变刚度、变阻尼的时变结构系统动力特性研究。

5.2.2 子系统结构非定常耦合特性

由于时变系统的具体特性，需要将整体结构划分为不同的子系统。根据各子系统的时变特性和非时变特性，分别建立自己的运动方程，并以非定常的约束条件，将各子系统进行耦合，形成一个完整的时变系统结构。非定常耦合特性研究，是建立整个时变系统运动方程的基础，是时变系统结构动力响应研究正确性的基本保证。

按照小车运行的起动阶段、稳态运行阶段、制动阶段分别建立小车运行时间—位置的表达式，根据运行小车位置的表达式可求得运行小车诸车轮相对于支撑桥架所在的位置，由此可确定每个车轮所处于支撑桥架上的单元号，并建立运行小车系统与桥架结构间的非定常约束方程。

(1)运行小车位置的表达式

以桥架主梁前端为始点，表示运行小车架几何中心的所在位置$\overline{S_i}$。

①起动阶段($0 \leqslant t \leqslant t_q$)

$$\overline{S_t} = S_0 + \frac{1}{2} a_q t^2 \tag{5.13}$$

式中，a_q 为小车的起动加速度。

②稳态运行阶段($t_q \leqslant t \leqslant t_q + t_s$)

$$\overline{S_t} = S_0 + \frac{1}{2} a_q t_q^2 + a_q t_q (t - t_q) \tag{5.14}$$

式中，t_q为起动时间。

③制动阶段($t_q + t_s \leqslant t \leqslant t_q + t_s + t_z$)

$$\overline{S_t} = S_0 + \frac{1}{2} a_q t_q^2 + a_q t_q t_s + a_q t_q (t - t_q - t_s) - \frac{1}{2} a_z [t - (t_q + t_s)]^2$$

式中，a_z 为制动加速度；t_s 为稳定运行时间。

对运行小车在回程时$\overline{S_t}$的表达式，a_q，a_z 则考虑以相应的正负号代入。小车前后轮位置：

$$\overline{S_{tf}} = \overline{S_t} + \frac{A}{2}, \overline{S_{th}} = \overline{S_t} - \frac{A}{2}$$

(2)运行小车车轮接触点处的位移表达

由(1)中运行小车位置的表达式可求得运行小车诸车轮相对于支撑桥架所在的位置，由此可确定每个车轮所处于支撑桥架上的单元号。

为贴近一般性，假设第 I 个车轮处于支撑桥架上的第 k 单元，节点为 $i \sim j$ 之间。于是该接触点的位移可通过插值函数矩阵$[N_e]$表示。

$$\begin{pmatrix} \tilde{u}_I \\ \tilde{v}_I \\ \tilde{w}_I \end{pmatrix} = \begin{bmatrix} N_{ui} & 0 & 0 & 0 & 0 & 0 & N_{uj} & 0 & 0 & 0 & 0 & 0 \\ 0 & N_{vi} & 0 & 0 & 0 & N_{\theta Z_I} & 0 & N_{vj} & 0 & 0 & 0 & N_{\theta Z_j} \\ 0 & 0 & N_{wi} & 0 & N_{\theta y_I} & 0 & 0 & 0 & N_{wj} & 0 & N_{\theta y_i} & 0 \end{bmatrix} \tilde{q}^k \triangleq [N_e] \tilde{q}^k \tag{5.15}$$

式中，~表示在第 k 单元局部坐标下表达。

$$\begin{pmatrix} i \\ j \\ k \end{pmatrix} = \begin{bmatrix} 1_x & 1_y & 1_z \\ 2_x & 2_y & 2_z \\ 3_x & 3_y & 3_z \end{bmatrix} \begin{pmatrix} I \\ J \\ K \end{pmatrix} \triangleq [t^k] \begin{pmatrix} I \\ J \\ K \end{pmatrix} \tag{5.16}$$

式中，$(i,j,k)^{\mathrm{T}}$ 为单元局部坐标基矢量；$(I,J,K)^{\mathrm{T}}$ 为整体坐标基矢量。

$$\begin{pmatrix} u_I \\ v_I \\ w_I \end{pmatrix} = [t^k][N_e]\tilde{q}^k \tag{5.17}$$

得到接触点 I 在总体坐标下的位移表达。

$$\tilde{q}^k = \begin{bmatrix} t^k & 0 & 0 & 0 \\ 0 & t^k & 0 & 0 \\ 0 & 0 & 0 & t^k \end{bmatrix} q^k \triangleq [T^k]q^k \Rightarrow \begin{bmatrix} u_I \\ v_I \\ w_I \end{bmatrix} = [t^k]^{\mathrm{T}}[N^e][T^k]q^k = [\bar{N}_e^k]q^k \tag{5.18}$$

(3)非定常的约束方程

将描述运行小车的广义坐标 X^v 划分为界面坐标 X_j^v 与内部坐标 X_j^v。其中，

$$X_j^v = [u, v, w, \bar{\theta}_z, \bar{\theta}_y]^{\mathrm{T}}$$

即为描述运行小车几何中心位移的广义坐标。于是有：

$$X_j^v = \begin{bmatrix} \frac{1}{4} & 0 & 0 & \frac{1}{4} & 0 & 0 & \frac{1}{4} & 0 & 0 & \frac{1}{4} & 0 & 0 \\ 0 & \frac{1}{4} & 0 & 0 & \frac{1}{4} & 0 & 0 & \frac{1}{4} & 0 & 0 & \frac{1}{4} & 0 \\ 0 & 0 & \frac{1}{4} & 0 & 0 & \frac{1}{4} & 0 & 0 & \frac{1}{4} & 0 & 0 & \frac{1}{4} \\ 0 & -\frac{1}{2A} & 0 & 0 & \frac{1}{2A} & 0 & 0 & \frac{1}{2A} & 0 & 0 & -\frac{1}{2A} & 0 \\ 0 & 0 & \frac{1}{2A} & 0 & 0 & -\frac{1}{2A} & 0 & 0 & -\frac{1}{2A} & 0 & 0 & \frac{1}{2A} \end{bmatrix} \begin{bmatrix} u_1 \\ v_1 \\ w_1 \\ u_2 \\ v_2 \\ w_2 \\ u_3 \\ v_3 \\ w_3 \\ u_4 \\ v_4 \\ w_4 \end{bmatrix} \triangleq [\varphi] \begin{bmatrix} u_1 \\ v_1 \\ w_1 \\ u_2 \\ v_2 \\ w_2 \\ u_3 \\ v_3 \\ w_3 \\ u_4 \\ v_4 \\ w_4 \end{bmatrix} \tag{5.19}$$

式中，下标 1、2、3、4 表示接触车轮编号。

进一步有：

$$X_j^v = [\varphi] \begin{bmatrix} \bar{N}_e^1 & 0 & 0 & 0 & 0 \\ 0 & \bar{N}_e^2 & 0 & 0 & 0 \\ 0 & 0 & \bar{N}_e^3 & 0 & 0 \\ 0 & 0 & 0 & 0 & \bar{N}_e^4 \end{bmatrix} \begin{pmatrix} q_e^1 \\ q_e^2 \\ q_e^3 \\ q_e^4 \end{pmatrix} = [\varphi] \begin{bmatrix} \bar{N}_e^1 & 0 & 0 & 0 & 0 \\ 0 & \bar{N}_e^2 & 0 & 0 & 0 \\ 0 & 0 & \bar{N}_e^3 & 0 & 0 \\ 0 & 0 & 0 & 0 & \bar{N}_e^4 \end{bmatrix} L_{vj}^b X_j^b \triangleq A(t) X_j^b \tag{5.20}$$

式中，L_{ij}^b是车轮与支撑桥接触点所在单元的节点坐标与桥架界面坐标之间的指示矩阵。式(5.20)即为运行小车接触点与支撑桥架界面坐标之间的非定常约束方程。

5.2.3 整体系统的运动方程

为建立系统的运动方程，先将运行小车的运动方程按分块形式写出：

$$X^v=[X_j^v,X_i^v]^{\mathrm{T}}$$

$$\begin{bmatrix} M_{jj}^v & M_{ji}^v \\ M_{ij}^v & M_{ii}^v \end{bmatrix}\begin{bmatrix} \ddot{X}_j^v \\ \ddot{X}_i^v \end{bmatrix}+\begin{bmatrix} C_{jj}^v & C_{ji}^v \\ C_{ij}^v & C_{ii}^v \end{bmatrix}\begin{bmatrix} \dot{X}_j^v \\ \dot{X}_i^v \end{bmatrix}+\begin{bmatrix} K_{jj}^v & K_{ji}^v \\ K_{ij}^v & K_{ii}^v \end{bmatrix}\begin{bmatrix} X_j^v \\ X_i^v \end{bmatrix}=\begin{bmatrix} R_j^v \\ R_i^v \end{bmatrix}+\begin{bmatrix} F_{bv} \\ 0 \end{bmatrix} \tag{5.21}$$

代入非定常约束方程(5.20)，有

$$X^v=\begin{pmatrix} X_j^v \\ X_i^v \end{pmatrix}=\begin{bmatrix} A(t) & 0 \\ 0 & I \end{bmatrix}\begin{bmatrix} X_j^b \\ X_i^v \end{bmatrix}\triangleq R(t)\bar{X}^v \tag{5.22}$$

由方程(5.22)对时间 t 微分，得到：

$$\dot{X}^v=\dot{R}(t)\bar{X}^v+R(t)\bar{X}^v$$

$$\ddot{X}^v=\ddot{R}(t)\bar{X}^v+2R(t)\bar{X}^v+R(t)\ddot{\bar{X}}^v \tag{5.23}$$

将式(5.22)、式(5.23)代入方程(5.21)，并前乘 $R^{\mathrm{T}}(t)$得到：

$$\bar{M}^v\ddot{\bar{X}}^v+\bar{C}^v\dot{\bar{X}}^v+\bar{K}^v\bar{X}^v=\bar{R}^v+\bar{F}_{bv} \tag{5.24}$$

式中，

$\bar{M}^v=R^{\mathrm{T}}(t)M^vR(t)$，$\bar{C}^v=2R^{\mathrm{T}}(t)M^v\dot{R}(t)+R^{\mathrm{T}}(t)C^vR(t)$

$\bar{K}^v=R^{\mathrm{T}}(t)M^v\ddot{R}(t)+R^{\mathrm{T}}(t)C^v\dot{R}(t)+R^{\mathrm{T}}(t)K^vR(t)$

$\bar{R}^v=R^{\mathrm{T}}(t)R^v$，$\bar{F}_{bv}=R^{\mathrm{T}}(t)F_{bv}$，$\bar{X}^v=[X_j^b,X_i^v]^{\mathrm{T}}$

由此得集装箱门式起重机综合体系的动力方程：

$$M(t)\ddot{X}+C(t)\dot{X}+K(t)X=F(t) \tag{5.25}$$

式中，

$X=[X_i^b,X_j^b,X_i^v]^{\mathrm{T}}$

$$M(t)=\begin{bmatrix} M_{ii}^b & M_{ij}^b & 0 \\ M_{ji}^b & M_{jj}^b+A^{\mathrm{T}}(t)M_{jj}^vA(t) & A^{\mathrm{T}}(t)M_{ji}^v \\ 0 & M_{ji}^vA(t) & M_{ii}^v \end{bmatrix}$$

$$C(t)=\begin{bmatrix} C_{ii}^b & C_{ij}^b & 0 \\ C_{ji}^b & M_{jj}^b+2A^{\mathrm{T}}(t)M_{jj}^v\dot{A}(t) & A^{\mathrm{T}}(t)C_{ji}^v \\ 0 & 2M_{ji}^v\dot{A}(t)C_{ij}^vA(t) & C_{ii}^v \end{bmatrix}$$

$$K(t)=\begin{bmatrix} K_{ii}^b & K_{ij}^b & 0 \\ K_{ji}^b & K_{jj}^b+A^{\mathrm{T}}(t)M_{jj}^v\ddot{A}(t)+A^{\mathrm{T}}(t)C_{jj}^v\dot{A}(t)+A^{T}(t)K_{jj}^vA(t) & A^{\mathrm{T}}(t)K_{ji}^v \\ 0 & M_{ji}^v\ddot{A}(t)+K_{ij}^vA(t) & K_{ii}^v \end{bmatrix}$$

$F(t)=(R_i^b, R_j^b+A^T(t)R_j^v, R_j^v)^{\mathrm{T}}$

方程(5.25)是一变质量、变阻尼、变刚度的动力方程。且在一般情况下，$M(t)$为对称阵，即 $M^{\mathrm{T}}(t)=M(t)$，$C(t)$、$K(t)$是非对称阵，即 $C^{\mathrm{T}}(t)\neq C(t)$，$K^{\mathrm{T}}(t)\neq K(t)$。

5.3　时变系统结构运动方程的数值计算

由于时变系统运动方程是带有局部非线性的时变方程，因而无法用解析方法进行求解，只能用数值方法求解。针对集装箱门式起重机综合体系的动力方程求解，可有多种数值方法解决。对方程(5.25)求解，可有很多方法解决。可以将其化为状态方程求解，但会增加问题的求解维数，不适于求解高自由度时变系统。本研究采用直接在位形空间数值积分的 Newmark 方法来求解。

Newmark 法数值解法的基本思想是：先将结构反应和激励载荷项在时间域上离散化，递推求解，即已知 t_k 时刻系统的响应和力的所有信息，递推求解 t_{k+1}时刻的相应物理量(位移、速度、加速度等)。建立联立积分形式的方程求解。求解过程中必须注意数值计算的稳定性。Newmark 法的恒平均加速度法因其有较高的数值计算稳定性，在结构动力计算中最常用。

Newmark 积分参数取为：

$$\gamma\geqslant 0.5,\quad \beta\geqslant 0.25(0.5+\gamma)^2$$

且设：

$$X_{n+1}^S=X_n^S+\dot{X}_n^S\Delta t+\left(\frac{1}{2}-\beta\right)\ddot{X}_n^S\Delta t^2+\beta\ddot{X}_{n+1}^S\Delta t^2$$

$$\dot{X}_{n+1}^S=\dot{X}_n^S+(1-\gamma)\ddot{X}_n^S\Delta t+\gamma\ddot{X}_{n+1}^S\Delta t$$

将上式代入 $t+\Delta t$ 的动力方程得：

$$M(t)\ddot{X}_{n+1}^S+C(t)\dot{X}_{n+1}^S+K(t)X_{n+1}^S=F_{n+1}(t)$$

$$\hat{M}(t)\ddot{X}_{n+1}^S=P_{n+1}(t)$$

式中，$\hat{M}(t)=M(t)+\gamma\Delta tC(t)+\beta\Delta t^2K(t)$

$$\hat{P}_{n+1}(t)=F_{n+1}(t)-C(t)[\dot{X}_n^S+(1-\gamma)\ddot{X}_n^S\Delta t]-K(t)\left[X_n^S+\ddot{X}_n^S\Delta t+\left(\frac{1}{2}-\beta\right)\ddot{X}_n^S\Delta t^2\right]$$

Newmark 法的数值计算精度与积分时间步长有关，减少时间步长将提高计算精度。通常取时间步长 $\Delta t\leqslant T_n/10$ 时可以得到非常准确的结果。

通过对时间段的离散，应用 Newmark 法对集装箱门式起重机和运行小车综合体系在工作循环的全过程进行动力分析，获取结构上每一点的位移、应力—时间样本，实现起重机系统动力仿真。

5.4　时变系统结构分析实例

在上述理论分析基础上，编制适应时变系统动力响应与工程实际应用要求的计算分析程序,计算分析集装箱门式起重机时变系统结构动力特性。以一台30.5t轨道集装箱门式起重机作为样机(图5.3),计算分析小车运行不同速度下结构应力的变化情况。样机主要技术参数见表5.1。

图5.3 轨道式集装箱门式起重机

30.5t轨道式集装箱门式起重机参数 表5.1

主要参数	单位	起升机构	大车行走机构	小车行走机构
起重量	t	42	—	—
起升速度	m/min	满载25/空载50	—	—
起升高度	m	15	—	—
运行速度	m/min	—	25.4	试验时120/堆场时70
轨距	m	—	30	8.29
轮距	m	—	9	4.7
主动轮数/总轮数	—	—	8/16	4/4

5.4.1 静态计算

(1)小车位于悬臂端

最大应力$\frac{M_X}{W_X}+\frac{M_Y}{W_Y}+\frac{F}{A}$,应力云图和变形后的位移图分别见图5.4、图5.5。

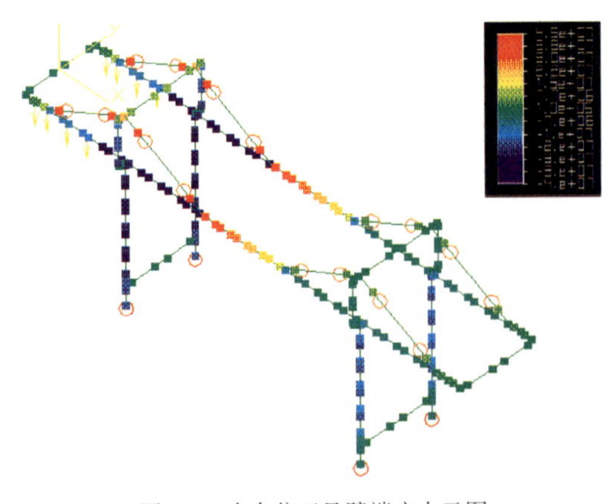

图5.4 小车位于悬臂端应力云图

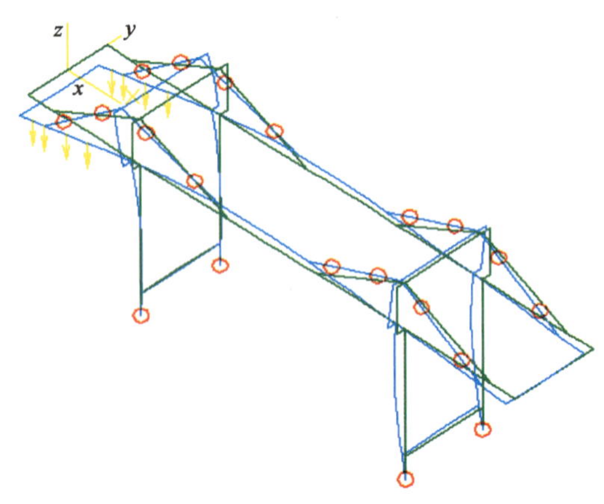

图5.5 小车位于悬臂端变形图

(2)小车位于跨中

应力云图和变形后的位移图分别如图 5.6、图 5.7 所示。

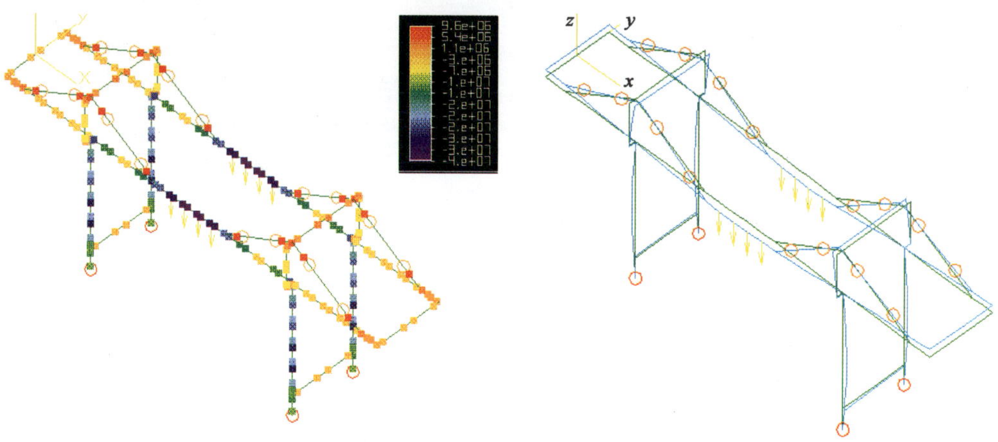

图 5.6　小车位于跨中的应力云图

图 5.7　小车位于跨中的变形云图

5.4.2　作业循环与初始条件

起重机结构按时变系统进行动态响应分析，主要是分析吊物起升瞬间结构的动态应力及小车沿主梁运行时的动态应力，为此，我们按集装箱门式起重机的工作循环来考察结构的应力状态，集装箱门式起重机的典型作业是堆箱作业及取箱作业，如图 5.8、图 5.9 所示。

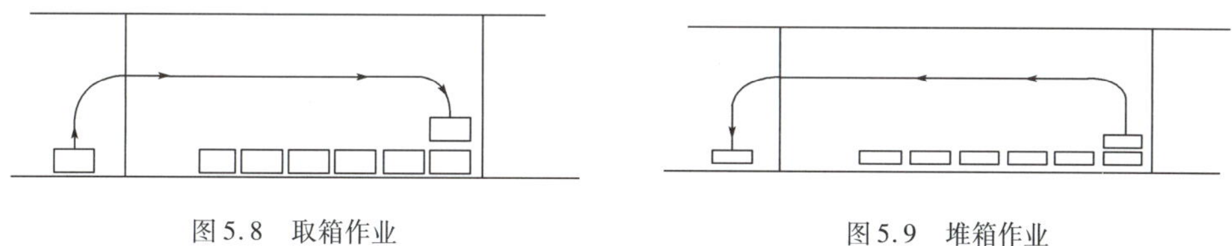

图 5.8　取箱作业

图 5.9　堆箱作业

着重分析在一定的起升速度下，不同的小车运行速度对结构动应力的影响，选取三种不同的小车速度。其计算参数：集装箱自重：30.5t；集装箱吊具自重：8.5t；满载起升速度：$V=25\mathrm{m/min}$；满载起升起动时间：$t=1\mathrm{s}$；空载起升速度(只有吊具重)：$V=50\mathrm{m/min}$；空载起升起动时间：$t=1\mathrm{s}$；小车运行速度分别为：$V=12\mathrm{m/min}$，60m/min，120m/min；小车运行起动时间：$t=5\mathrm{s}$。三种小车运行速度下的作业循环时间图见图 5.10 ~ 图 5.12。

(1)$V_{起}=25\mathrm{m/min}$，$V_{小车}=12\mathrm{m/min}$(图 5.10)

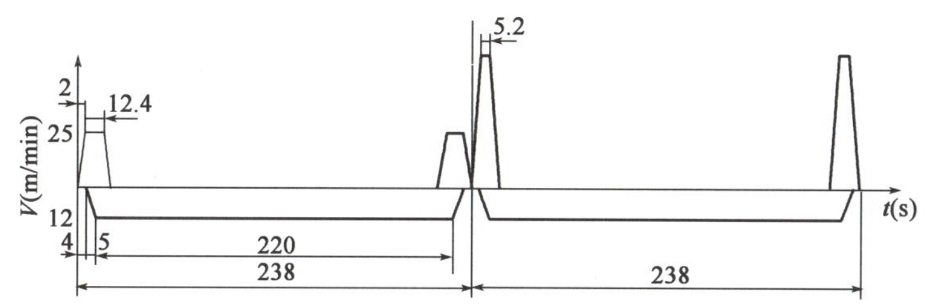

图 5.10　小车运行速度 12m/min 时作业循环图

(2) $V_{起}=25\text{m/min}$, $V_{小车}=60\text{m/min}$(图 5.11)

(3) $V_{起}=25\text{m/min}$, $V_{小车}=120\text{m/min}$(图 5.12)

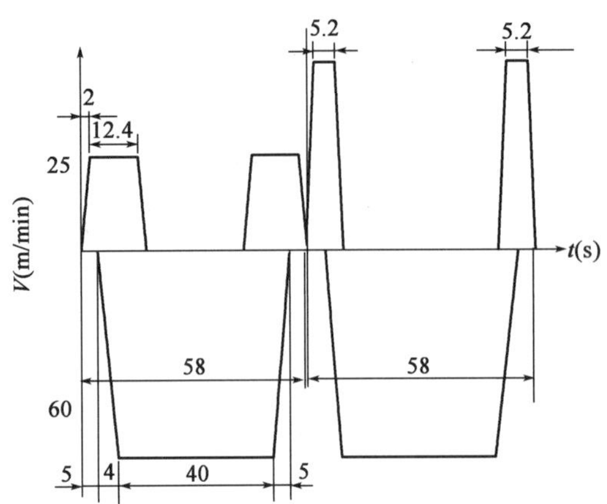

图 5.11　小车运行速度 60m/min 时作业循环图

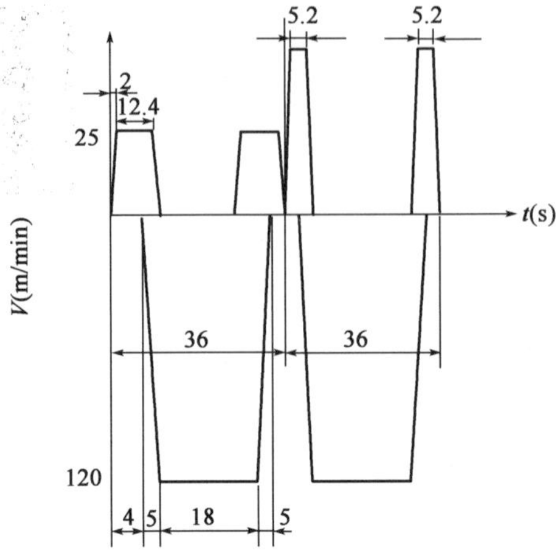

图 5.12　小车运行速度 120m/min 时作业循环图

5.4.3　时变系统动态响应计算

(1)小车不同速度运行,悬臂端根部应力变化。

小车以不同速度运行,考察悬臂端根部的应力变化过程。

①$V_{小车}=12\text{m/min}=0.2\text{m/s}$,起升速度 $V_{起}=25\text{m/min}$,悬臂端根部的总应力变化过程如图 5.13 所示,总应力是弯曲应力与轴向应力之和,总应力 $\sigma=51.1\text{MPa}$。

②$V_{小车}=60\text{m/min}=1.0\text{m/s}$,起升速度 $V_{起}=25\text{m/min}$,悬臂端根部的总应力变化过程如图 5.14所示,$\sigma=52.3\text{MPa}$。

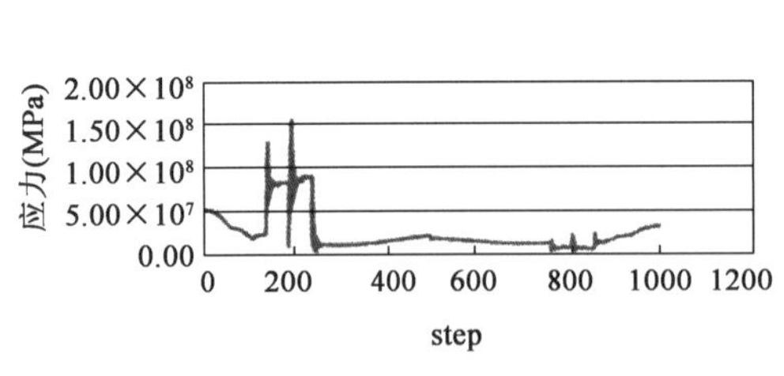

图 5.13　总应力变化过程

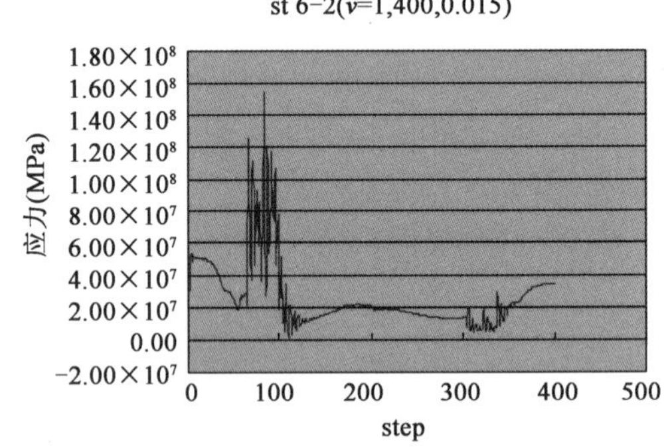

图 5.14　总应力变化过程

③$V_{小车}=120\text{m/min}=2.0\text{m/s}$,起升速度$V_{起}=25\text{m/min}$,悬臂端根部的总应力变化过程如图 5.15 所示,$\sigma=57.3\text{MPa}$。

(2)小车不同速度运行,考察跨中应力的变化过程。

①小车运行速度 $V_{小车}=12\text{m/min}=0.2\text{m/s}$,起升速度 $V_{起}=25\text{m/min}$,跨中的总应力与挠度变化过程如图 5.16、图 5.17 所示。

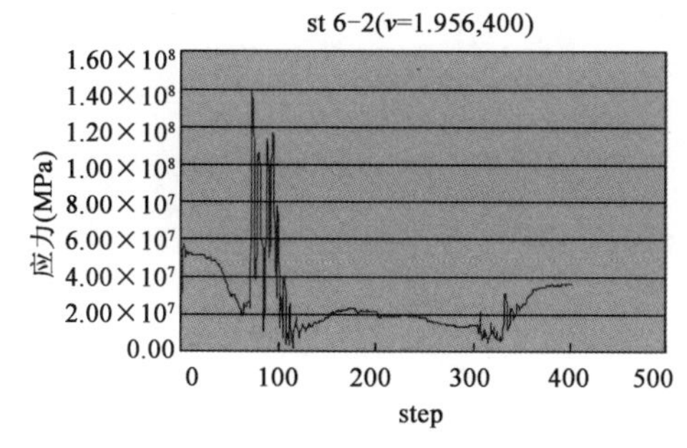

图5.15　总应力变化过程

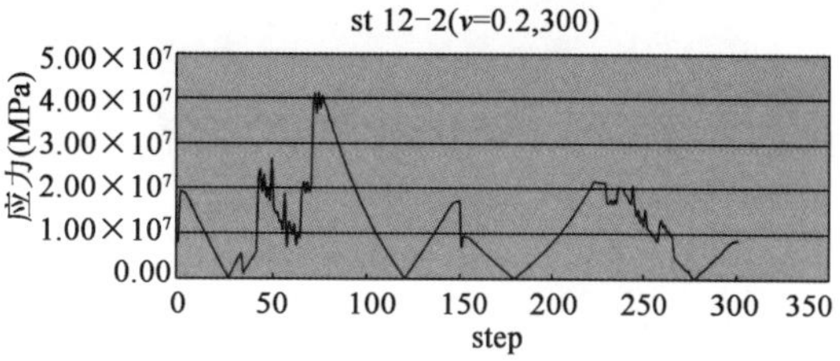

跨中总应力变化过程图（st 12-2(v=0.2,300)，纵轴：应力(MPa)，横轴：step）

图5.16　跨中总应力变化过程

计算得出：其最大应力（$\sigma=41.9$MPa）与按有限元计算出的静态跨中应力（不计动力系数 $\sigma=41.8$MPa）基本相同，因为小车运行速度甚慢。

跨中挠度（$f=-1.45$cm）与有限元计算出的静态跨中挠度（$f=-1.41$cm）基本相同。

②小车运行速度 $V_{小车}=60$m/min，起升速度 $V_{起}=25$m/min，跨中的总应力和挠度变化过程如图5.18、图5.19所示。

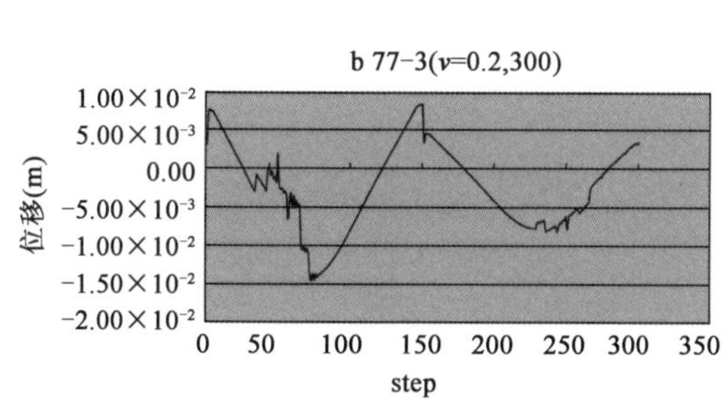

图5.17　跨中挠度变化过程

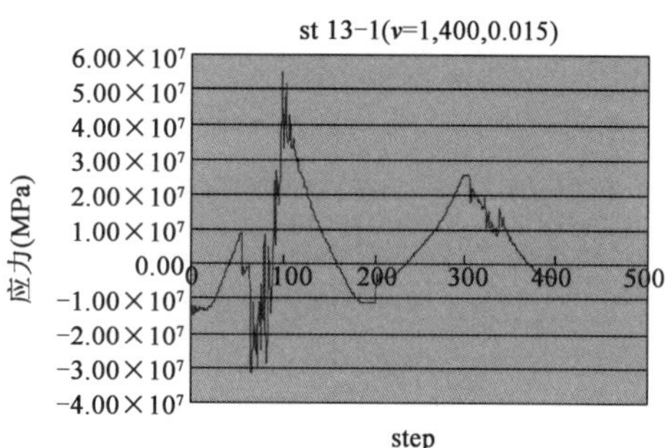

图5.18　跨中应力变化过程

计算得出：其最大应力（$\sigma=55.6$MPa）比有限元计算出的静应力值大，比例关系为 $K_{应力}=55.6/41.8=1.33$。跨中挠度值 $f=-1.84$cm，比有限元计算出的静挠度值大，比例关系为 $K_{挠度}=1.84/1.41=1.3$。

③小车运行速度 $V_{小车}=120$m/min，起升速度 $V_{起}=25$m/min，跨中的总应力和挠度变化过程如图5.20、图5.21所示。

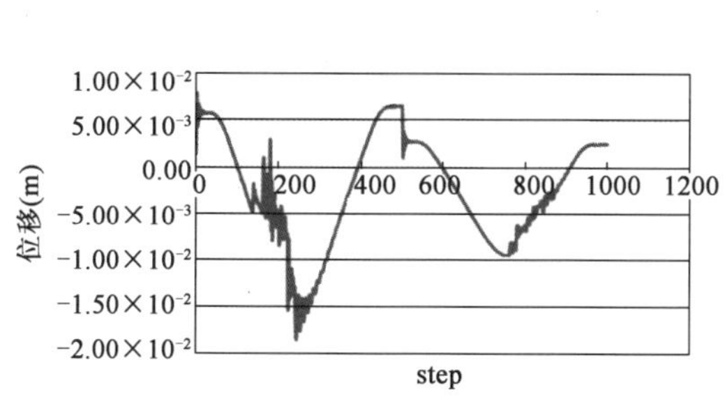

图5.19　跨中挠度变化过程

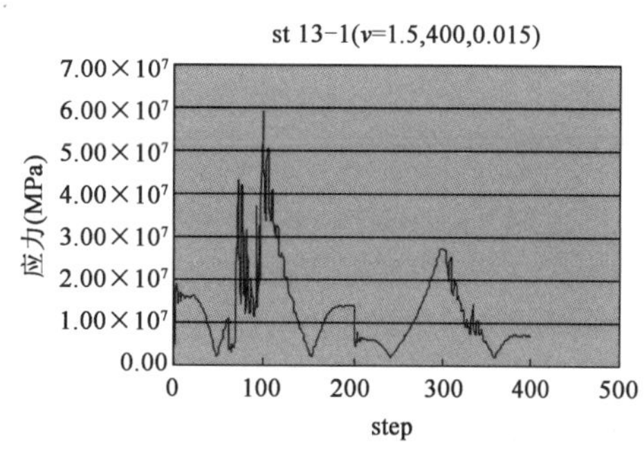

图5.20　跨中应力变化过程

计算得出：其最大应力($\sigma=61.7$MPa)比有限元计算出的静应力值大，比例关系为 $K_{应力}=61.7/41.8=1.476$。跨中挠度值 $f=-2.18$cm，与静挠度值的比例关系为 $K_{挠度}=2.18/1.41=1.55$。

(3)小车位于跨中，起升状态。

起升速度 $V_{起}=25$m/min，小车运行速度 $V_{小车}=12$m/min，作业过程见图5.22，作业循环时间见图5.23，跨中的最大动应力见图5.24。

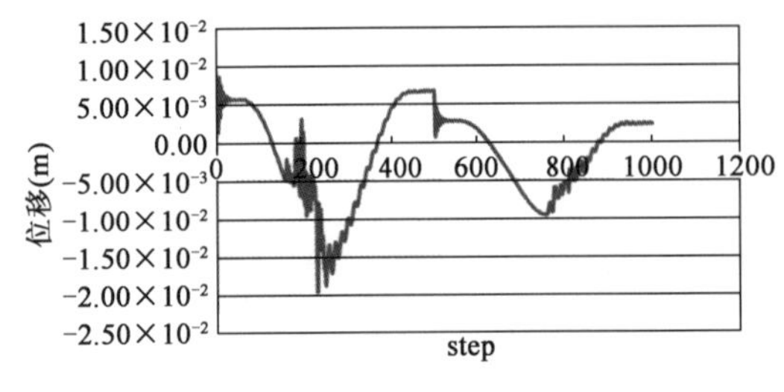

图5.21　跨中挠度变化过程

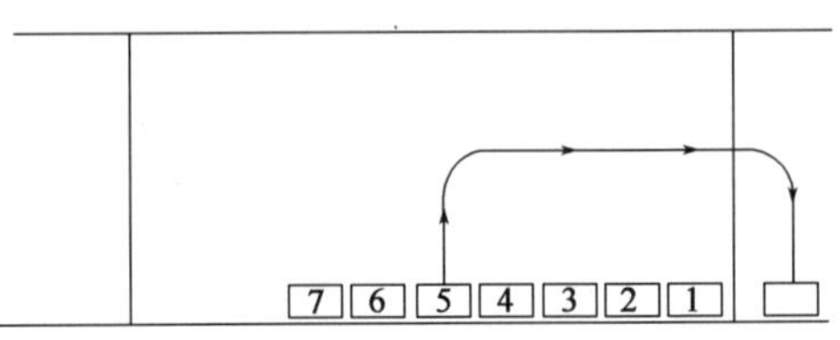

图5.22　工作过程图

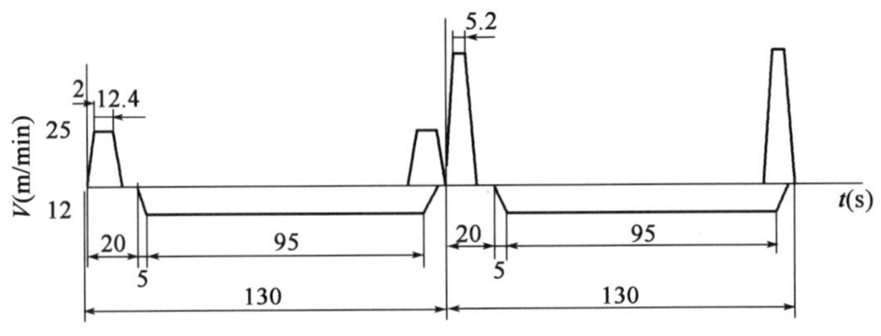

图5.23　作业循环时间图

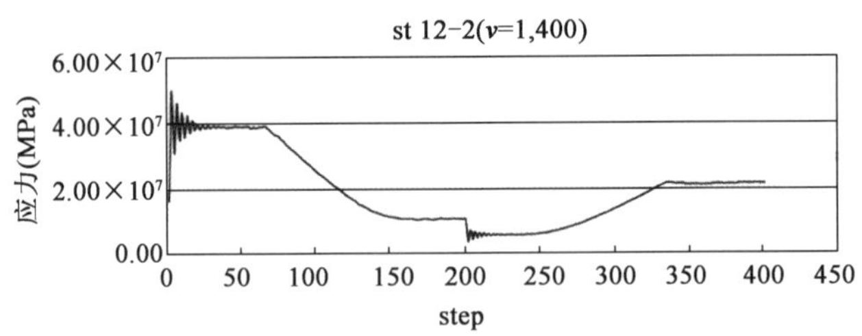

图5.24　跨中应力变化过程图

计算得出：小车在跨中起升瞬间产生的最大应力为 $\sigma=49.6$MPa，与跨中静应力之比为 $\Phi=49.6/39=1.243$。

注：比值 Φ 分子分母求得过程中包括吊重及小车自重，并不是我们在设计中的动力系数 Φ_2。

5.4.4　计算分析与讨论

(1)关于起升动力系数的思考

起重机的设计都以动力系数 Φ_2 计入动力作用，其意义是明确的：即在起吊瞬间，吊重对

结构冲击,与起吊瞬间速度及状态有关,其计算公式(GB/T 3811—2008):

$$\Phi_2 = \Phi_{min} + \beta_2 V_q$$

式中,Φ_{min}为与起升状态级别相对的起升动载系数的最小值;V_q 为起升速度(m/s)。

V_q 值的确定与起升机构驱动控制型式及操作方法有关,规范中明确给出取值的方法。

例如,起升状态级别 HC3、起升机构驱动控制型式及操作方法 H4 时:

$\Phi_{min} = 1.15$,$\beta_2 = 0.51$,$V_q = 0.5V$,$V = 25$m/min,于是:$\Phi_2 = 1.15 + 0.51 \times 0.5 \times 25/60 = 1.256$。

该规范取值与港口装卸设备的主要厂家设计采用的动力系数 1.25 基本一致。按时变系统计算程序计算出小车位于跨中起升时的动力系数为 $\Phi_2 = 1.24$(近似),该理论计算数值与规范取值基本相符(稍小)。

(2)小车不同速度运行产生的动力影响

桥门式起重机小车运行速度越来越高,目前已达到 $V = 200$m/min 以上,因此小车不同速度运行的动力影响是不能忽视的。

轨道式集装箱门式起重机时变系统动态计算的结果见表5.2,阻尼系数=(0.015,0.00)。

运行速度与比值　　表5.2

小车运行速度 V(m/s)	比值 K_d = 时变系统计算动应力/静应力
0.2	1
0.6	1.17
1.0	1.33
1.5	1.423
2.0	1.476

注:K_d:不计桥架自重的动力影响。

从表5.2可以看出:

①小车运行速度小时,由小车运行而产生的动力响应也很小。

②小车运行速度较高时,由小车运行而产生的动力响应迅速增加,如 $V = 1$ 时,$K_d = 1.33$。

③小车运行速度继续增加时,由小车运行而产生的动力响应也继续增加,但增加的速度减缓。

④小车运行速度提高到某一值时,由小车运行而产生的动力响应,将超过在跨中起升的动力响应。

(3)小车运行动力系数的思考

分析认为:设计时只以起升瞬间的动力系数 Φ_2 计算结构的动力响应,是不能包括起重机多种工况的动力影响的,应该对结构不同截面采用不同的方法,有些截面可按起升瞬间的动力响应计算,即用 Φ_2 计算,有些截面则应该按时变系统计入小车运行速度产生的动力响应。两种情况的计算公式也不一样,可区分情况采用下列表达式:

①按起升瞬间的动力响应计算

$$P = \Phi_1 \times G_X + \Phi_2 \times (G_{SP} + G_C)$$

式中,$\Phi_1 = 1.0 \sim 1.1$,$\Phi_2 = \Phi_{min} + \beta \times V_q$。

G_X 为小车自重;G_{SP}为集装箱吊具自重;G_C 为集装箱满载自重。

②按小车运行产生的动力响应计算

因为,这时小车自重、吊具自重及集装箱自重都是移动的质量。

$$P = K \times (G_X + G_{SP} + G_C)$$

式中,K 为小车运行动力系数,即为表 5.2 的 K_d。

现在还不可能给出通用的 K 值,须今后进一步研究及结合大量的测试,以求出起重机的动力系数 K 值,或根据计算数据归纳出简单实用的公式。

(4)门式起重机小车运行动力系数的计算

如何判断该用哪种方式计算结构动力响应呢?

这是个复杂的问题,不过对具体设备结构只需要分析几个典型截面就可以了。以集装箱门式起重机跨中截面为例,研究用哪种方法作为计算动力响应的控制条件。

①首先用一元非线性回归的方法

前述计算出的不同的小车速度及其相应的动静态应力的比值 K,见表 5.2。

把上述计算的数据回归成一个非线性表达式,用最小二乘法回归出 K 与 V 之间的回归表达式为:

$$K = 0.890586 + 0.5620389V - 0.134834V^2 \tag{5.26}$$

式中,V 为小车运行速度(m/s)。

②求 Φ_2 与 K 的关系表达式

$$\Phi_2 = [K \times (\sigma_1 - \sigma_2) - \sigma_3] / (\sigma_1 - \sigma_2 - \sigma_3) \tag{5.27}$$

式中,σ_1 为小车位于跨中时静态计算应力(包括结构自重 σ_2,小车自重应力 σ_3);σ_2 为结构自重在跨中产生的应力;σ_3 为小车位于跨中,小车自重产生的应力;Φ_2 为动力系数。

③求解

由公式(5.27)求 Φ_2 与 K 的对应值,见表 5.3。

Φ_2 与 K 的对应值 表 5.3

Φ_2	K
1.15	1.1782
1.25	1.2363
1.35	1.2943
1.45	1.3524

将 Φ_2 及 K 值代入式(5.26)中,求小车运行速度 V,见表 5.4。

Φ_2、K 与 V 的对应值 表 5.4

Φ_2	K	小车运行速度 V(m/s)
1.15	1.1782	0.601
1.25	1.2363	0.754
1.35	1.2943	0.926
1.45	1.3524	1.129

求出 V 值后,就可以根据上述计算判断出,哪种工作情况产生的动力效应大。

根据上述分析可知：对于该集装箱门式起重机结构，当小车运行速度大于表 5.4 的 V 值时，小车运行产生的动力影响大；当小车运行速度小于表 5.4 的 V 值时，起吊瞬间产生的动力影响大。

本章提出了小车运行动力系数 K 的概念，并建立了小车运行动力系数 K 与起升动力系数 Φ_2 的相互关系表达式。针对具体的集装箱门式起重机，提出了根据小车运行参数计算小车运行动力系数的计算公式，以及判断在何种条件下需要运用时变系统计算方法进行结构动力计算的意见。

第6章 基于虚拟样机的港口起重机结构动力学仿真

6.1 概述

虚拟样机技术(Virtual Prototype Technology)是以机械系统运动学、动力学和控制理论为核心,加上成熟的三维计算机图形技术和基于图形的用户界面技术,将分散的零部件设计和分析技术(如零部件的CAD设计和FEA有限元分析)集成在一起对设计产品进行虚拟性能测试的一种新技术。它是随计算机技术快速发展而发展起来的一种计算机辅助工程技术。采用虚拟样机技术,可以分析不同的设计方案,并获得样机模型整机系统的优化方案。采用该技术还能够进行系统极端工况的试验,如安全性能的测试等。

国外虚拟样机相关技术的软件化过程已经完成,主要有韩国FunctionBay公司的RecurDyn,美国机械动力公司的ADAMS,CADSI的DADS,德国航天局的IMPACK,其他的还有Working Model、Folw3D、I-DEAS、Phoenics、ANSYS、Pamcrash等。ADAMS(Automatic Dynamic Analysis of Mechanical System)软件是由美国机械动力公司开发的机械系统动力学分析软件。ADAMS软件可以自动生成包括机—电—液一体化的、任意复杂系统的多体动力学数字化虚拟样机模型,为用户提供从产品概念设计、方案论证、详细设计到产品方案修改、优化、试验规划甚至故障诊断各阶段、全方位、高精度的仿真计算分析结果。ADAMS与先进的CAD软件(UG. Pro/E)以及CAE软件(ANSYS)可以通过计算机图形交换格式文件相互交换以保持数据的一致性。韩国的Function Bay公司开发的RecurDyn软件,不仅提供了针对大型多刚体模型所需的递归算法,也增加了针对大型有限元多柔体(MFBD)模型的SMP并行求解。RecurDyn还开发了以运动中的接触、大变形和其他非线性为仿真目的的MFBD有限元柔性体算法,计算精度因此得到了较大的提升。Recur Dyn与先进的CAD软件(UG. Pro/E)以及CAE软件(ANSYS)可以通过计算机图形交换格式文件相互交换,以保持数据的一致性。

在国内,虚拟样机技术的应用研究才刚刚开始。应用主要集中于以现有的软件为开发平台,集成多种软件的应用,对机械结构的局部或整体工作过程动作和受载情况的动态仿真。如飞机动力学虚拟样机研究,它以飞机六自由度非线性全量动力学、运动学方程和其他航空电子系统为基础,对飞机总体性能进行概念设计、方案论证和总体设计的虚拟原型系统仿真等。

6.2 虚拟样机的建立

6.2.1 模型构成与仿真内容

以一台 30.5t 轨道式集装箱门式起重机为样机(见第 5 章图 5.3),建立相应的力学计算模型,以 ANSYS 有限元分析软件、PRO/E 三维设计软件和 Recur Dyn 多体动力学分析软件为平台,从三维角度对门式起重机在起升和运行工况下的动力特性进行分析[28,29]。主要内容包括:

(1)建立轨道式集装箱门式起重机的动力学虚拟样机模型

将整机划分为几个子部件,分别建立各子部件的模型,对各部件进行耦合和约束,形成一个完整的动力学虚拟样机模型,动力学虚拟样机模型的建立是整个动力学仿真分析的基础。

(2)对起升工况进行虚拟样机动力学仿真

对起升工况进行动力学仿真,可直观地观察起升过程中门架的应力云图动画和变形云图动画,并在后处理中分析门架各位置的动应力曲线和动变形曲线。

(3)对小车运行工况进行虚拟样机动力学仿真

对小车运行工况进行动力学仿真,可直观地观察小车运行过程中的应力云图动画和变形云图动画,并在后处理中分析门架各位置的动应力曲线和动变形曲线。

6.2.2 刚柔耦合的动力学虚拟样机建模

机械系统中的柔性体对系统的动态性能有很大的影响。严格地说,任何一种机械结构都是柔性体,但是在进行系统动态分析的时候,有些结构在外部载荷的作用下变形相对较小,可以忽略不计。由于动载荷的存在,使得柔性体产生结构变形,从而影响整个系统的动态特性。在本节研究的门机中,由于门架结构中的主梁和支腿的结构长度远大于截面尺寸,构件的刚度小,受外部载荷影响较大,在建模的过程中,作为柔性体处理。而对于大车行走机构,由于其截面大,强度和刚度都比较大,因此作为刚性体处理。对于小车的车架,其承受的载荷大,且截面尺寸较小,刚度较小,按理应该按照柔性体处理,但本节主要研究门架结构的动态性能,并且考虑到仿真的时间和模型的复杂程度,因此把小车作为刚性体处理。吊具和集装箱亦作为刚性体处理。

(1)柔性体模型

运用有限元分析软件 ANSYS,建立门架的柔性体模型(生成 8600 个单元和 7612 个节点),如图 6.1 所示。采用建立刚性节点的方法解决柔性体与其他外部构件之间的连接问题。通过生成.cdb 中性文件,可以导入 Recurdyn 中。

图 6.1　门架的柔性体模型

(2)刚性体模型

将大车系统、小车系统、吊具和集装箱在 Pro/E 实体设计软件中创建三维实体模型,将模型保存为 IGES 文件,导入到 Recurdyn 中,作为刚性体部件,如图 6.2 所示。对刚性体部件的几何形状做了简化处理,但是保留了其对动力学仿真有影响的质量、惯性矩等物理属性,因此并不影响整机的动力学分析结果。

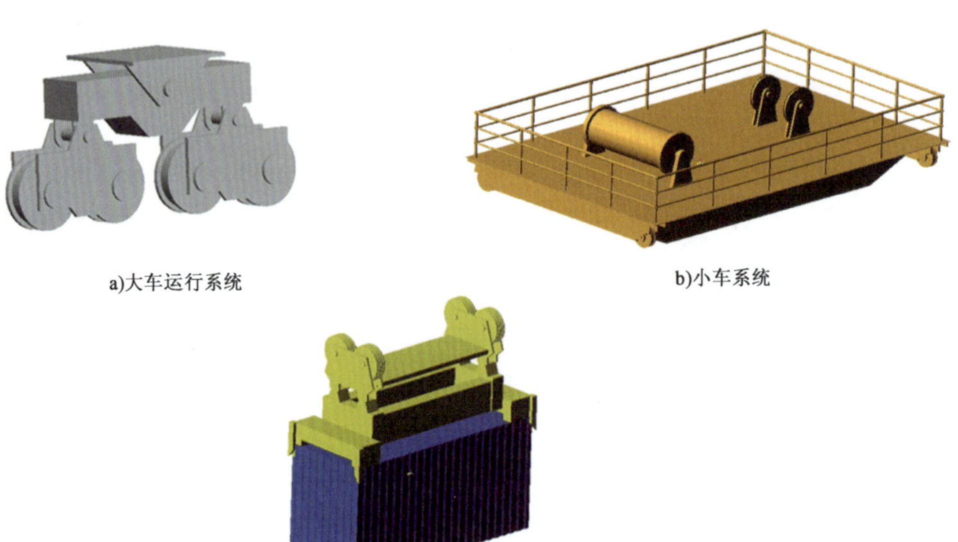

a)大车运行系统　b)小车系统　c)吊具和集装箱

图 6.2　刚性体模型

(3)刚柔耦合模型

在 Recurdyn 软件中,一个系统需要通过给定约束,来限制构件之间的某些相对运动,并以此使模型中各个独立的部件联系起来形成有机的整体,才能最后完成它的模拟仿真。因此,将有限元分析软件 ANSYS 建立的柔性体模型与三维设计软件 PRO/E 建立的刚性体模型导入动力学分析软件 Recurdyn 中,施加约束、荷载以及运动函数,得到整机的虚拟样机模型,如图 6.3 所示。

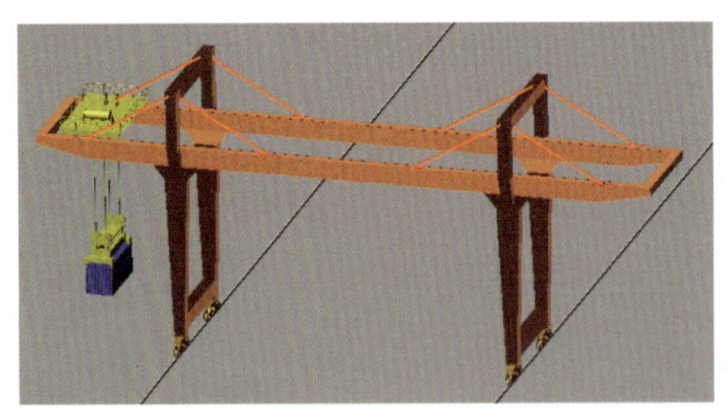

图 6.3　刚柔耦合虚拟样机模型

各部件的约束关系由表 6.1 给出。

起升工况的约束关系　表 6.1

序号	约束部件	约束类型(Joints)	序号	约束部件	约束类型(Joints)
1	大车系统与大车轨道	Fixed	4	小车与钢丝绳	Spherical and Rotational Spring
2	大车系统与门架	Fixed	5	钢丝绳上段与钢丝绳下段	Translational
3	门架与小车	Contact and Translational	6	钢丝绳与集装箱	Spherical

6.3　起升工况的动力学仿真

起重机在起升工况的起制动过程中，机构和结构承受着强烈的冲击振动，这种冲击振动产生的动荷载在起重机的工作过程中是必须加以考虑的。传统设计中，都是将起重机设计中的动态问题简化为静态问题来处理，即采用一个动载系数来考虑这种动态荷载，其最大的缺陷是不能够较为准确地反映起重机实际工况的动态性能。

若采用动力学理论对实际的机械系统进行分析，则需要将机械系统简化成为理想化的“系统模型”，对各机构的质量进行推算，对结构的刚度系数进行设定，把系统简化成由弹性件连接起来的多质量系统，建立其动力学模型。但缺点是质量推算不够准确，机械结构的刚度系数不易设定，且推算过程复杂。

采用刚柔耦合虚拟样机对起升工况进行动力学仿真，并设定不同的起制动加速度，可以较准确地得到起重机起制动过程中的动荷载，从而保障机构和结构的安全和稳定。

起重机的荷载一般主要由静荷载、惯性荷载与振动荷载组成。静荷载就是起重机在平稳运动状况下所受的荷载。在起动及制动过程中，起重机各部分除静荷载外，还受着惯性荷载。加速度愈大，惯性力愈大。以上这两项荷载构成了起重机构件中的基本荷载，也就是当构件为理想刚性状态下的荷载。由于起重机各部分不是绝对刚性的，而是弹性系统，因而在上述基本荷载上，还叠加了按一定频率变化的振动荷载，它提高了起重机各部分的应力峰值。起重机起升钢丝绳在起动过程中的张力就是这样的，如图 6.4 所示。

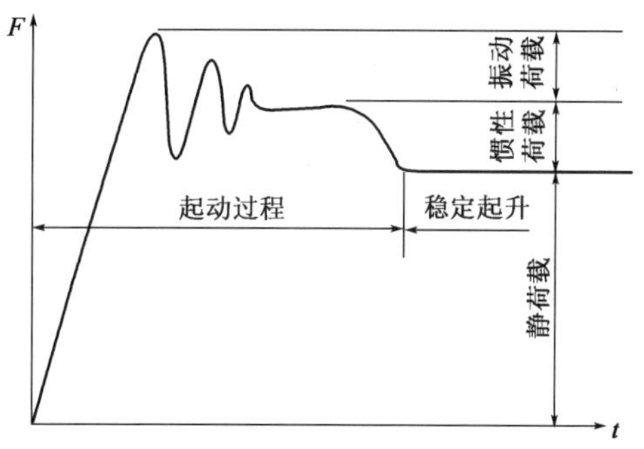

图 6.4　动荷载理论曲线

6.3.1　跨中起升的动力学仿真

(1)跨中起升的工况

工况一：在跨中起升，起升速度为 25m/min，起制动时间为 1s；

工况二：在跨中起升，起升速度为 25m/min，起制动时间为 1.5s；

工况三：在跨中起升，起升速度为 25m/min，起制动时间为 2s。

(2)跨中起升工况的运动函数

三种跨中起升工况的区别是，起制动的加速度不同。考虑到离地起升与空中起升有所不同，因此将起升过程分为两个阶段，设定其运动过程为：

离地起升起动—匀速起升—起升制动—空中起升起动—匀速起升—起升制动。

对三种工况施加运动函数，可得三种起升工况的速度和加速度曲线，如图 6.5 所示。

(3)跨中起升工况仿真后处理

对虚拟样机施加约束和运动函数后，对跨中起升工况进行动力学仿真。仿真结束后，在后处理中可以输出集装箱在跨中起升时，门架上各位置的时变应力、时变变形、各部件的相互作用力、各部件的位移、速度、加速度等。并且可以直观地观察到起升过程的仿真动画,动画中包括起升工作过程,门机的应力云图动画和变形云图动画。以下是后处理中的输出结果。

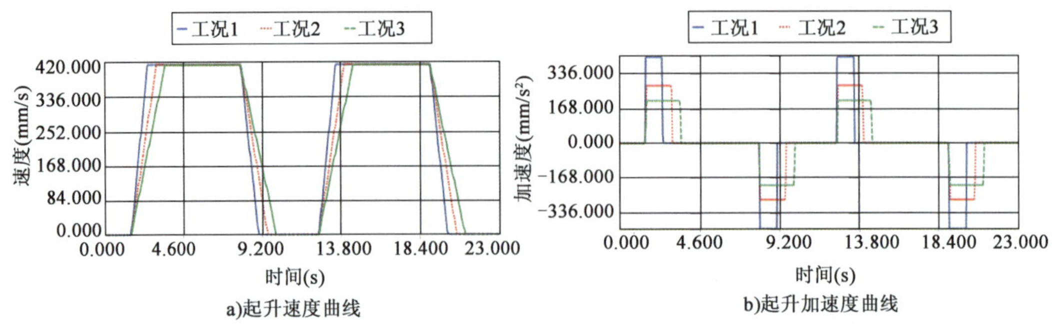

图6.5 起升工况的运动函数曲线

①钢丝绳的张力曲线

为了减小计算的复杂性,将门机中的钢丝绳模型进行简化,不进行卷筒建模,只考虑钢丝绳所受的轴向拉力,简单地用一个弹簧阻尼器(Spring)来模拟钢丝绳的动力学性能。通过计算,对弹簧阻尼器赋予一定的刚度和阻尼属性,模拟钢丝绳的动力学性能。在图6.6中,显示了三种起升工况中钢丝绳的张力曲线。

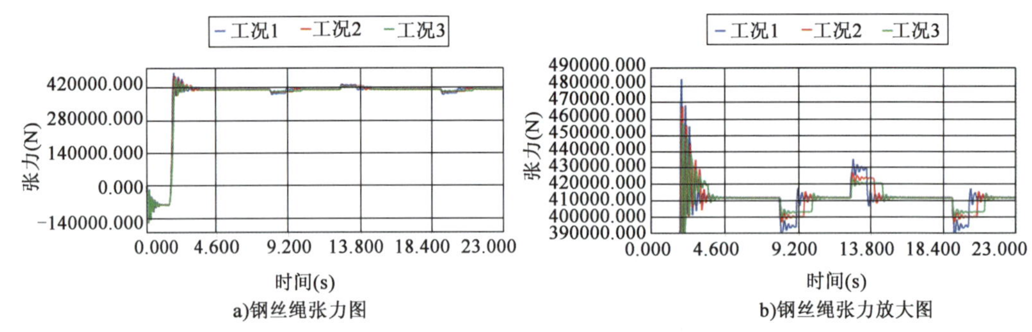

图6.6 钢丝绳张力曲线

由图6.6可知,在集装箱离地之前,随着集装箱与地面之间接触力的减小,钢丝绳所受的张力逐渐增大,当集装箱离开地面的瞬间,钢丝绳承受较大的冲击力,通过对比钢丝绳的最大张力与集装箱的重量,可以计算出钢丝绳所承受的动载系数。另外,从曲线可知,在起升制动和空中起升的瞬间,钢丝绳也承受了冲击力,但显然都小于离地起升时的冲击力。

表6.2列出了三个起升工况中,集装箱的离地时间、钢丝绳的最大张力以及动载系数。

三种起升工况的钢丝绳动载系数　　表6.2

工　况	工况1	工况2	工况3
离地时间(s)	1.791	1.851	1.901
钢丝绳最大张力(kN)	484.4	467.2	457.2
离地起升的动载系数	1.17	1.13	1.11
空中起升的动载系数	1.058	1.037	1.036
制动的动载系数	1.014	1.009	1.007

②时变应力

在后处理输出的仿真结果中,可得集装箱在主梁跨中起升工况中门架的时变应力云图动画以及各节点的时变应力历程曲线。

图6.7为跨中起升工况二中某一时刻的应力云图,从动画中可观察到起升过程中的应力变化情况,显然主梁跨中的应力最大。

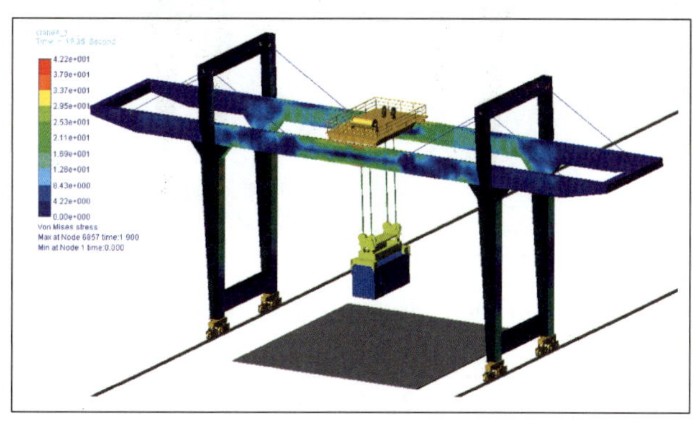

图6.7　起升工况二的某时刻应力云图

图6.8为三种起升工况中,主梁跨中节点node-6435的时变应力历程曲线。

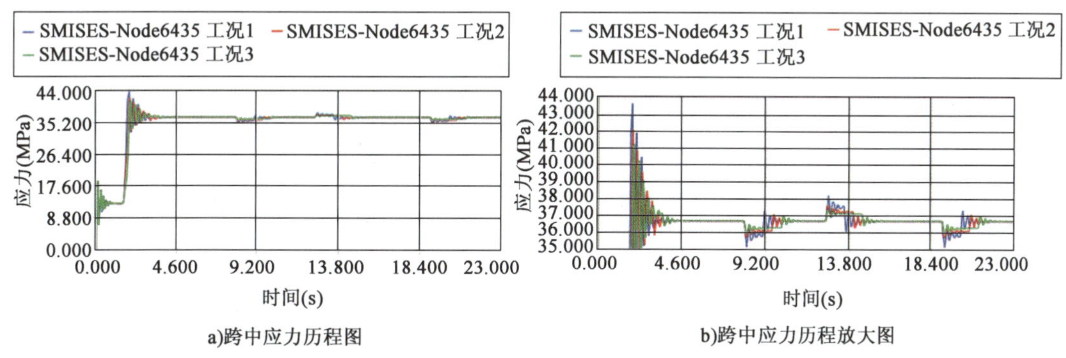

图6.8　三种跨中起升工况的主梁跨中点的应力曲线

由三种起升工况的应力曲线可知,在离地起升起动、空中起升起动及制动时,应力曲线都会产生波动。表6.3列出了起制动时主梁跨中的应力,K为起制动时动应力与静应力的比值(静应力为36.67MPa)。显然,起制动时间越短,对主梁的冲击越大。

三种跨中起升工况的最大应力　　表6.3

工　况	工况1	工况2	工况3
最大应力(MPa)	43.69	42.15	41.21
离地起升的 K 值	1.19	1.15	1.12
空中起升的 K 值	1.04	1.03	1.02
制动的 K 值	1.017	1.011	1.008

③时变变形

在后处理输出的仿真结果中,可得集装箱在跨中起升工况中的门架时变变形云图动画以及各节点的时变变形历程曲线。图 6.9 为起升工况二中某一时刻的变形云图,从动画中可观察到起升过程中的变形变化情况。

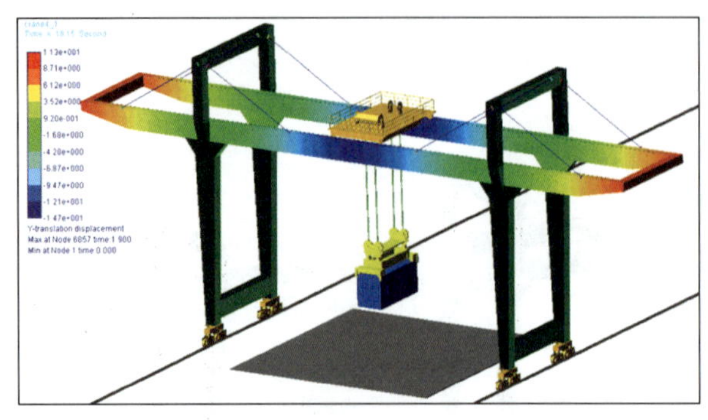

图 6.9 起升工况的某时刻变形云图

图 6.10 为三种起升工况中,门架跨中节点 Node-6435 的时变变形历程曲线。

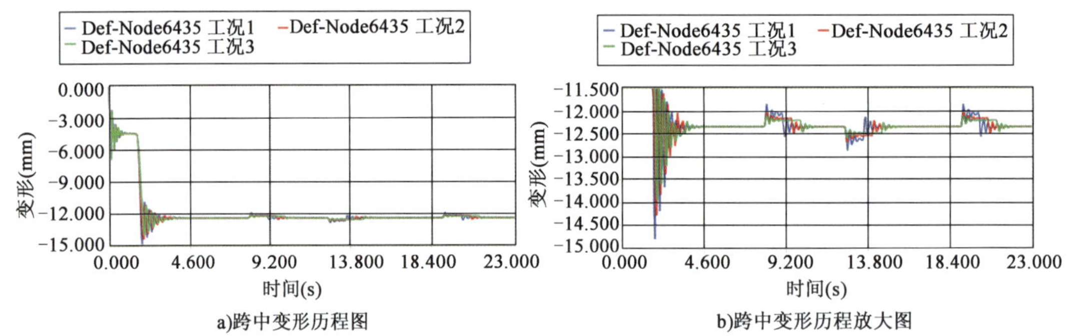

a)跨中变形历程图　b)跨中变形历程放大图

图 6.10 三种起升工况主梁跨中变形

由三种跨中起升工况的变形曲线可知,在离地起升起动、空中起升起动及制动时,变形曲线都会产生波动。表 6.4 列出了起制动时主梁跨中的最大变形(最大挠度)。

三种起升工况的最大挠度 表 6.4

工况	工况 1	工况 2	工况 3
跨中最大挠度(mm)	14.81	14.26	13.94

(4)跨中起升工况的计算分析

①通过对跨中起升工况的仿真,可输出钢丝绳承受的张力曲线,即起升过程所受的动载荷。

分析动载荷曲线可知,在离地起升起动时,动载荷最大。通过三种起升工况的对比,起动时间越短(即加速度越大),钢丝绳所承受的动载系数 Φ_2 越大,具体数值见表 6.5。

钢丝绳动载系数 表 6.5

工况	工况 1	工况 2	工况 3
钢丝绳最大张力(N)	484405	467160	457246
离地起升的动载系数 Φ_2	1.17	1.13	1.11

传统起重机的设计都以动载系数 Φ_2 计入动载作用，其计算公式（GB/T 3811—2008）：

$$\Phi_2 = \Phi_{2\min} + \beta_2 v_q$$

式中，$\Phi_{2\min}$ 为与起升状态级别相对的起升动载系数的最小值，规范中有取值方法；v_q 为起升速度（m/s），v_q 值的确定与起升机构驱动控制型式及操作方法有关，规范中有取值方法。其最高值 $v_{q\max}$ 发生在电动机空载起动（相当于此时吊具、重物及完全松弛的钢丝绳都放置在地面上），且吊具及重物被起升离地时，其起升速度已达到稳定起升的最大值；β_2 为由起升状态级别设定的系数，规范中有取值方法。

设定该起重机的起升状态级别为 HC3，起升机构驱动控制型式及操作方法为 H4。

$$\Phi_{2\min} = 1.15, \beta_2 = 0.51, v_q = 0.5v, v = 25\text{m/min}$$

则，

$$\Phi_2 = \Phi_{2\min} + \beta_2 v_q = 1.15 + 0.51 \times 0.5 \times 25/60 = 1.256$$

规范中的动载系数值比仿真工况中的动载系数值稍大（10% 左右），表明传统设计是安全的。

②通过对跨中起升工况的仿真，可直观地观察起升过程门架的应力云图动画，而且可以输出跨中起升工况中的各位置的应力历程曲线。

分析应力历程曲线可知，在离地起升起动时，跨中的应力达到最大值。通过三种起升工况的对比，起制动时间越短（加速度越大），门架的应力波动越大，动应力与静应力的比值 K 也越大，具体数值见表 6.6。

离地起升动态系数　　表 6.6

工况	工况 1	工况 2	工况 3
最大应力（MPa）	43.69	42.15	41.21
离地起升的 K 值	1.19	1.15	1.12

此处的 K 值并不是传统计算中的 Φ_2 值，因为应力中包括了门架自重和小车自重产生的应力。

③通过对跨中起升工况的仿真，可直观地观察起升过程门架的变形云图动画，而且可以输出跨中起升工况中的各位置的变形历程曲线。

分析变形曲线可知，在起制动时变形较大，主梁跨中的最大挠度为 14.81mm，门机跨度为 30m，满足规范要求。

6.3.2　悬臂梁起升工况的动力学仿真

分析采用的集装箱门式起重机样机是双悬臂形式，悬臂梁的有效长度为 8m，因此也对悬臂梁起升状态进行仿真。

（1）悬臂梁起升工况及其运动函数

因在上节中已对不同加速度起升进行了对比分析，因此，本节对悬臂梁起升仅设定一种工况。

设定悬臂梁起升工况的起升速度为 25m/min，起制动时间均为 1.5s，运动过程为：离地起升起动—匀速起升—起升制动—空中起升起动—匀速起升—起升制动，速度曲线如图 6.11 所示。

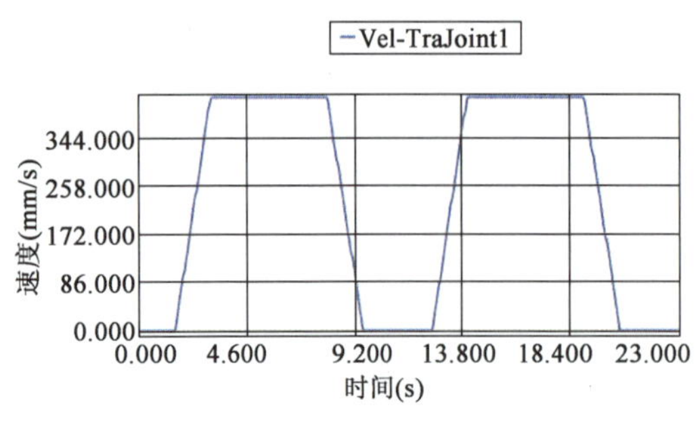

图 6.11　悬臂梁起升工况的速度曲线

(2)悬臂梁起升工况仿真后处理

①钢丝绳张力曲线

由于悬臂梁起升工况与上节中的跨中起升工况二的起重量、运动函数都相同,因此钢丝绳张力曲线和动载系数也相同,此处就不再叙述。

②时变应力

在后处理输出的仿真结果中,可得集装箱在悬臂梁起升工况中门架的时变应力云图动画以及各节点的时变应力历程曲线。图 6.12 为悬臂梁起升工况中某一时刻的应力云图。

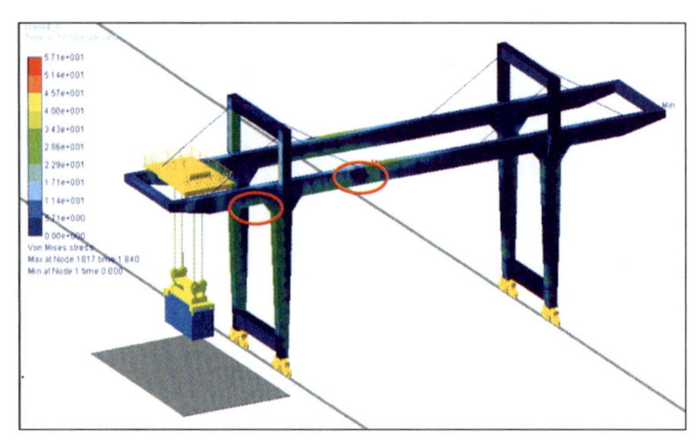

图 6.12　悬臂梁起升工况的某时刻应力云图

观察应力云图动画可知,主梁与斜拉杆连接处节点 Node-1801 的应力最大,悬臂梁根部应力也比较大,如图 6.12 中标记。

图 6.13 为主梁与斜拉杆连接处节点 Node-1801 的应力历程曲线。

由曲线可知,在离地起升的瞬间,应力曲线产生较大波动,最大应力为 57.148MPa,匀速起升时的应力为 50.148MPa,因此动应力与静应力的比值 $K=1.14$。

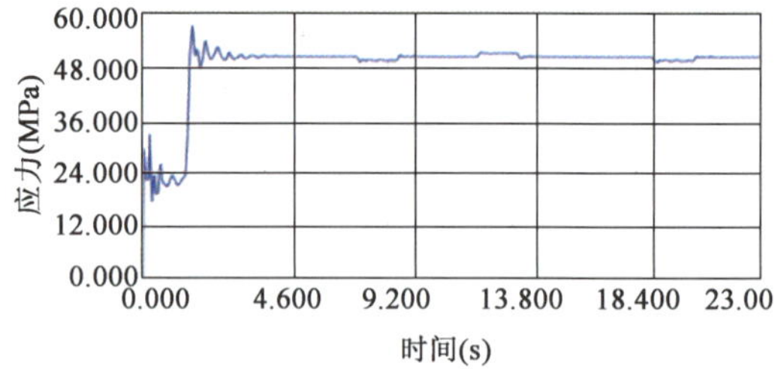

图 6.13　悬臂梁起升工况最大应力点应力曲线

③时变变形

在后处理输出的仿真结果中,可得集装箱在悬臂梁起升中门架的变形云图动画以及各节点的时变应力历程曲线。图 6.14 为悬臂梁起升工况中某一时刻的变形云图。

观察变形云图动画可知,悬臂梁端部变形最大,最大变形为 21.9mm。由于悬臂梁的有效长度为 8m,图 6.15 为悬臂梁 8m 处的节点 Node-4921 的变形历程曲线。

由悬臂梁变形曲线可知,悬臂梁有效端 8m 处的挠度为 12.66mm。

(3)悬臂梁起升工况计算分析

①通过对悬臂梁起升工况的仿真,可输出钢丝绳承受的张力曲线,即起升过程所受的动载

荷。分析动载荷曲线可知,在离地起升起动时,动载荷最大。

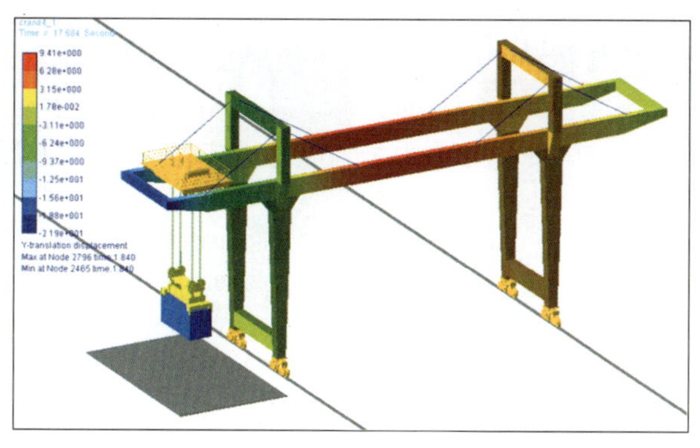

图6.14 悬臂梁起升工况的某时刻变形云图

②通过对悬臂梁起升工况的仿真,可直观地观察起升过程门架的应力云图动画,而且,可以输出悬臂梁起升工况中的各位置的应力历程曲线。

分析应力历程曲线可知,在离地起升起动时,应力达到最大值,最大应力为57.148MPa,与匀速起升时应力的比值K为1.14,发生在斜拉杆与主梁连接处。另外,悬臂梁根部的应力也较大。

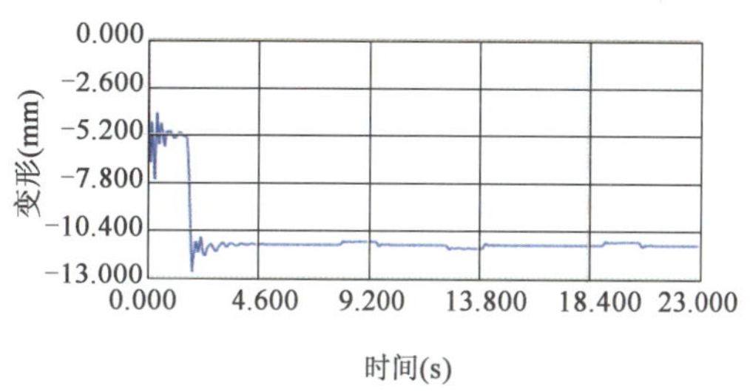

图6.15 悬臂梁起升工况悬臂梁变形曲线

③通过对悬臂梁起升工况的仿真,可直观地观察起升过程门架的变形云图动画,而且,可以输出悬臂梁起升工况中的各位置的变形历程曲线。

分析变形曲线可知,在起制动时变形较大,悬臂梁有效端的最大挠度为12.66mm,悬臂梁有效长度为8m,满足规范要求。

6.4 小车运行工况的动力学仿真

随着港口装卸设备日益向大型化发展,起重量越来越大,运行小车的自身质量也越来越大,因此,移动质量对起重机结构的影响已不容忽视。对小车运行进行仿真,可得到小车运行整个过程中整机金属结构各位置的时变性能曲线,例如时变应力曲线、变形曲线等,有利于提高港机整体结构性能,改善工作特性,保证整机结构的安全性。

(1)小车运行工况的运动函数

设定小车运行速度为120m/min,启动时间和制动时间均为5s,小车从门架的左悬臂梁端运行到右悬臂梁端,运行过程是:加速—匀速—减速,运动函数如图6.16所示。

(2)小车运行工况仿真后处理

对小车运行工况进行仿真可以得到多个仿真结果,包括各部件的时变位移、门架的动应力、动变形,以及各连接件之间的相互作用力的时间历程曲线等,并且可以直观地观察在小车运行过程中,门架结构的应力云图动画和变形云图动画。

①集装箱摆动产生的水平力

在小车与钢丝绳之间施加转动弹簧阻尼器,可使集装箱的摆动幅度逐渐衰减,本模型中为了使摆动较为明显而易于观察,将集装箱处于地面以上5m处。由图6.17可知,最大水平力为28.4kN,而小车和集装箱对门架的竖直力为705.6kN,因此水平力对门架的影响很小。

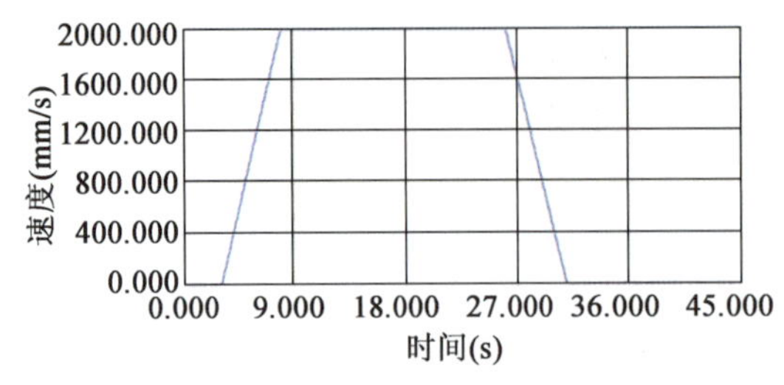

图6.16 小车运行速度

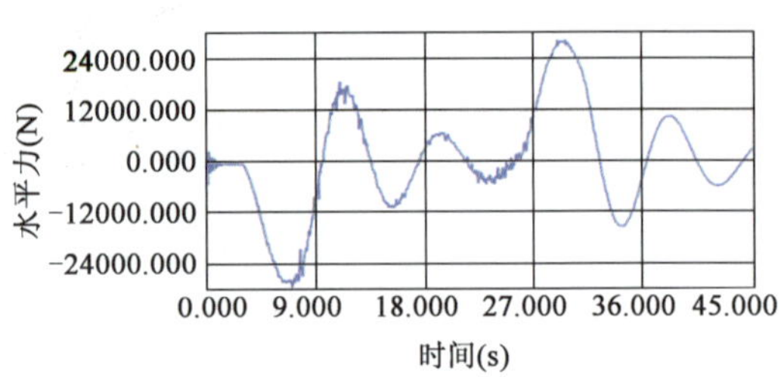

图6.17 集装箱摆动的水平力

②时变应力

在仿真后处理输出的结果中,可获得门架在小车运行工况中的时变应力云图动画以及各节点的时变应力历程曲线。图6.18为小车运行工况中某一时刻的应力云图,从动画中可观察到小车运行过程中的应力变化情况。

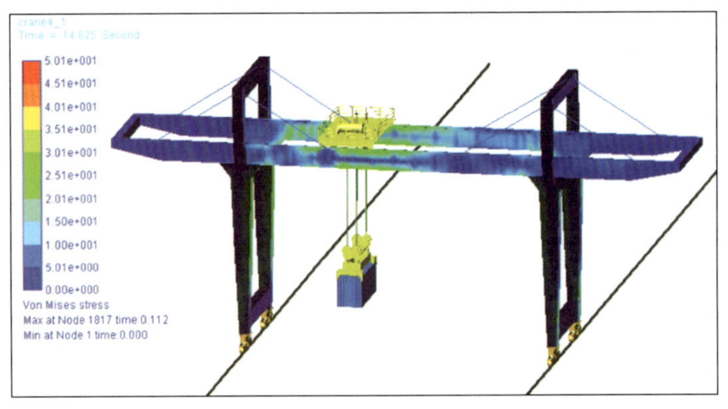

图6.18 小车运行工况的某时刻应力云图

图6.19中标注了四个位置,分别是跨中位置7、主梁和斜拉杆连接处5、悬臂梁端部2以及悬臂梁根部16,图6.20是这四个位置小车运行过程的应力历程曲线。

由位置2的应力曲线可知,最大应力发生在小车运行通过该位置的时刻;而当小车运行通过支腿上端时,该点的应力达到最小。

由位置16的应力曲线可知,该位置的最大应力发生在小车运行在左悬臂端时;而当小车运行通过支腿上端时,该点的应力达到最小。

由位置5的应力曲线可知,当小车运行通过位置5时,位置5的应力较大;而该位置的最大应力发生在小车运行在左悬臂端时;而当小车运行通过支腿上端时,该点的应力达到最小。

由位置7的应力曲线可知,该位置的最大应力发生在小车运行到跨中时。

通过仿真可以输出门架上所有节点的应力曲线,通过分析图6.20中四个典型位置的应力曲线，可知这些曲线都较真实合理地反映了小车运行过程中门架金属结构的应力变化过程。

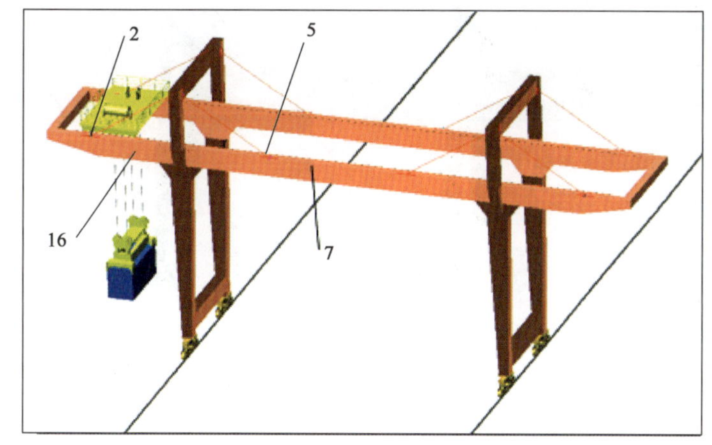

图 6.19　四个典型位置

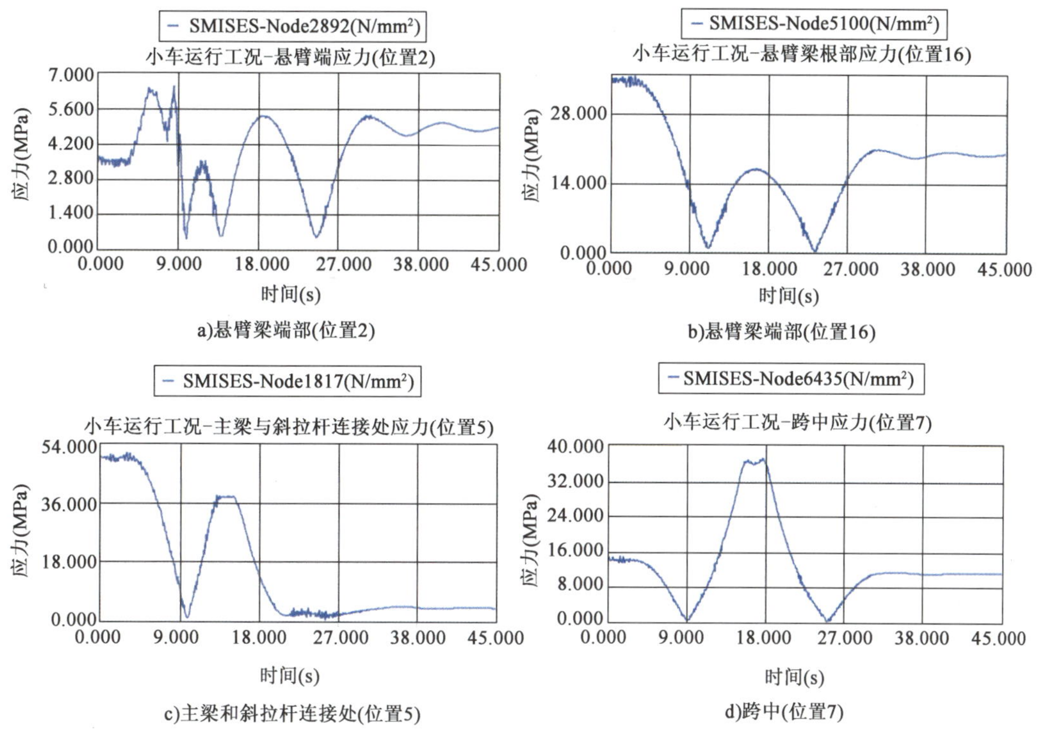

图 6.20　四个典型位置的应力曲线

③时变变形

在后处理输出的仿真结果中，可获得门架在小车运行工况中的变形云图动画以及各节点的时变变形历程曲线。图 6.21 为小车运行工况中某一时刻的变形云图，图 6.22 为跨中位置和悬臂梁的变形历程曲线。

由图 6.22 可知，小车运行过程中，跨中的最大变形为 12.3mm，发生在小车运行到跨中时。有效悬臂端的最大变形为 10.6mm，发生在小车运行在悬臂端时。

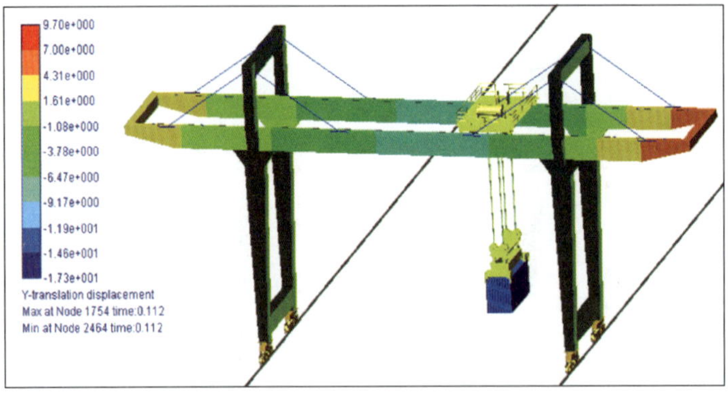

图 6.21　小车运行工况的某时刻变形云图

a)跨中位置　　b)悬臂梁

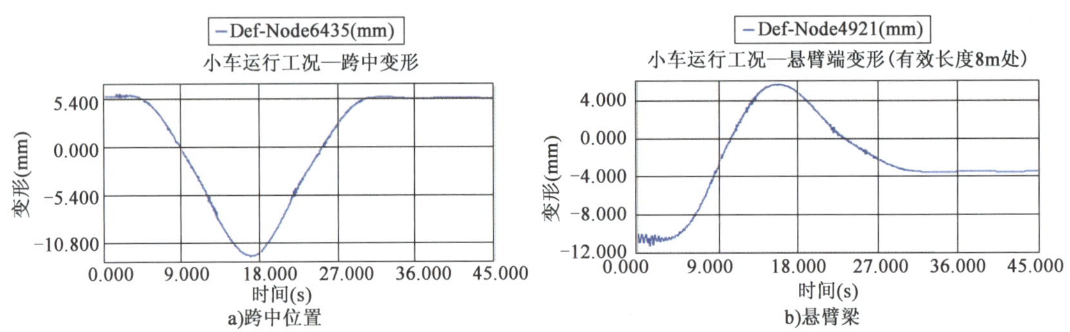

图 6.22　跨中位置和悬臂梁的变形历程曲线

(3)小车运行工况的计算分析

①通过对小车运行工况的仿真,可以输出集装箱的摆动水平力历程曲线,即小车运行过程中水平动载荷。

分析水平动载荷曲线可知,在小车运行起动和制动时,产生的水平摆动力最大。

②通过小车运行工况的仿真,可直观地观察小车运行过程门架的应力云图动画,而且,可以输出小车运行工况中各位置的应力历程曲线。

③通过小车运行工况的仿真,可直观地观察小车运行过程门架的变形云图动画,而且,可以输出小车运行工况中各位置的变形历程曲线。

第7章 起重机操作训练中的计算机模拟技术

7.1 概述

实现货物高效、安全和经济地装卸运输是现代化港口运营的主要目标。要实现这一目标,先进的港口装卸设备和熟练的操作人员是不可缺少的。一方面是港口装卸设备向大型化、高效化和自动化方向发展,高新技术的应用和更新换代不断加快;另一方面又要求机上操作人员具有熟练的操作技能,使设备能高效、安全地运行。

应用仿真模拟器训练驾驶员,是开展人员培训的快速、安全、经济的方法和手段。在早期,用于操作培训的仿真模拟器主要应用于航天、航空、航海以及军事等高端领域,其中飞行驾驶模拟器在航空领域教学训练中发挥了重要作用,极大地提高了飞行员训练的经济性、安全性。目前,用于汽车驾驶员训练的汽车仿真模拟器已为大众所认识,已成为培训汽车驾驶员的重要设备之一。应用港口起重机操作模拟器培训港口装卸设备作业人员,可以使培训工作不依赖实机作业,不需要在船舶靠港和货物装卸的情况下进行,减少货损、机损和船损,降低培训费用,缩短培训周期。计算机操作模拟训练器对初级人员的培训尤为有效。

在国外,港机仿真操作模拟器作为港口起重机驾驶员培训的仿真训练设备得到了快速发展,已成为国外大型港口培训港机驾驶员的主要设备[30]。1989 年,美国 Digitran 公司开发出国际上第一个真正意义上的港机仿真模拟器。该模拟器以计算机虚拟技术为基础,应用三维动画模拟装卸船过程,并带有一定的振动感觉。样机用于美国的 PMA(Pacific Maritime Association),其船舶、码头等背景图像主要采用美国长滩港的现场录像。后相继使用于美国长滩港、加拿大温哥华港、新加坡港、印度尼西亚 Tanjung Priok 港、马来西亚 Johor 港和法国 Le Haver 港等。1990 年代后期,美国 Globalsim 公司和 MPRI Ship Analytics 公司、挪威 Hitec-O 公司、英国 TSI 公司、加拿大 Simlog 公司等相继开始生产港机仿真模拟器。MPRI Ship Analytics 公司是国际上生产港机仿真模拟器的主要厂家。1997 年,该公司以股权转让方式兼并了 Digitran 公司,同时以 Ship Analytics 和 Digitran 商标生产港机仿真操作模拟器。MPRI 公司仿真模拟器模拟的机型包括:岸边集装箱起重机、轮胎式集装箱起重机、跨运车、码头门座起重机、船上门式起重机、船用旋转式甲板起重机、海洋钻井平台用起重机、建筑用塔式起重机、带有液压伸缩臂架的汽车起重机、桁架型臂架的轮胎起重机等十余种起重机。我国上海、深圳、天津等地相继使用该公司的仿真模拟器培训港机驾驶员,取得了较为显著的实绩。

美国 Globalsim 公司是从 20 世纪 90 年代后期开始生产仿真模拟器。从开发初始,Globalsim 公司坚持走标准 PC 机控制模式,在提高设备兼容性、维护性的同时,降低了系统造价,也为其技术升级奠定了好的基础。该公司的产品分为 3 种模式:

标准型:根据用户需求提供不同的模拟机型和控制型式,可以模拟岸边集装箱起重机、轮胎式集装箱起重机、集装箱正面吊运机、集装箱叉车、跨运车、门座起重机、高架式轮胎起重机、浮式起重机、塔式起重机、带有液压伸缩臂架的汽车起重机等十余种起重机。运动系统采用电动推杆方式,分别设置3、4、6个自由度的振动响应,反映驾驶室的振动感觉。按照需求,配套相应的操作台系统、培训系统、音响系统等。系统可以装在集装箱内,在不同的地点进行操作训练。图7.1为Globalsim公司流动型仿真模拟器。

a)流动型模拟器图

b)流动型模拟器内部

图7.1　Globalsim公司流动型仿真模拟器

简化型:简化掉相应的振动系统,降低成本。

便携型:将控制系统集成在一套可以随身携带的控制箱内,具备起重机的主要操作功能,随时随地可以进行简单的演示和操作。

挪威Hitec-O公司原为生产海洋钻井平台控制系统的专业厂家。1990年代中期,开发了用于培训钻机操作者的模拟器,1999年,生产了第一套港机仿真模拟器。挪威Hitec-O公司模拟器可以模拟岸边集装箱起重机、门座起重机、门式起重机、跨运车等港口起重机。2002年,该公司为荷兰鹿特丹船舶运输学院(STC)生产了2套起重机模拟器,其中一套模拟器,除具有通常的操作、控制、振动、声音以及教学等功能外,采用特殊的穹型投影,全面覆盖模拟器驾驶室,形成360°方向全视景显像,这是国际上第一个三维全景虚拟模拟的起重机模拟器(图7.2)。

图7.2　Hitec-O公司的模拟器

国内在20世纪90年代提出开发港机仿真模拟器,但是受资金与技术的限制,其开发一直停留在方案阶段。2004年,交通部水运科学研究院开发出了我国第一台应用计算机虚拟技术、以六自由度液压伺服系统控制平台运动的港机仿真模拟训练器(图7.3)。该仿真模拟器以先进的计算技术为基础,应用自动控制技术、数据传感与采集技术、液压伺服控制技术、三维动画模拟与仿真技术,具备了国际先进港机仿真模拟器的功能特点,并符合我国通常的教学培训方法与模式[31]。

WTI-A 仿真模拟器主要特点包括：

(1)按港口实际设计场景,三维动画模拟前沿装卸船和堆场装卸车过程,景象逼真；

(2)六自由度液压伺服振动台模拟司机室振动感觉,动感强；

(3)采用微型计算机控制,通用性强,易于学习、便于管理；

(4)必要的环境条件,如白天、夜晚工作状况及阴、雨、雪、雾、风等天气条件任意选择；

(5)充分的教学系统,包括档案管理、教学、训练、考核,功能丰富；

图 7.3　WTI-A 港机仿真模拟器

(6)在教练室实时监控学员操作,根据需要可以对典型操作过程进行记录、回放；

(7)计算机无纸化考试和实际操作考核相结合,真实反映学员的学习水平；开放式题库设计,用户可以根据需要自己设置教学考试题；

(8)采用标准联动控制台,操作手柄及面板布置与实际完全相同；

(9)大车运行、小车运行、起升采用主令控制器,可单独动作和联合动作,吊具控制、减摇控制、装—卸船半自动化操作控制等一应俱全,均可进行模拟训练；

(10)可以根据要求,在保证装卸过程仿真模拟的基础上,进行振动平台系统简化,满足用户的经济性要求。

仿真模拟器的应用并不局限于大型重点港口,其在广大中小港口都具有现实应用价值。据国外公司统计,传统的训练方法完成一项专业的培训工作,需要花费 4h,而通过仿真模拟器训练,1h 即可掌握该项工作技能,效率提高达到 400%。

7.2　系统功能与构成

总体布置上,港机模拟器一般采用投影机投影、平面镜反射、背投屏幕映像的方式,在比较小的训练空间内实现大屏幕的显像,满足学员训练操作的视角要求。学员在驾驶室看到的是比较真实的港口现场实景,操作的是比较真实的控制手柄和按钮,学员按照训练要求完成各种操作,不规范操作造成的后果可以根据现场实际真实的显现出来。教练员在控制室内,对学员的操作显示图像、吊具运行轨迹、面板控制情况等实时监控,及时发现问题,并根据需要对典型操作过程进行计算机记录。其记录不影响学员的操作训练。教练员可以在训练结束后,将记录的操作过程回放给学员看,具体讲解操作过程中的问题,使教学更有针对性。

仿真模拟器模拟的机型以模块化设计,可根据用户需求配套,如岸边集装箱起重机、轮胎(轨道)式门式起重机、船舶起重机、门座起重机等。随着集装箱运输的高速发展,集装箱装卸设备已成为模拟器的重要模拟机型。WTI-B 港机操作仿真模拟器总体形式见图 7.4。

仿真模拟器采用振动平台作为支撑结构,并根据操作情况产生振动感觉。振动平台一般采用液压系统驱动油缸伸缩产生振动,或采用电动推杆等驱动方式。一些港机模拟器采用单自由度振动平台型式,但目前多具备3~6自由度振动能力。

控制技术上,港机模拟器前期多采用小型计算机或计算机图形工作站完成数据运算与图像仿真模拟。进入21世纪,许多生产厂家开始使用微型计算机进行控制,具有比较好的通用性和兼容性。港口起重机操作模拟器控制系统一般包括主控系统、视景系统、振动平台系统、操纵控制系统等。软件系统则包括系统控制软件、三维动画视景软件、6自由度液压伺服系统控制软件、操纵系统控制软件、档案与教学软件、训练与考核软件等。软件子系统融合在控制系统各部分中[32]。

7.2.1 主控系统

主控系统是模拟器控制系统的核心。主控系统根据操纵控制系统传送过来的操作信息,实时进行起重机动力学仿真计算,对相关物体的状态、位置、动作、干涉等进行计算和判断,并将相关信息分别传送到视景系统、振动平台系统和操纵控制系统,完成三维动画视景变换、平台各自由度振动和联动台后续操作工作。

主控系统可以实时监控学员操作的集装箱运行情况,对过程进行控制。岸边集装箱起重机控制界面见图7.5。教练员可以使用开始、暂停、重新开始、记录、存盘等键对学员的操作进行控制。存盘功能是将记录的学员典型操作存入计算机中,以便学员下来后进行回放讲解。

图7.4 WTI-B港机操作仿真模拟器

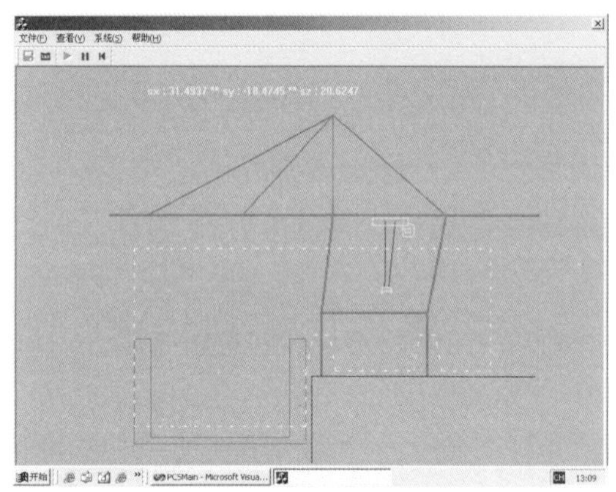

图7.5 控制界面

7.2.2 视景系统

视景系统主要是通过接收主控系统传送的信息,用三维动画视景应用软件完成各相关物体(起重机、码头、船、车、集装箱等)和环境(白天、黑夜、风、阴、雨、雪、雾等)的三维视景生成和变化。视景系统包括视景计算机、投影机、反射镜、屏幕等。

三维动画视景应用软件安装在专用的视景计算机上,由主控系统以通讯方式控制。三维动画视景应用软件采用语言C++,OpenGL函数库。

三维视景显示软件的主要功能如下:

(1)接收主控系统发来的数据,分发给相应的目的模块;

(2)根据主控系统发来的“场景预设数据”初始化各个模块；

(3)实时接收“动态数据”，更新场景。

应用三维动画视景应用软件生成的岸边集装箱起重机和轮胎式集装箱门式起重机的主要场景见图7.6。

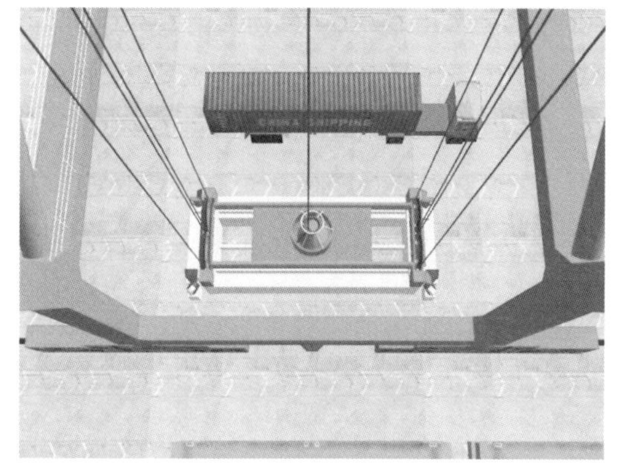

图7.6　岸边集装箱起重机和轮胎式集装箱门式起重机的主要场景

7.2.3　液压振动平台系统

振动平台系统中，六伺服作动筒构成了对称的空间几何结构，它既起到上部载荷的支撑作用，又是平台6自由度运动的执行结构(图7.7)。6根伺服作动筒分为6个独立的液压伺服回路，每一回路由传感器、油缸、伺服阀、A/D转换通道、D/A转换通道和计算机组成。在计算机控制下，6缸协调同步的动作，使平台产生加速、减速、冲击、抖振、颠簸等运动效果。

7.2.4　操纵控制系统

港口起重机操作模拟器控制系统采用工业控制计算机作为控制设备，对驾驶员在操作台上的各种操作进行数据采集、转换、计算，并以数字信息传递给模拟器主控系统完成各种控制与场景的模拟。操纵控制系统主要包括联动操作台、工业控制计算机、电控柜及相关处理单元。

图7.7　六自由度振动平台

港机模拟器控制系统采用建立在Windows操作系统平台上的FIX工业自动化软件，安装在工业控制计算机上，该软件提供了数据采集、监控、处理的功能。

数据采集是从现场获得数据并将它们加工成可以利用的形式。FIX控制系统软件不需要特别的硬件，通过软件I/O驱动器接口直接同现场已存在的I/O设备通信。一旦FIX获得数据，它将进行处理并传送给需要这些数据的程序，完成数据处理工作。管理人员可以将现场各设备作为一个整体,对交叉平台的数据请求进行完善的处理。

监控是监视实时数据。操作者可以改变设定点和由计算机直接改变关键值。无论操作者是在监视站工作还是在监控站工作,都能够立即识别工作过程中的异常事件。FIX 软件根据设定的上下限度产生报警,其应用程序能以各种方式报警以通知操作者。

港口起重机操作模拟器采用岸边集装箱起重机(轮胎式集装箱门式起重机)标准操作台(图 7.8)。驾驶员操作控制手柄及按钮发出的各种指令信号,通过传感系统及电气控制系统,输入到操纵系统工业控制机,应用 FIX 自动控制软件对接收到的数据进行实时采集、监控、处理,并根据要求向主控系统发出信息。

7.2.5 软件系统

软件系统中的控制软件、三维动画视景软件、6 自由度液压伺服系统控制软件、操纵系统控制软件等分别安装在各计算机系统中,档案与教学软件、训练与考核软件安装在主控系统计算机上,用于日常的教学与培训。其控制界面见图 7.9。

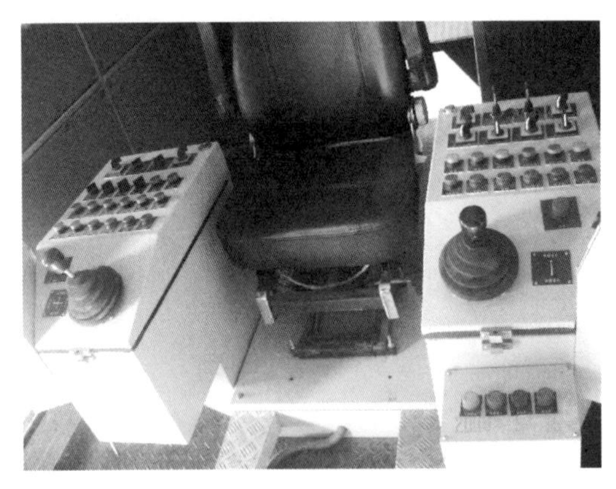

图 7.8 起重机模拟器操作台

图 7.9 控制界面

档案与教学软件主要用于建立学员的档案、检索学员的操作信息以及无纸化教学、考试等。学员操作信息包括以前完成操作的训练时数、作业效率、操作质量、失误情况统计等。无纸化考试分为基础理论考试与驾驶适应性考试,试题采用开放式设计,教员可以根据要求扩充。训练与考核用于日常的训练及必要的操作考核。

本系统软件包括岸边集装箱起重机和轮胎式集装箱门式起重机模块,可以分别进行两种机型的训练。两种机型选取的参数既考虑了目前普遍应用的集装箱起重机,又考虑了以后的发展趋势,便于学员能够很快地将学习到的知识应用于实际中。

训练环境上,软件模拟了工作中可能出现的各种天气条件,包括白天、黑夜以及风、阴、雨、雪、雾等,学员可以在比较真实的模拟环境中完成训练工作。训练参数的确定全部采用菜单或选择方式,避免了大量专业性很强的参数输入,易于操作。

操作考核包括自设环境考核和固定环境考核。自设环境条件下,教练员可以根据考核需要选取不同的环境参数;固定环境条件下,教练员只能按照系统限定的参数对学员进行考核。教练员可以根据需要选择考试方式。

7.3　模拟器设计与软件开发

港口起重机操作模拟器是应用计算机实时仿真技术、伺服控制技术和三维动画模拟显示技术等,主动式、实时模拟起重机操作的多功能振动模拟训练器。主要内容包括操作模拟器总体技术、六自由度运动系统、计算机操纵控制系统、三维动画视景系统等的设计与软件开发。

7.3.1　总体参数设计与优化

总体设计上借鉴标准岸边集装箱起重机(轮胎式集装箱门式起重机)司机室和联动控制台,应用 FIX 自动化控制软件提供实时控制数据,三维动画图像模拟、投影机显示、平面镜反射、背投屏幕显像,振动平台为六自由度主动式操作的电液控制运动平台结构型式,具有技术先进、场景逼真、动感强劲、实用性强的特点。港口起重机操作模拟器总体布置图见图 7.10。

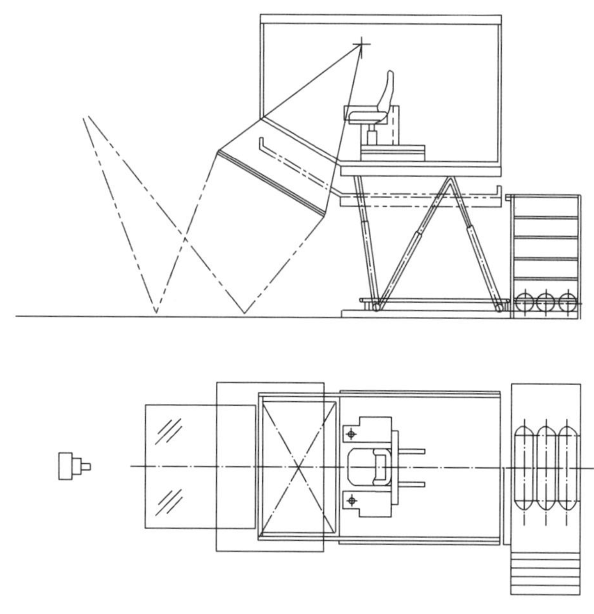

图 7.10　模拟器总体布置图

采用单自由度的起重机操作模拟器振动平台,其振动一定程度可以反映港口起重机司机室的动感。本节涉及到的模拟器总体设计,从准确模拟港口起重机振动情况的要求出发,提出了采用六自由度振动平台的方案,设计完成了基于六自由度液压控制伺服系统的模拟器运动平台,比较好地模拟了集装箱起重机司机室的动态感觉,也为模拟旋转类起重设备建立了合理的平台。

在总体设计时,模拟的标准岸边集装箱起重机司机室,司机室内部宽敞、简洁、明快,现场真实感强。联动控制台采用岸边集装箱起重机(轮胎式集装箱门式起重机)联动控制台,操作手柄及面板布置与实际完全相同,再现真实操作过程,学员在模拟器上训练后可以直接到实际的岸边集装箱起重机和轮胎式集装箱门式起重机上操作。

模拟器的显像系统采用三维动画图像模拟、投影机显示、平面镜反射、背投屏幕显像的方式,比较好地实现了实时成像、快速显像的技术要求。背投屏幕采用 100in 标准背投屏幕,与水平面成 30°角放置,达到了驾驶员工作过程中的视角要求,比较好地反映了驾驶员的实际操作状态。

国外港口起重机操作模拟器计算与控制系统主要采用工作站计算系统,其主要优点是计算能力强大,可以比较好地满足模拟器完成实时计算、三维动画图像快速模拟对大量数据进行处理的要求,但工作站价格较高,且操作系统专用性强,相关自动控制软件及三维动画软件平台兼容性差。本系统针对计算机技术快速发展及网络技术不断提高的现状,采用了微型计算机(PC 机)控制,应用 Windows 系列操作系统工作平台,主控计算机、视景计算机、操纵系统工控机及振动平台计算机通过内部局域网相互通讯,共同完成大量数据计算,有效解决了模拟器控制系统实时计算、三维动画图像快速模拟所需要完成的大量基础数据的分析计算。通过软、硬件试验运行表明,应用 PC 机系统,可以满足模拟器操作的技术要求,同时系统通用性强,易于学习、便于管理。

7.3.2 六自由度运动系统设计

港口起重机操作模拟器六自由度运动是指平台系统在 $X-Y-Z$ 三维空间内分别沿 X、Y、Z 轴的平动运动和转动运动。该系统运动平台能在空间六个自由度上做任一自由度的单自由度运动,也能做任意几个自由度的复合运动。由于采用液压伺服系统作为平台运动的执行机构,平台运动光滑、连续,可产生高频响的快速运动,也可实现低速下的平稳运动。

六自由度运动系统由平台与液压伺服系统、计算机控制系统和油源系统三大部分所构成。其系统逻辑关系如图 7.11 所示。

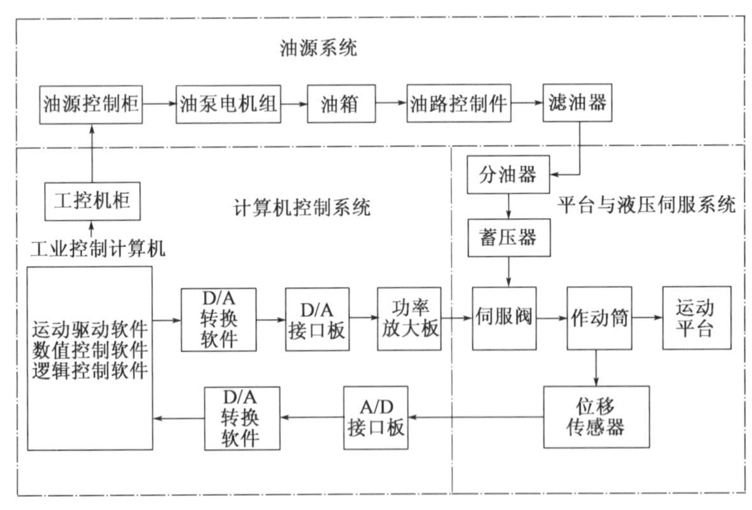

图 7.11 液压振动平台系统的逻辑关系

(1)平台与液压伺服系统。六根伺服作动筒构成了对称的空间几何结构,它既起到支撑上部平台载荷的作用,又是平台六自由度运动的执行结构。六根伺服作动筒分为六个独立的液压伺服回路,每一回路由传感器、油缸、伺服阀、A/D 转换通道、D/A 转换通道和计算机组成。在计算机控制下，六缸协调同步动作，使平台产生加速、减速、冲击、抖振、颠簸等的运动效果。

(2)计算机控制系统是六自由度液压控制伺服系统的控制核心，系统硬件采用工业控制计算机为核心，配置 PC 总线 D/A 转换、A/D 转换和开关量输入/输出等工控模板，构成了计算机集成控制系统。该系统具有集成度高、可靠性高、抗干扰能力强，及操作、维护简便等特点。

软件系统在逻辑控制、伺服控制、运动驱动、动感仿真等方面充分应用了计算机技术和数学建模技术，能够很好地发挥运动平台的模拟仿真能力。主要控制软件为：日常检测软件、逻辑控制软件、运动驱动软件、动感仿真软件、数字控制软件、接口板转换软件、时序控制软件、应急控制软件。

(3)油源系统是运动平台的动力源，它由油泵电机组、油箱、液压控制回路、油源电控柜等几个部分构成。在系统设计中，采用了自动升压、卸荷装置，油源系统的能耗和温升始终处于动态平衡的合理状态。

液压油路包括油管、接头、分油器、蓄压器、滤油器等，油路内配置的多台蓄压器作为液压缸快速运动时瞬时流量的补充和断电时系统安全保护的临时油源。

7.3.3　计算机操纵控制系统设计

港机模拟器操作台包含组合式主令控制手柄和各种操作扳钮、按钮、指示灯等。组合式主令控制手柄分别发出大车运行、小车运行、吊具起升等速度、加速度信号，各种扳钮、按钮操作开关分别发出电源开(闭)、吊具油泵开(关)、吊具 20 英尺(40 英尺)、吊具旋转、减摇、导板翻转、小车半自动化操作等各种动作信号。操纵控制系统完成的工作主要为：

(1)接收驾驶员从操纵系统控制面板发出的各种信号；

(2)将各种模拟信号转换为数字信号；

(3)将从操纵系统控制面板接收到的一些信号转换成主控计算机需要的信号，如速度、加速度等；

(4)对从操纵系统控制面板发出的信号进行处理，完成联锁逻辑运算，确定需要向主控计算机发出的信号。如果出现违背联锁逻辑关系的误操作，需要将误操作信号分类后向主控计算机发送；

(5)将必要的信号向主控计算机发出；

(6)接收主控计算机发出的一些信号；

(7)对从主控计算机发出的信号进行处理，其计算结果将为下一步的运算提供依据。

操作过程中，FIX 软件对操作台进行实时监控，应用 FIX 自动控制软件有效地完成了操作系统的数据实时采集、监控、处理，各种违反逻辑控制的操作得到有效控制，学员训练中的错误操作及时记录并进行统计，方便了训练与教学工作的开展。

7.3.4　三维动画视景应用软件设计

三维动画视景应用软件安装在视景计算机上，由主控计算机以通讯方式控制，完成三维视景的显示工作。三维动画视景应用软件采用语言 C++，OpenGL 函数库。三维视景显示软件的主要功能为：接收主控计算机发来的数据，分发给相应目的模块；根据主控计算机发来的

“场景预设数据”初始化各个模块;实时接收“动态数据”,更新场景。

三维动画视景显示软件原理框图见图7.12。

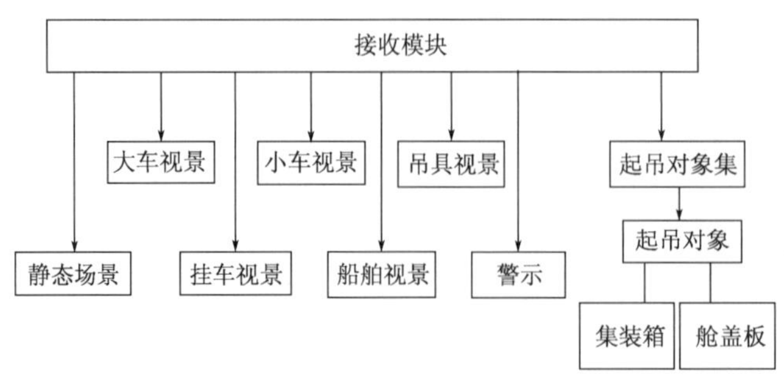

图7.12　三维视景显示软件原理框图

各模块中,接收模块接收主控计算机发来的数据,分发给相应的目的模块,其余各子模块根据场景预设的各数据完成初始化,并根据接收到的实时动态数据更新场景。

各模块主要功能为:

(1)接收模块

①负责接收主控计算机发来的数据,并分发给相应的目的模块;

②所处理的数据按目标不同分类,每类中大致分为初始化数据和动态数据;

③一部分总体初始化数据在完成场景预设后由主控计算机集中发来,包括:机型、船型、堆场、气候、环境等。其余初始化数据由相应模块自己随机产生;

④动态数据由主控计算机实时发来,包括大车、小车、起升速度、加速度等。

本模块相关模块包括大车视景、小车视景、吊具视景、起吊对象集、静态场景、挂车视景、船舶视景、警示。

(2)大车视景

①处理接收模块的初始化数据;

②处理实时的位置动态数据;

③完成大车的三维动画视景运算与调用。

本模块相关模块为接收模块。

(3)小车视景

①处理实时的位置动态数据;

②完成视角运算;

③完成小车的三维动画视景运算与调用。

本模块相关模块为接收模块。

(4)吊具视景

①处理实时的动态数据,包括吊具伸缩、旋转、导板、吊具灯等;

②完成吊具的三维动画视景运算与调用。

本模块相关模块为接收模块。

(5)静态场景

①处理接收模块的初始化数据,如机型、船型、堆场、天气等;

②完成静态场景的三维动画视景运算与调用。

本模块相关模块为接收模块。

(6)挂车视景

①处理实时的动态数据；

②完成挂车的三维动画视景运算与调用。

本模块相关模块为接收模块。

(7)船舶视景

①处理接收模块的初始化数据，如船舶位置、颜色等；

②完成船舶的三维动画视景运算与调用。

本模块相关模块为接收模块。

(8)警示

处理实时的动态警示文字；

本模块相关模块为接收模块。

(9)起吊对象集

①用于管理所有的集装箱和舱盖板；

②实时处理(加入或删除)起吊对象(集装箱或舱盖板)；

③完成所有起吊对象(集装箱或舱盖板)的三维动画视景运算与调用。

本模块相关模块为接收模块。

(10)起吊对象

①表示一个集装箱或舱盖板；

②设置集装箱或舱盖板的外观；

③完成起吊对象(集装箱或舱盖板)的三维动画视景运算与调用。

本模块相关模块为起吊对象集。

(11)集装箱

①起吊对象的一种，包含所有起吊对象的内容和服务；

②设置集装箱的外观；

③完成起吊对象(集装箱)的三维动画视景运算与调用。

本模块相关模块为起吊对象。

(12)舱盖板

①起吊对象的一种，包含所有起吊对象的内容和服务；

②设置舱盖板的外观；

③完成起吊对象(舱盖板)的三维动画视景运算与调用。

本模块相关模块为起吊对象。

整个软件采用模块化设计，实现了模拟器三维动画视景应用软件的快速、稳定、实时、有效的运行与动态显示。

第8章　码头安全作业流程分析与设计

8.1　概述

统计表明,80%以上的安全生产事故是由人的不安全行为导致。因此,分析不安全行为的产生原因,降低不安全行为的发生概率,设计安全合理的作业流程,对促进生产安全意义重大。在码头作业中,常见的生产事故包括倒吊、翻车伤人、坠臂、坠物伤人等,其发生的原因与作业人员的技能水平、安全意识、身体状况,以及设备状态(连续使用、钢丝断裂等),环境因素(天气、夜班等)密切相关。目前,现代集装箱码头的岸边装卸、水平搬运、堆场进提箱等作业均已全面实现机械化及部分自动化,其人机结合的作业环节较少或已基本实现无人化作业,事故数量和事故率相对较低。与之相比,散货码头的事故发生率相对较高[33,34]。统计表明,近30年我国码头作业事故中五金类装卸作业事故多发,其事故率达到散杂货码头事故率的50%以上。而钢板装卸作业作为一种重要的五金类装卸作业,其事故发生比例占五金类装卸作业的60%左右。为此,本章以散杂货码头钢板库场卸货作业为例进行研究,探索可以有效预防人的不安全行为、具有高度安全性的装卸作业流程设计方法。

本研究涉及安全行为影响因素的分析、作业的安全性分析以及作业流程分析等问题。目前,国内外对安全行为影响因素分析的研究主要在建筑、石化、矿山等领域,大部分采用定性分析手段,尽管部分研究开始采用定量分析方法,如博弈论模型、结构方程模型、基于决策试验与评价实验室法的依赖关系矩阵等,但总体而言仍没有被广泛认可的定量分析方法,且此类研究重点分析不安全行为产生的原因,并非直接针对作业流程的安全设计。在作业的安全性分析方面多采用系统的安全分析方法,主要有事故树分析法、贝叶斯网络等。运用事故树分析法存在着计算复杂、结果不准确等问题,另外在对不确定问题的解释上也存在一定的缺陷[35]。近年来兴起的基于贝叶斯网络(Bayesian Network, BN)的安全分析法,由于其突出的学习能力和对不确定性问题的处理能力被广泛应用于系统的安全评价[36]。基于贝叶斯网络的事故树模型既能用于对事故的预测,又能用于对事故的诊断,但由于在实际问题中很多事件的概率范围是无法统计的,专家在划定时缺乏可参考的依据,从而限制了贝叶斯网络的使用。为克服此类困难,人们利用模糊数对基本事件进行描述,并通过对模糊数的清晰化处理较好地解决了建模过程中数据获取难的问题[37]。基于事故树的贝叶斯网络模型既可弥补事故树分析法的不足,又可为解决BN数据获取方面的困难提供了途径[38]。

近年来,国内外研究者如赵挺生[39]、Ben[40]等指出:需要将时间因素引入作业流程的安全性分析中。但由于生产的作业流程涉及到按生产的先后顺序形成的一系列动态连续、人机交互的作业步骤,而不安全行为作为导致事故的发生又受到设备状态、环境因素等多方面因素的影响，这些因素相互交错、十分复杂。因此，目前将流程设计的思想运用于安全的作业流程设计方面的研究仍然相对少见，存在理论研究和现实应用的必要性。

综上，目前的作业流程设计方法基本上基于传统的经验积累。而对作业的安全分析基本上基于传统的事故树和贝叶斯网络方法，这些方法虽然可以应用于安全性分析，但难以适应系统“动态交互”的特性，不能从作业流程设计的角度对容易导致事故的关键行为进行控制。

为此，本章针对具有多人配合、人机合作特点的码头钢板库场装卸作业流程，从作业人员不安全行为的量化分析、基于事故树分析法和贝叶斯网络的作业安全性分析以及作业流程的时间因素分析出发，对传统的安全分析模型进行改进，提出使作业事故发生的风险最低的安全的作业流程的新方法，试图为实现作业安全的有效预防提供新思路[41]。

8.2　作业流程安全性分析模型

8.2.1　作业流程及不安全要素分析

(1)作业流程

典型的码头钢板库场卸货作业流程如图 8.1 所示。钢板库场卸货作业涉及到吊车作业、库场作业 2 项作业场景，指挥手、吊车司机、理货员 3 类作业角色，吊车挂钩、吊车起吊、吊车运

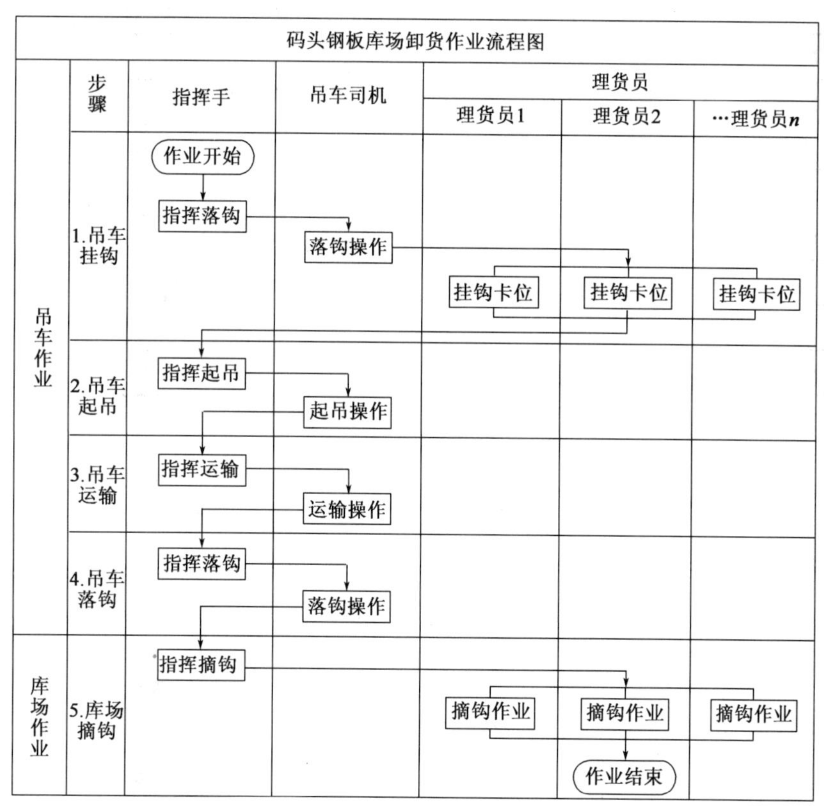

图 8.1　码头钢板库场卸货作业流程图

输、吊车落钩、库场摘钩5项作业步骤，是一项涉及多人合作与人机配合的复杂作业流程。

(2)不安全要素分析

采用事故树分析法进行分析。事故树分析法(Accident Tree Analysis, ATA)，也称故障树分析法(Fault Tree Analysis, FTA)，是近年来广泛应用的安全系统工程中重要的分析方法之一。FTA采用逻辑关系对系统发生的故障事件进行描述，以此寻找导致故障发生的全部因素。通过对事故树的分析，可以对系统的安全性和可靠性进行评价，并找到避免事故发生的有效措施。

在此，定义码头钢板库场卸货作业中的坠物伤人事故为 T，T 的发生需同时满足两个条件，即物体坠落和人出现在坠物下方。定义 A_1 表示作业失误引发的物坠事故，A_2 表示人出现在坠物下方，只要确保人不在坠物下作业，就可以将事故中"人伤"的概率降至最低，至多导致"货损"，只有两项同时发生，才可能导致坠物伤人事故。为此，定义：

$$P_T = P_{A_1} \cap P_{A_2} \tag{8.1}$$

下面将逐一分析导致 A_1、A_2发生的不安全行为要素。

①导致物坠的不安全行为要素

作业流程每项作业步骤中人的不安全行为都可能导致 A_1 的发生，将吊车挂勾、吊车起吊、吊车运输、吊车落勾、库场摘勾五项作业步骤中由人的不安全行为引发的物坠事故依次定义为 F_1、F_2、F_3、F_4、F_5，则：

$$P_{A_1} = P_{F_1} \cup P_{F_2} \cup P_{F_3} \cup P_{F_4} \cup P_{F_5} \tag{8.2}$$

根据作业流程中每项作业角色参与的作业步骤，得到作业角色和作业步骤的对应关系矩阵 R_{Al}的表达见式(8.3)。其中，R_{ij}表示事故 F_i 中角色 j 产生的不安全行为，$i = (1,2,\cdots,5)$表示 $F_1 \sim F_5$ 的各项作业步骤，$j = (1,2,3)$，分别表示指挥手、吊车司机、理货员三类作业角色对作业安全性的影响。

$$R_{A_1} = \{R_{ij}\}_{5\times 3} = \begin{bmatrix} 1 & 1 & 1 \\ 1 & 1 & 0 \\ 1 & 1 & 0 \\ 1 & 1 & 0 \\ 1 & 0 & 1 \end{bmatrix} \tag{8.3}$$

其中，

$$R_{ij} = \begin{cases} 0, & F_i \text{ 步骤中的事故与角色 } j \text{ 有关} \\ 1, & F_i \text{ 步骤中的事故与角色 } j \text{ 无关} \end{cases} \tag{8.4}$$

定义 $P_{R_{ij}}$表示 R_{ij}的发生概率，则每项作业步骤中的事故概率 P_{F_i}可以表示为式(8.5)，A_1发生的概率 P_{A_1}的表达式为式(8.6)。

$$P_{F_i} = \begin{cases} P_{F_1} = P_{R_{11}} \cup P_{R_{12}} \cup P_{R_{13}} \\ P_{F_2} = P_{R_{21}} \cup P_{R_{22}} \\ P_{F_3} = P_{R_{31}} \cup P_{R_{32}} \\ P_{F_4} = P_{R_{41}} \cup P_{R_{42}} \\ P_{F_5} = P_{R_{51}} \cup P_{R_{53}} \end{cases} \tag{8.5}$$

$$P_{A_1}=(P_{R_{11}}\cup P_{R_{12}}\cup P_{R_{13}})\cup(P_{R_{21}}\cup P_{R_{22}})\cup(P_{R_{31}}\cup P_{R_{31}})\cup(P_{R_{41}}\cup P_{R_{42}})\cup(P_{R_{51}}\cup P_{R_{53}}) \tag{8.6}$$

定义 $X_l\in\{X_1,X_2,\cdots,X_m\}$ 表示作业流程各步骤中可能产生的不安全行为，经过文献调研、实地调研及专家经验，根据作业步骤和参与角色，列出导致物坠的不安全行为要素，见表 8.1，其中 $m=24$，表示所有可能导致 A_1 发生的不安全行为要素数量。

导致 A_1 发生的不安全行为要素　　表 8.1

步骤	角色	行为符号	不安全行为要素	逻辑关系
F_1	R_{11}	X_1	指挥落钩过快	$P_{R_{11}}=P_{X_1}\cup P_{X_2}\cup P_{X_3}$
		X_2	工属具选择不当	
		X_3	指挥过载挂钩	
	R_{12}	X_4	沟通不明	$P_{R_{12}}=P_{X_4}\cup P_{X_5}$
		X_5	不明确工属具特性	
	R_{13}	X_6	卡位不正	$P_{R_{13}}=P_{X_6}\cup P_{X_7}$
		X_7	配合失误	
F_2	R_{21}	X_8	钢丝绳绞劲打花未制止	$P_{R_{21}}=P_{X_8}\cup P_{X_9}\cup P_{X_{10}}$
		X_9	未指挥二次停钩	
		X_{10}	不平衡起吊	
	R_{22}	X_{11}	起吊速度过快	$P_{R_{22}}=P_{X_{11}}\cup P_{X_{12}}$
		X_{12}	超重起吊	
F_3	R_{31}	X_{13}	未按规定路线指挥运输	$P_{R_{31}}=P_{X_{13}}\cup P_{X_{14}}$
		X_{14}	发现危险情况未及时制止	
	R_{32}	X_{15}	钩行速度过快	$P_{R_{32}}=P_{X_{15}}\cup P_{X_{16}}$
		X_{16}	撞击到空中物体	
F_4	R_{41}	X_{17}	指挥悬空等钩	$P_{R_{41}}=P_{X_{17}}\cup P_{X_{18}}$
		X_{18}	未指挥二次停钩	
	R_{42}	X_{19}	落钩过快	$P_{R_{42}}=P_{X_{19}}\cup P_{X_{20}}$
		X_{20}	松钩过早	
F_5	R_{51}	X_{21}	摘钩未完成就指挥撤钩	$P_{R_{51}}=P_{X_{21}}\cup P_{X_{22}}$
		X_{22}	颠钩未指挥使用垫料	
	R_{53}	X_{23}	取垫料方法不当	$P_{R_{53}}=P_{X_{23}}\cup P_{X_{24}}$
		X_{24}	扶钩未使用刨钩	

②导致人出现在坠物下方的不安全行为要素

导致 A_2 发生的主要原因主要分为参与作业人员站位不当和与作业无关人员站位不当两方面原因，定义 F_6 表示参与作业人员站位不当导致的事故，F_7 表示与作业无关人员站位不当导致的事故，则：

$$P_{A_2}=P_{F_6}\cup P_{F_7} \tag{8.7}$$

式中，F_6 主要由指挥手和理货员的不安全行为导致，F_7 则由于指挥手的对作业过程的管理失误和无关人员进入作业范围两部分构成。定义 $i=6$ 表示参与作业人员站位不当导致的事故，$i=7$ 表示与作业无关人员站位不当导致的事故，新增角色 $j=4$，表示无关人员对作业安全性的影响。则作业角色和 F_6、F_7的对应关系矩阵如式(8.8)。

$$R_{A_2}=\{R_{ij}\}_{2\times 4}=\begin{bmatrix}1&0&1&0\\1&0&0&1\end{bmatrix} \tag{8.8}$$

由此，F_6、F_7 的事故概率可以表示为式(8.9)，A_2发生的概率 P_{A2}的表达式为式(8.10)。

$$\begin{cases}P_{F_6}=P_{R_{61}}\cup P_{R_{63}}\\P_{F_7}=P_{R_{71}}\cup P_{R_{74}}\end{cases} \tag{8.9}$$

$$P_{A_2}=(P_{R_{61}}\cup P_{R_{63}})\cup(P_{R_{71}}\cup P_{R_{74}}) \tag{8.10}$$

定义 $X_l\in\{X_{m+1},X_{m+2},\cdots,X_n\}$ 表示可能导致人出现在坠物下方的不安全行为，同样，经过文献、实地调研，借助调研结果和专家经验，列出导致人出现在坠物下方，即 A_2 的不安全行为要素如表 8.2，其中 $n=34$，表示事故中所有可能出现的不安全行为要素，$n-m$ 表示所有可能导致 A_2发生的不安全行为要素数量。

根据式(8.6)、式(8.10)和表 8.1、表 8.2 中的逻辑关系，可以清晰地列出码头钢板库场卸货作业坠物伤人事故发生概率的表达式。

导致 A_2发生的不安全行为要素 表 8.2

A_2 发生的原因	角色	行为符号	不安全行为要素	逻辑关系
F_6	R_{61}	X_{25}	在钩行、悠钩方向作业	$P_{R_{61}}=P_{X_{25}}\cup P_{X_{26}}\cup P_{X_{27}}$
		X_{26}	未及时退位	
		X_{27}	在操作人员视线范围外作业	
	R_{63}	X_{28}	在钩行、悠钩方向作业	$P_{R_{63}}=P_{X_{28}}\cup P_{X_{29}}\cup P_{X_{30}}$
		X_{29}	未及时退位	
		X_{30}	在操作人员视线范围外作业	
F_7	R_{71}	X_{31}	未制止无关人员进入作业范围	$P_{R_{71}}=P_{X_{31}}\cup P_{X_{32}}$
		X_{32}	未指挥作业人员佩戴安全帽	
	R_{74}	X_{33}	无故进入作业范围	$P_{R_{74}}=P_{X_{33}}\cup P_{X_{34}}$
		X_{34}	作业区域重合	

(3)作业流程与角色行为的对应关系

根据作业步骤 $F_1\sim F_5$ 的先后顺序，将各作业角色 R_{ij}的行为反映到作业流程的时间序列中，得到图 8.2 所示的对应关系。图中的水平方向表示作业的时间进程，R_{i1}、R_{i2}、R_{i3}3 条线分别表示指挥手、吊车司机和理货员三类作业角色在流程中的参与情况。$R_{ij}=0$ 表示 F_i事故与角色 j 无关，当 $R_{ij}=1$ 时，表示 F_i事故与角色 j 相关，该角色在此项步骤中可能产生的不安全行为对应为序列下方的 X_l。

(4)不安全行为的产生原因分析

生产安全受人的不安全行为、设备的不安全状态和环境的不良影响三方面因素共同制约。在这三方面因素中，人的不安全行为处在核心位置，而设备的状态和环境的影响都会对人的行为造成干扰：设备的失常或布置不当会影响人的操作和认知，造成对设备操作的慌乱和差错；

环境的不良情况会影响人的情绪，使人产生烦躁不安、能见度范围下降等不良状态，导致不安全行为的产生。通过对不安全行为产生原因的分析，可以明确导致不安全行为产生的关键因素，在流程设计的过程中，只要控制住这些关键因素，就能抑制不安全行为的产生，从而降低事故发生的概率。

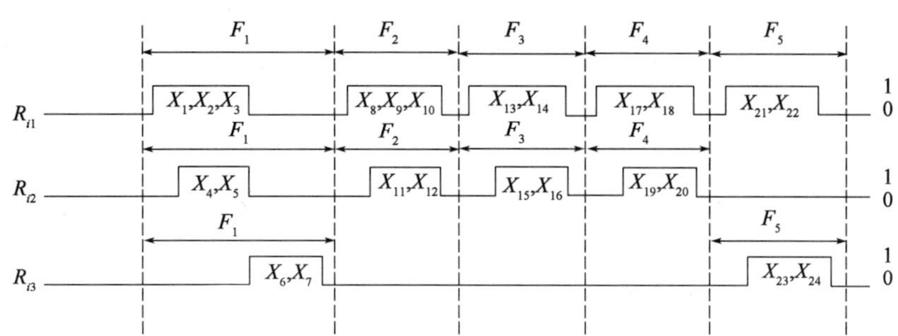

图 8.2　基于角色行为的作业步骤时间序列

①人的原因

由于人的原因产生的不安全行为主要分为两类：作业人员自身原因、组织管理原因。

a）作业人员的自身原因。作业人员的自身原因主要包括体能、性格情绪、知识技能三方面因素。

第一，体能因素。人的工作状态会受到体能的限制。长时间工作会使作业人员产生精神上的麻木，加重肉体的疲顿感，导致身心状态不佳。这样的工作状态容易导致不安全行为的产生，从而引发事故的发生。同时，体能状态也受年龄、性别、健康情况等因素的影响。实地调研发现，码头作业人员的基本条件都满足正常体能的要求，为此，本文只考虑连续作业造成的体能下降问题。

第二，性格情绪因素。作业人员的性格会影响到其处事风格，侥幸马虎、鲁莽草率、厌倦逆反等因素都有可能导致不安全行为的发生。情绪是作业人员态度的一种反应，平和的情绪有利于作业的安全性，过于激动或过于萎靡的情绪会影响作业人员对信息的理解和处理，导致不安全行为。

第三，知识技能因素。包括知识水平和技能水平。知识水平代表了作业人员对机器的工作原理、业务流程、突发事件等方面的掌控能力。知识水平高的作业人员不仅能很好地认知机器的状态，执行业务动作，更能对事态进行判断，采取正确的应对方法。技能水平反映作业人员对设备的熟悉程度和执行任务的准确程度。知识水平和技能水平低的作业人员在执行质量和准确度上都不十分理想。

b）组织管理问题。包括管理制度、安全文化等方面。管理制度主要规范人的行为，保证作业过程按步骤、有保障地进行，缺乏安全制度的建设将会导致作业人员行为的不规范，容易造成不安全行为的产生。安全文化能够透过培训、督促等方式，提升作业人员的知识技能，增加互相之间的提醒纠错，降低不安全行为的发生概率。

②设备的原因

设备的不安全状态会影响作业人员的正常操作，造成突发性事件。导致设备出现不良状态的因素有设备本身的质量问题和作业前检查疏忽两方面。码头钢板库场卸货作业的作业设备主要是吊车、叉车。本文主要对吊车及其配属设备的不安全状态进行分析。

a)质量问题。设备的质量问题包括螺丝松动、断丝超标、链条裂纹等,这些质量问题会导致作业过程中设备出现突发的报警。在突发现场的慌乱状态和紧迫故障的双重影响下,容易导致作业人员的错误判断,产生不安全行为。

b)检查疏忽。作业前,一般会对作业设备进行检查。检查过程中任何一个方面的疏忽都会对作业的安全性产生影响。检查中的疏忽包括忽视设备的使用寿命、忽视对安全措施的检查等。

③环境的原因

环境的影响主要分为现场环境和人际关系环境两方面。现场作业环境包括温度、听觉环境、视觉环境等,都会对作业人员的行为产生影响。人际关系环境中,良好的人际关系可以使作业人员身心愉悦,能够集中精力完成工作任务。在需要多人配合的作业行为中,恶劣的人际关系会造成配合的失误,导致不安全行为的产生。

表8.3综合描述了各项可能导致不安全行为的原因及其表示符号 Z_p 的对应关系,$p=1,2,\cdots,10$。

可能导致不安全行为的原因及其表示符号　　表8.3

原因类别	产生原因	表示符号
人的原因	体力	Z_1
	性格情绪	Z_2
	知识技能	Z_3
	组织管理	Z_4
设备的原因	质量问题	Z_5
	检查疏忽	Z_6
环境的原因	温度	Z_7
	听觉环境	Z_8
	视觉环境	Z_9
	人际关系环境	Z_{10}

8.2.2 问卷调查

邀请两组专家分别就不安全行为的发生概率和不安全行为的产生原因的影响度进行评价。分别说明如下。

8.2.2.1 第一组:不安全行为发生概率调查

由于上述不安全行为的发生概率在实际生活中难以统计,数据获取存在非常大的困难,因此,通过调查问卷的设计,对导致码头钢板库场作业中坠物伤人事故的不安全行为概率进行模糊计算,利用模糊语言对不安全行为发生的可能性进行描述,再利用去模糊化语言对统计结果进行计算,得到34项不安全行为的发生概率。

(1)问卷设计及样本选择

问卷设计主要针对散货码头钢板卸货作业中人的不安全行为,以7种模糊化语言对各项要素进行描述。用"很低""低""偏低""中等""偏高""高""很高"七种描述用语来界定该行为的发生概率。不同分值对应的影响程度及问卷内容将在附录 A 中进行描述,设计的问卷式样如图 8.3 所示。参与者根据自身经验或实际情况针对每项要素对作业安全性的影响在 7 个等级内进行单选。由于参与者的判断力受到其职务、工龄、学历、工种等因素的影响,为区分不同参与者对选项判断能力的准确性,问卷也对参与者的基本情况进行了调查。

一、引发"物坠"的不安全行业

步骤	角色	内容描述		该行为的发生概率						
				很低	低	偏低	一般	偏高	高	很高
吊车挂钩	指挥手	X_1	指挥落钩过快							
		X_2	工属具选择不当							
		X_3	指挥过载挂钩							
	吊车司机	X_4	沟通不明							
		X_5	不明确工属具特性							
	理货员	X_6	卡位不正							
		X_7	配合失误							

图 8.3 不安全行为发生频率调查问卷式样

(2)问卷回收及数据整理

针对码头作业过程中的 5 类不同工种,分别邀请其中具有代表性的作业人员完成调查问卷。样本的基本信息构成如表 8.4。

第一组专家的基本情况 表 8.4

基本信息	人数				
职位	工人	组长	班长	工区长	车间主任及以上
	2	0	1	0	2
工龄	小于 1 年	1 ~ 5 年	5 ~ 10 年	10 ~ 15 年	15 年及以上
	0	1	3	0	1
学历	小学及以下	初中或中专	高中	大专	大学及以上
	0	2	0	3	0
工种	指挥手	机械设备操控手	理货员	调度员	现场安全员
	1	1	1	1	1

在问卷统计中,分别用 1 ~ 7 表示"很低""低""偏低""中等""偏高""高""很高"7 种模糊性语言,图 8.4 显示了第一组专家调查问卷统计结果的示意图。

步骤	步骤符号	角色	角色符号	行业	内容	专家1	专家2	专家3	专家4	专家5
吊车挂钩	F_1	指挥手	R_{11}	X_1	指挥落钩过快	6	5	2	2	2
				X_2	工属具选择不当	6	3	1	3	2
				X_3	指挥过载挂钩	4	2	1	4	3
		吊车司机	R_{12}	X_4	沟通不明	6	1	2	5	5
				X_5	不明确工属具特性	6	1	3	2	3
		理货员	R_{13}	X_6	卡位不正	6	6	1	2	1
				X_7	配合失误	6	6	1	2	2

图 8.4 第一组专家调查问卷统计结果式样

8.2.2.2 第二组:不安全行为产生原因及影响度调查

(1)不安全行为产生原因调查

针对可能导致码头钢板库场卸货作业坠物伤人事故的34项基本行为,邀请专家逐项分析了可能导致其发生的原因,并对结果进行了汇总。表8.5描述了导致34项不安全行为产生的原因,定义 g_{np} 表示不安全行为与产生原因的相关系数,表中,

$$g_{np}=\begin{cases}0;\text{表示 } X_n \text{ 与 } Z_p \text{ 无关}\\1;\text{表示 } X_n \text{ 与 } Z_p \text{ 有关}\end{cases} \tag{8.11}$$

34项不安全行为产生的原因 表8.5

	Z_1	Z_2	Z_3	Z_4	Z_5	Z_6	Z_7	Z_8	Z_9	Z_{10}
X_1	0	1	0	1	0	0	1	0	0	0
X_2	0	1	1	1	0	1	1	0	0	0
X_3	0	1	0	1	0	0	0	0	1	0
X_4	0	1	1	1	0	0	1	1	0	1
X_5	0	1	1	1	0	1	0	0	0	0
X_6	1	1	1	1	1	1	1	0	1	0
X_7	1	1	0	1	0	0	1	1	1	1
X_8	1	1	0	1	0	1	1	0	1	0
X_9	1	1	1	1	0	0	1	0	0	0
X_{10}	0	1	0	1	0	0	0	0	1	0
X_{11}	0	1	1	1	1	0	1	0	0	0
X_{12}	0	1	0	1	1	0	0	0	0	0
X_{13}	0	1	1	1	0	0	0	0	0	0
X_{14}	1	1	1	1	0	0	1	0	1	0
X_{15}	0	1	0	1	1	0	1	0	1	0
X_{16}	0	1	1	1	1	1	0	0	1	0
X_{17}	1	1	1	1	0	0	1	0	0	0
X_{18}	1	1	1	1	0	0	1	0	0	0
X_{19}	0	1	0	1	1	0	1	0	0	0
X_{20}	0	1	0	1	1	0	1	0	1	0
X_{21}	0	1	0	1	0	0	1	0	1	0
X_{22}	0	1	1	1	0	0	0	0	0	0
X_{23}	0	1	1	1	0	0	0	0	0	0
X_{24}	0	1	1	1	0	0	0	0	0	0
X_{25}	0	1	0	1	0	0	0	0	0	0
X_{26}	1	1	0	1	0	0	1	0	0	0
X_{27}	0	1	0	1	0	0	0	0	0	0
X_{28}	0	1	0	1	0	0	0	0	0	0
X_{29}	1	1	0	1	0	0	1	0	0	0
X_{30}	0	1	0	1	0	0	0	0	0	0
X_{31}	1	1	0	1	0	0	1	0	1	0
X_{32}	1	1	0	1	0	0	1	0	0	0
X_{33}	0	1	0	1	0	0	0	0	0	0
X_{34}	0	1	0	1	0	0	0	0	0	0

图 8.5 描述了各项原因可能导致的不安全行为项数，其中性格情绪和组织管理对不安全行为的影响最为广泛。

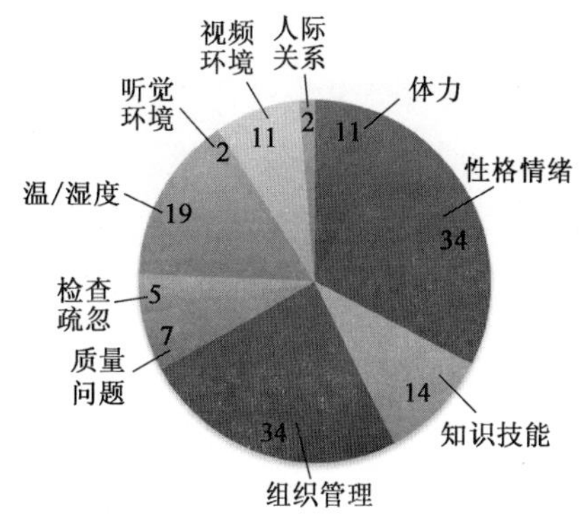

图 8.5　各项原因可能导致的不安全行为项数

(2)影响度调查

①问卷设计及样本选择。问卷设计主要针对导致钢板库场卸货作业中不安全行为的产生原因，以 7 种模糊化语言就各项原因对不安全行为的影响程度进行描述。设计的问卷式样如图 8.6所示，不同分值对应的影响程度及问卷内容将在附录 B 中进行描述。

二、调查问卷部分

原因类别	符号	产生原因	该项原因对不安全行为产生概率的影响等级						
			很小	小	偏小	中等	偏大	大	很大
人的原因	Z_1	体力							
	Z_2	性格情绪							
	Z_3	知识技能							
	Z_4	组织管理							

图 8.6　不安全行为产生原因影响度调查问卷式样

②问卷回收及数据整理。邀请 26 位码头钢板作业领域从事不同工作内容的专家，对不安全行为产生原因的影响度进行评价。第二组专家的基本信息构成如表 8.6 所示。第二组专家调查问卷统计结果式样参见附录 A。

专家信息量化表　　表 8.6

基本信息	人　数				
职位	工人	组长	班长	工区长	车间主任及以上
	11	5	6	3	1
工龄	小于 1 年	1 ~ 5 年	5 ~ 10 年	10 ~ 15 年	15 年及以上
	0	3	6	3	14
学历	小学及以下	初中或中专	高中	大专	大学及以上
	0	7	6	9	4
工种	指挥手	机械设备操控手	理货员	调度员	现场安全员
	6	4	5	6	5

8.2.3　事故树模型构建

根据事故树建立的步骤，建立人的不安全行为的事故树模型。模型的顶上事件是物坠伤人事件 T，引发 T 的要素及要素间的逻辑关系如之前章节介绍，其事故树模型如图 8.7 所示，各项转出事故树的模型结构见图 8.8。

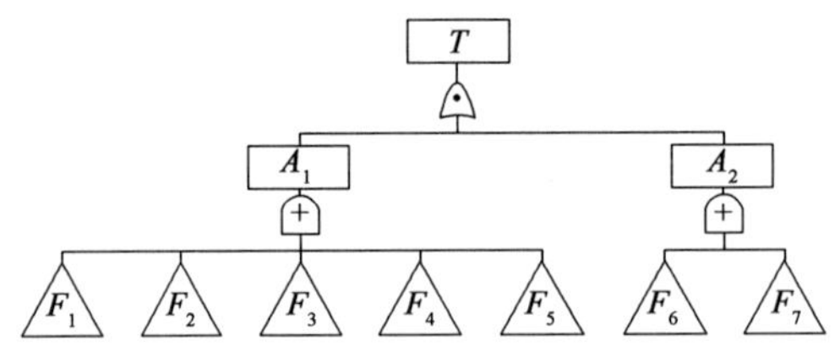

图 8.7　坠物伤人事故树模型

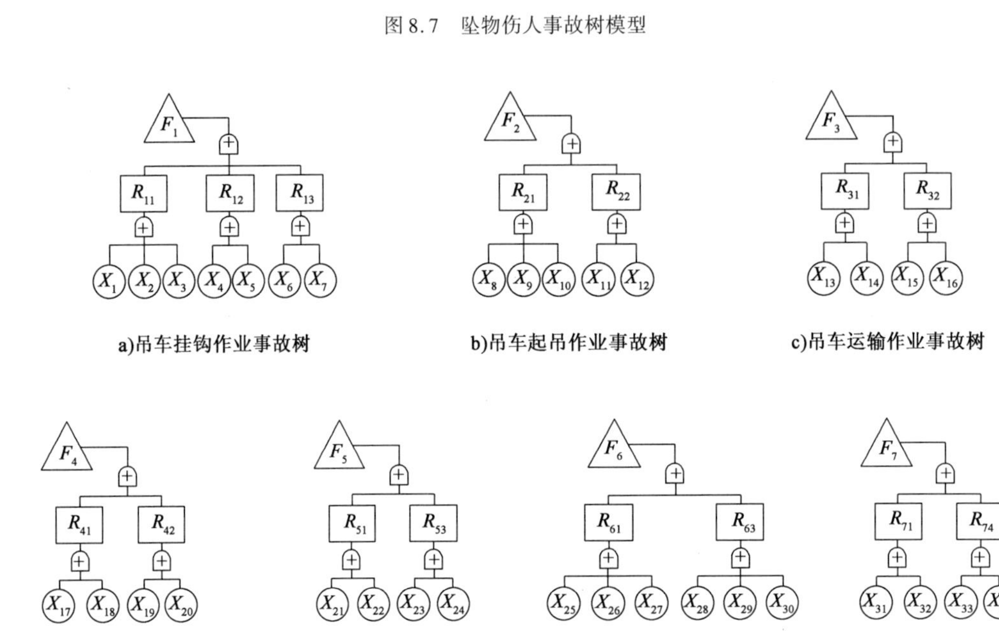

图 8.8　坠物伤人事故的转出事故树模型

图 8.8 中,a)表示吊车挂勾作业中物坠事故(F_1)的事故树,其基本事件由 3 类作业角色发出的 7 项不安全行为 $X_1 \sim X_7$ 构成;b)表示吊车起吊作业中物坠事故(F_2)的事故树,由 2 类作业角色的 5 项不安全行为 $X_8 \sim X_{12}$ 构成;依次类推,c) ~ g)分别表示 $F_3 \sim F_7$ 的事故树。事故树中的各项符号含义见表 8.7。

符 号 说 明　　表 8.7

类别	符号	含　义	类别	符号	含　义
顶端事故	T	钢板库场卸货作业坠物伤人事故	事故类型	F_5	吊车摘钩中引发的物坠事故
事故分类	A_1	作业失误引发的物坠事故		F_6	作业人员站位不当
	A_2	人出现在坠物下方导致的伤人事故		F_7	与作业无关人员站位不当
事故类型	F_1	吊车挂钩中引发的物坠事故	角色的不安全行为	R_{11}	挂钩作业中指挥手的不安全行为
	F_2	吊车起吊中引发的物坠事故		R_{12}	挂钩作业中吊车司机的不安全行为
	F_3	吊车运输中引发的物坠事故		R_{13}	挂钩作业中理货员的不安全行为
	F_4	吊车落钩中引发的物坠事故		R_{21}	起吊作业中指挥手的不安全行为

续上表

类别	符号	含　义	类别	符号	含　义
角色的不安全行为	R_{22}	起吊作业中吊车司机的不安全行为	不安全行为	X_{13}	未按规定路线指挥运输
	R_{31}	运输作业中指挥手的不安全行为		X_{14}	发现危险情况未及时制止
	R_{32}	运输作业中吊车司机的不安全行为		X_{15}	钩行速度过快
	R_{41}	落钩作业中指挥手的不安全行为		X_{16}	撞击到空中物体
	R_{42}	落钩作业中吊车司机的不安全行为		X_{17}	指挥悬空等钩
	R_{51}	摘钩作业中指挥手的不安全行为		X_{18}	未指挥二次停钩
	R_{53}	摘钩作业中理货员的不安全行为		X_{19}	落钩过快
	R_{61}	指挥手站位不当		X_{20}	松钩过早
	R_{63}	理货员站位不当		X_{21}	摘钩未完成就指挥撤钩
	R_{71}	指挥手管理不当		X_{22}	颠钩未指挥使用垫料
	R_{74}	无关人员进入作业范围		X_{23}	取垫料方法不当
不安全行为	X_1	指挥落钩过快		X_{24}	扶钩未使用刨钩
	X_2	工属具选择不当		X_{25}	在钩行、悠钩方向作业
	X_3	指挥过载挂钩		X_{26}	未及时退位
	X_4	沟通不明		X_{27}	在操作人员视线范围外作业
	X_5	不明确工属具特性		X_{28}	在钩行、悠钩方向作业
	X_6	卡位不正		X_{29}	未及时退位
	X_7	配合失误		X_{30}	在操作人员视线范围外作业
	X_8	钢丝绳绞劲打花未制止		X_{31}	未制止无关人员进入作业范围
	X_9	未指挥二次停钩		X_{32}	未指挥作业人员佩戴安全帽
	X_{10}	不平衡起吊		X_{33}	无故进入作业范围
	X_{11}	起吊速度过快		X_{34}	作业区域重合
	X_{12}	超重起吊			

8.2.4　贝叶斯网络模型构建

(1)贝叶斯网络简介

贝叶斯网络(Bayesian Networks,简称 BN)是由图论和概率论结合而成的描述多元统计关系的模型,在不确定知识表达方面有着广泛的应用。BN 由两部分构成:一是节点(变量)和连接节点间的有向弧所组成的有向无环图,二是表示各节点间关联的条件概率表。BN 中每一个节点都表示一个事件,各节点间的有向弧表示事件发生的因果关系,条件概率则表达了每个事件对结果的影响程度。

具有 N 个节点的 BN 可以用 $N = \langle\langle V,E\rangle, P\rangle$ 表示，其中：$\langle V, E\rangle$ 表示一个带有 N 个节点的有向无环图，$V = \{V_1, V_2, \cdots, V_n\}$ 代表图中所有节点的集合，V 中每一个元素都代表一个变量，E 代表连接各个节点间的有向弧，表示着变量间的因果关系，P 表示变量集的联合概率分布。对于有向弧(V_i,V_j)，V_i 称为 V_j 的父节点，V_j 称为 V_i 的子节点。没有父节点的节点叫根节点，没有子节点的节点叫叶节点，对于 V_i，其父节点的集合用 $Pa(V_i)$ 表示。这样，对所有变量集的联合概率分布 P 就可以表示为：

$$P(X) = \prod_{i=1}^{n} P(X_i \mid Pa_i) \tag{8.12}$$

如果已知 BN 的结构，就可以通过一定的概率计算，获得每个节点的条件概率分布值和所有节点的联合概率分布。对于 BN 网络中的每一个节点 V_i，都有：

①网络中有向弧(V_i,V_j)表示一种依赖关系，父节点 V_i 是导致子节点 V_j 发生的原因。

②每一个变量都有与之相对应的条件概率表，该表描述了此变量在给定其父节点值时的概率分布，当条件独立时，根据条件概率表就能够求出贝叶斯网络的联合概率。

在安全性分析方面，贝叶斯网络具有以下优势：第一，层次分明。贝叶斯网络模型的有向无环图结构能够很清楚地表达各节点之间的层次关系，推理过程充分利用已知的条件概率，可以计算出导致系统事故发生的原因。第二，适合表达安全性分析的问题。贝叶斯网络可以不断改进数据和结构，并对节点的取值没有两态性的硬性要求，因而对安全性分析的灵活度和准确度相对较高。

(2)事故树向贝叶斯网络的转换

事故树向贝叶斯网络的转换方法如下：

①将事故树中所有的基本事件表达为 BN 网络中的父节点，并对节点进行命名。对于重复的基本事件，在 BN 中只建立一个父节点；

②将事故树中各个基本事件的先验概率值赋给其在 BN 中对应的父节点；

③将事故树中每个逻辑门都对应表达为 BN 中的一个节点，其命名和状态对应着事故树中逻辑门的输出事件；

④按照事故树中逻辑门与基本事件的关系连接 BN 中的各个节点，有向弧的方向与事故树中逻辑门的输入输出关系相对应；

⑤将事故树中逻辑门所表示的关系对应为 BN 网络中各个节点的条件概率。

按上述事故树转换为贝叶斯网络的方法，将前面的事故树模型转换为贝叶斯网络，转换后的网络如图 8.9 所示。

8.2.5 不安全行为产生原因影响度分析

利用贝叶斯网络的反向推理能力，推导事故树模型基本事件的重要度。根据计算结果可以得知最容易引发事故的不安全行为。通过分析关键不安全行为的产生原因及影响度的计算，就可以找到导致关键不安全行为发生的主要原因。为此，通过问卷调查结果，可以得出不安全行为产生的原因和原因对不安全行为影响程度的评判情况，再利用模糊理论的求解方法对其进行求解，通过计算就可以得出各项原因对关键不安全行为的影响度。模型构建的思路如图 8.10 所示。

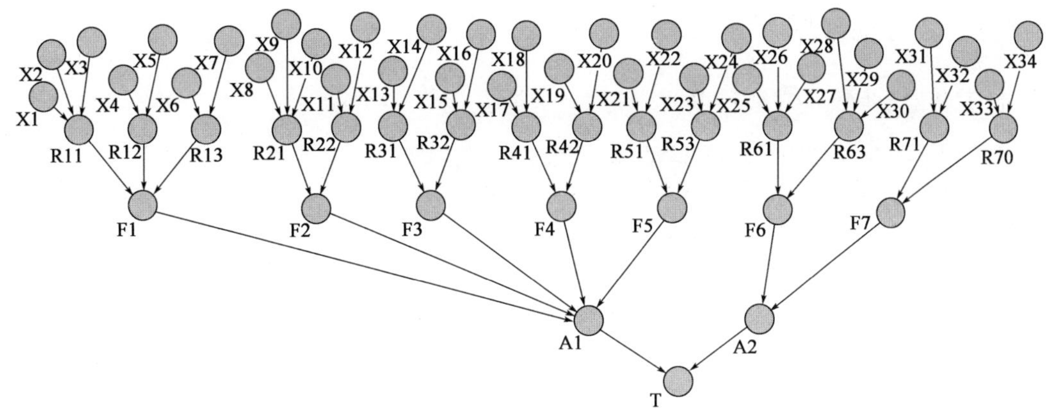

图 8.9　坠物伤人事故的贝叶斯网络模型

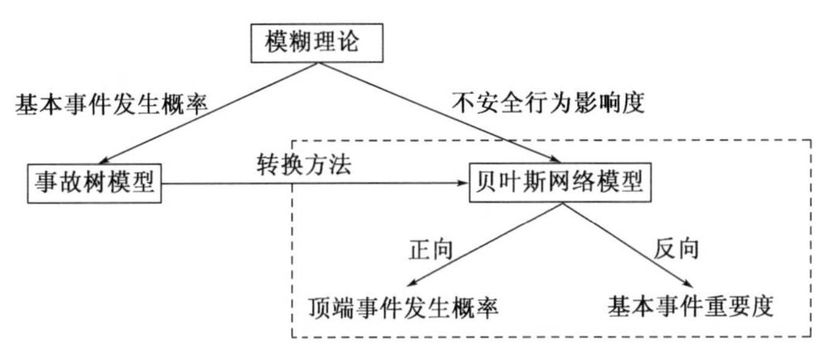

图 8.10　模型构建思路

8.3　码头作业安全流程设计优化

8.3.1　优化目标

模型建立及流程改进的目标是降低码头钢板库场作业中人的不安全行为的发生概率，通过对导致不安全行为的因素的控制，降低事故的发生概率。因此，本文的优化目标为：

$$obj \quad \min P_T = P_{A_1} \cap P_{A_2} \tag{8.13}$$

$$P_{A_1} = (P_{R_{11}} \cup P_{R_{12}} \cup P_{R_{13}}) \cup (P_{R_{21}} \cup P_{R_{22}}) \cup (P_{R_{31}} \cup P_{R_{32}}) \cup (P_{R_{41}} \cup P_{R_{42}}) \cup (P_{R_{51}} \cup P_{R_{53}}) \tag{8.14}$$

$$P_{A_2} = (P_{R_{61}} \cup P_{R_{13}}) \cup (P_{R_{71}} \cup P_{R_{74}}) \tag{8.15}$$

约束条件为：

$$s.t. \quad t'_p \leqslant t_p(1+\delta) \tag{8.16}$$

其中，优化目标式(8.13)是使事故发生的概率 P_T 最低，式(8.14)、式(8.15)为目标函数中各项的展开，P_T 受 A_1、A_2 发生概率的共同约束；式(8.16)为约束条件，要求优化后的作业流程时间不得超过原作业流程时间 t_P 的 δ(本文取 $\delta = 20\%$)，以合理优化新作业流程的作业效率。

8.3.2 求解步骤

本文的求解步骤如图8.11所示,分为三个阶段。

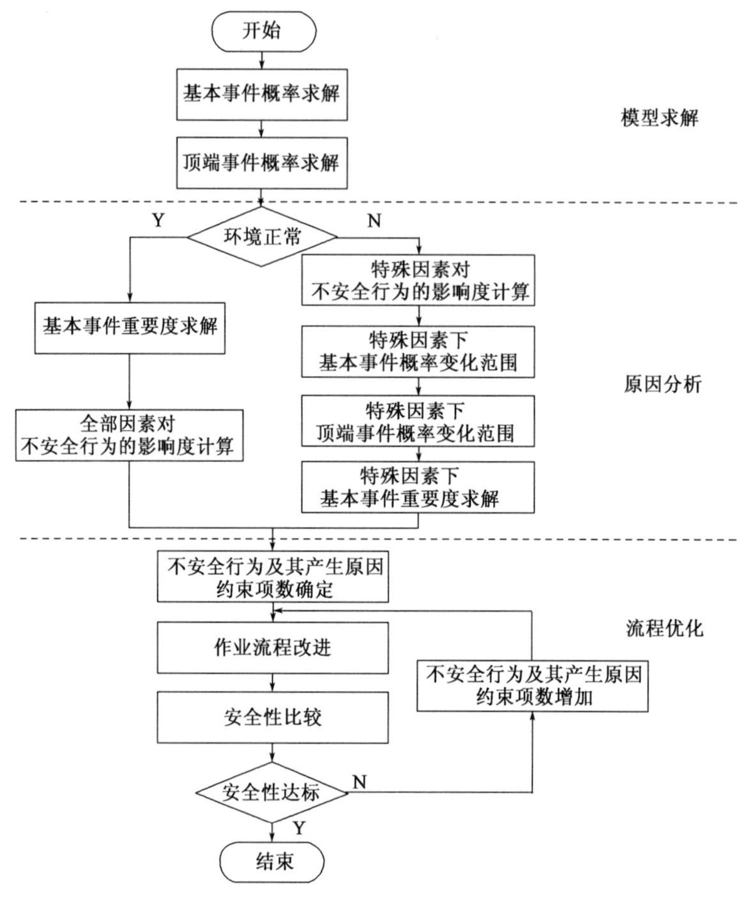

图8.11 模型的求解步骤

(1)模型求解阶段

首先对基本事件概率进行求解,通过模糊化语言对基本事件发生的概率进行描述,再利用模糊数清晰化的方法计算基本事件的发生概率;随后,利用贝叶斯网络的正向推理能力,对顶上事件概率 P_T 进行求解。

(2)原因分析阶段

首先判断环境情况。若环境正常,则利用贝叶斯网络的反向推理能力求解各项基本事件的重要度,并计算可能导致不安全行为的全部原因对不安全行为的影响度。若环境异常,则先计算特殊环境对不安全行为的影响程度,并对受该项环境影响的不安全行为的发生概率范围进行计算,再利用计算结果,分别推导在该环境下顶上事件的发生概率范围和基本事件的重要度。通过这个阶段的计算和分析,可以准确发现导致事故发生的关键不安全行为,以及不同原因对该项不安全行为的影响度,为流程优化提供合理依据。

(3)流程优化阶段

首先根据计算结果,设定想要控制的不安全行为项数和其产生原因项数。在不安全行为项数控制方面,可以采用根据重要度排名从高到低依次进行控制,也可以针对不同作业步骤,控制其中重要度排名最高的基本事件;在不安全行为产生原因项数控制方面,可以对影响度排名第一的原因进行控制,也可以对影响度排名前两名的原因进行控制,控制方式可以由设计者自由选择。

在项数设定完毕后,对作业流程进行改进。增加作业步骤控制不安全行为产生的原因,从而降低不安全行为的发生概率。对改进的流程,再次利用模型求解方法,对改进后作业流程的顶上事件发生概率进行重新计算,比较改进前后的计算结果,达标则完成作业改进;否则增加约束项数,降低不安全行为的发生概率,重新对作业流程进行修正,直到满足要求为止。

8.3.3　基本事件概率求解

由于对基本事件发生概率的描述的不确定性,本研究采用模糊集理论进行分析。

(1)模糊集及其隶属度函数

模糊集$\tilde{A}$的定义为:在给定论域 U 上,任何一个 $x \in \tilde{A}$,都有一个数 $\mu_{\tilde{A}}(x) \in [0,1]$ 与之对应,$\mu_{\tilde{A}}(x)$就成为 x 对$\tilde{A}$的隶属度,$\mu_{\tilde{A}}$为$\tilde{A}$的隶属函数。模糊数可以处理比如“较好”“很高”等模糊语言的描述,模糊数的形式有多种,本文主要应用三角模糊函数和梯形模糊函数。

三角模糊函数表示为$\tilde{A}=(a,b,c)$,它的隶属函数表示为式(8.17):

$$\mu_{\tilde{A}}(x)=\begin{cases}0; & x \leqslant a \\ (x-a)/(b-a); & a<x \leqslant b \\ (c-x)/(c-a); & b<x \leqslant c \\ 0; & x>c\end{cases} \tag{8.17}$$

当 $x=b$ 时,$\mu_{\tilde{A}}(b)=1$,对应三角模糊函数的最可能值;当 $x=a$ 或者 $x=c$ 时,$\mu_{\tilde{A}}(a)=\mu_{\tilde{A}}(c)=0$, 对应三角模糊函数的最不可能值。

梯形模糊数表示为$\tilde{A}=(a,b,c,d)$,它的隶属函数表示为式(8.18):

$$\mu_{\tilde{A}}(x)=\begin{cases}0; & x \leqslant a \\ (x-a)/(b-a); & a<x \leqslant b \\ 1; & b<x \leqslant c \\ (d-x)/(d-c); & c<x \leqslant d \\ 0; & x>d\end{cases} \tag{8.18}$$

当 $x \in [b,c]$时,$\mu_{\tilde{A}}(b)=1$,对应梯形模糊树最可能值;当 $x \in [-\infty,a] \cup [d,+\infty]$时,对应梯形模糊数的最不可能值。

(2)模糊集的运算

对于给定的数值 $\lambda \in [0,1]$,模糊集,$\tilde{A}$、$\tilde{B}$的 λ 截集可表示为:

$$A_\lambda=\{x \mid x \in R, \mu_{\tilde{A}} \geqslant \lambda\}=[a_1^\lambda, b_1^\lambda] \tag{8.19}$$

$$B_\lambda=\{x \mid x \in R, \mu_{\tilde{B}} \geqslant \lambda\}=[a_2^\lambda, b_2^\lambda] \tag{8.20}$$

这样,模糊数之间的运算就可以通过截集进行表示:

$$\tilde{A}(+)\tilde{B}=A_{\lambda}+B_{\lambda}=[a_1^{\lambda}+a_2^{\lambda},b_1^{\lambda}+b_2^{\lambda}] \tag{8.21}$$

$$\tilde{A}(-)\tilde{B}=A_{\lambda}-B_{\lambda}=[a_1^{\lambda}-a_2^{\lambda},b_1^{\lambda}-b_2^{\lambda}] \tag{8.22}$$

$$\tilde{A}(\times)\tilde{B}=A_{\lambda}\times B_{\lambda}=[a_1^{\lambda}\times a_2^{\lambda},b_1^{\lambda}\times b_2^{\lambda}] \tag{8.23}$$

$$\tilde{A}(\div)\tilde{B}=A_{\lambda}\div B_{\lambda}=[a_1^{\lambda}\div a_2^{\lambda},b_1^{\lambda}\div b_2^{\lambda}] \tag{8.24}$$

(3)基本事件的模糊语言描述

本文采用7种模糊化语言:“很低”“低”“偏低”“中等”“偏高”“高”“很高”对给定事件的发生概率进行综合性地评估,分别用f_{VL},f_L,f_{FL},f_M,f_{FH},f_H,f_{VH}表示。用1~7分别表示每种模糊语言所对应的概率等级,然后将评估结果转化为三角模糊数和梯形模糊数的形式对基本事件进行描述。对于给定的$\lambda\in[0,1]$,模糊数A的截集可表示为:

$$A_{\lambda}=\{x\mid x\in R,\mu_{\tilde{A}}\geqslant\lambda\}=[a_1^{\lambda},a_2^{\lambda}] \tag{8.25}$$

本文建立的模糊截集量级的确定基于以下两点:

第一,根据国家安全生产监督管理总局统计司的分析报告,基本事件的失效概率量级为10^{-3},本文根据此量级设置三角模糊数和梯形模糊数的形式。

第二,考虑到该码头的事故发生概率统计,发生概率超过1%的不安全行为在实际生活中少有发生,因此本文认为失效概率超过1%的不安全行为发生概率为0。

由此划分7种模糊化语言的模糊数形式和λ截集见表8.8,隶属函数见图8.12。

模糊性语言的模糊数形式和 λ 截集表示 表8.8

等级	模糊性语言	模糊数形式	λ 截 集
1	很低	$f_{VL}=(0,0,0.001,0.002)$	$f_{VL}^{\lambda}=[0,-0.001\lambda+0.002]$
2	低	$f_L=(0.001,0.002,0.003)$	$f_L^{\lambda}=[0.001\lambda+0.001,-0.001\lambda+0.003]$
3	偏低	$f_{FL}=(0.002,0.003,0.004,0.005)$	$f_{FL}^{\lambda}=[0.001\lambda+0.002,-0.001\lambda+0.005]$
4	中等	$f_M=(0.004,0.005,0.006)$	$f_M^{\lambda}=[0.001\lambda+0.004,-0.001\lambda+0.006]$
5	偏高	$f_{FH}=(0.005,0.006,0.007,0.008)$	$f_{FH}^{\lambda}=[0.001\lambda+0.005,-0.001\lambda+0.008]$
6	高	$f_H=(0.007,0.008,0.009)$	$f_H^{\lambda}=[0.001\lambda+0.007,-0.001\lambda+0.009]$
7	很高	$f_{VH}=(0.008,0.009,0.01,0.01)$	$f_{VH}^{\lambda}=[0.001\lambda+0.008,0.01]$

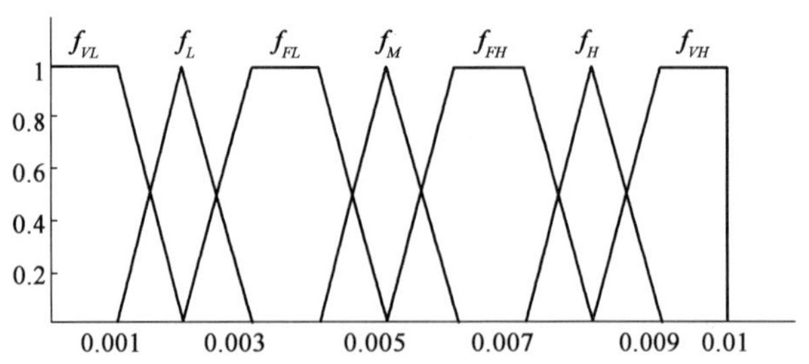

图8.12 模糊性语言的隶属函数

对多个专家对相同事件的评价结果进行综合,在得到专家意见的结果后,需要用带权重的平均方法对专家的评估值进行修正。本文采用判断矩阵法计算基本事件发生的概率:

$$P_a = \sum_{b=1}^{n} \omega_{ab} E_{ab} / \sum_{b=1}^{n} \omega_{ab} \tag{8.26}$$

式中，P_a表示所有专家对第 a 项行为可能发生的概率的综合评价结果；ω_{ab}表示第 b 位专家在评价第 a 项行为时所具有的权重系数；E_{ab}表示第 b 位专家对第 a 项行为的评价结果；a 表示被评估的事件；b 表示专家的位数。专家权重的确定方法将在随后介绍。

(4)模糊数清晰化的积分值法

在各方法中，积分值法与模糊数 λ 截集运算的匹配度较高[42]，因此本文采用积分值法对模糊数进行清晰化处理。由于三角模糊函数和梯形模糊函数都是左隶属函数单调递增，右隶属函数单调递减的 LR 类型模糊数，所以分别求其左右隶属函数的反函数，并对反函数求积分，得到基本事件的概率：

$$P(X) = (1-\alpha) I_L(\tilde{A}) + a I_R(\tilde{A}) \tag{8.27}$$

式中，$\alpha \in [0,1]$ 为乐观系数，当 $\alpha = 0$ 或 $\alpha = 1$ 时，分别对应模糊数$\tilde{A}$的上界和下界，$\alpha = 0.5$为模糊数的代表值。$I_L(\tilde{A})$ 表示模糊函数左隶属函数的反函数积分值；$I_R(\tilde{A})$表示模糊函数右隶属函数的反函数积分值，分别表示为：

$$I_L(\tilde{A}) = \frac{1}{2}\left[\sum_{\lambda=0.1}^{1} \lambda_a(\tilde{A})\Delta\lambda + \sum_{\lambda=0}^{0.9} \lambda_a(\tilde{A})\Delta\lambda\right] \tag{8.28}$$

$$I_R(\tilde{A}) = \frac{1}{2}\left[\sum_{\lambda=0.1}^{1} \lambda_b(\tilde{A})\Delta\lambda + \sum_{\lambda=0}^{0.9} \lambda_b(\tilde{A})\Delta\lambda\right] \tag{8.29}$$

式中，$\lambda_a(\tilde{A})$ 表示模糊数$\tilde{A}$的 λ 截集的下界；$\lambda_b(\tilde{A})$表示模糊数$\tilde{A}$的 λ 截集的上界，$\lambda = 0, 0.1, \cdots, 1$；$\Delta\lambda = 0.1$。

(5)专家权重计算

专家对基本事件对作业安全性的影响的判断结果往往受到专家能力、知识掌握程度和经验等方面的影响，所以需要考虑这些因素对判断结果的影响。本研究采用权重法，确定专家的权重的步骤如下：

①权重计算指标的选取。根据对码头实际情况的调查，选取职务、工龄、学历三项指标。

②权重计算指标的量化。将工龄、学历、职务三项指标进行量化处理。职务指标划分为工人、组长、班长、工区长、车间主任及以上五个等级；工龄指标依次分为小于1年、1～5年、5～10年、10～15年、15年及以上五个等级；学历指标分为小学、初中或中专、高中、大专、大学及以上五个等级。为了将三项指标统一到一个基准进行处理，对于每项中的五个不同等级，分别定义其基准值为1、3、5、7、9。

③归一化计算。对量化后的评价指标基准值进行归一化处理，统一转换到[0,1]范围内，得到归一化量化评价矩阵 $r_{a\times b}$，其中

$$r_{ab} = \frac{x_{ab}}{\sum_{b=1}^{d} x_{ab}} \tag{8.30}$$

式中，$a = 1,2,3$ 分别表示职务、工龄、学历三项评价指标；d 表示参与评分的专家数量；x_{ab}表示第 b 位专家的第 a 项评价指标的量化值，$b = 1,2,\cdots,d$。

④权重计算。对选取的评价指标的重要性进行区分，为其分配不同的权值，指标的权重向量 $\alpha = [\alpha_1, \alpha_2, \cdots, \alpha_n]$应满足：

$$\sum_{i=1}^{n} a_i = 1 \tag{8.31}$$

由此,求得专家权重向量:

$$s = a \times r \tag{8.32}$$

此处选取职务的权重为 0.4,工龄的权重为 0.3,学历的权重为 0.3,则 $\alpha = [0.4, 0.3, 0.3]$。

8.3.4 顶上事件概率求解

利用贝叶斯网络的正向推理能力,对码头钢板库场卸货作业中坠物伤人事故的发生概率进行求解。设 E 为样本空间,A 为 E 的事件,Ω 为 E 的样本空间,$B_1, B_2, \cdots, B_n$ 为 Ω 的分割,且 $P(B_i) > 0, i = 1, 2, \cdots, n$,则:

$$P(A) = \sum_{i=1}^{n} P(B_i) P(A \mid B_i) \tag{8.33}$$

式(8.33)为全概率公式。在此基础上,贝叶斯公式定义为:

$$P(B_i \mid A) = \frac{P(B_i) P(A \mid B_i)}{\sum_{j=1}^{n} P(B_j) P(A \mid B_j)} \tag{8.34}$$

由于基本事件的概率分布函数不以其他事件为条件,是相互独立的,因此,各中间事件的发生概率可由全概率公式得出。由此,T 的概率可由全概率公式计算得到:

$$P(T) = P(A_1) \times P(A_2) = \sum_{i=1}^{5} P(F_i) P(A_1 \mid F_i) \times [P(F_6) P(A_2 \mid F_6) + P(F_7) P(A_2 \mid F_7)] \tag{8.35}$$

其余事件发生的概率亦由上式逐一推导。

8.3.5 基本事件重要度计算

假定已知系统发生事故,即 $P_T = 1$,则各基本事件发生的后验边缘概率 β:

$$\beta_{X_i} = P(X_i \mid T = 1) = \frac{P(X_i, T = 1)}{P(T = 1)} = \frac{P(T = 1 \mid X_i) \times P(X_i)}{P(T = 1)} \tag{8.36}$$

由此,

$$\beta_{A_1} = P(A_1 \mid T = 1) = \frac{P(A_1, T = 1)}{P(T = 1)} = \frac{P(T = 1 \mid A_1) \times P(A_1)}{P(T = 1)} \tag{8.37}$$

$$\beta_{A_2} = P(A_2 \mid T = 1) = \frac{P(A_2, T = 1)}{P(T = 1)} = \frac{P(T = 1 \mid A_2) \times P(A_2)}{P(T = 1)} \tag{8.38}$$

根据式(8.36)可以推算出各项基本事件的后验边缘概率,在此同样不进行赘述。

后验边缘概率反映了基本事件对顶上事件的影响,概率值越大,表示该基本事件对顶上事件的影响度越大。根据基本事件的后验边缘概率值的由大到小排序,得到基本事件对顶上事件影响的重要度排名。在作业流程的设计中,应该避免重要度排名靠前的基本事件发生。

8.3.6 不安全行为产生原因影响度计算

本节尝试计算前述 10 项原因对不安全行为的影响度。通过调查问卷可以得 $Z_1 \sim Z_{10}$ 对不安全行为的影响程度的模糊表示,经过对专家的评价结果的处理以及清晰化计算,就得到 $Z_1 \sim Z_{10}$ 对不安全行为的影响度。$Z_1 \sim Z_{10}$ 对不安全行为的影响的模糊数形式和 λ 截集的取值情况如表 8.9 所示。

$Z_1 \sim Z_{10}$ 影响的模糊数形式和 λ 截集　　表 8.9

等级	模糊语言	模糊数形式	λ 截集
1	很小	$f_{VL}=(0,0,0.1,0.2)$	$f_{VL}^{\lambda}=[0,-0.1\lambda+0.2]$
2	小	$f_L=(0.1,0.2,0.3)$	$f_L^{\lambda}=[0.1\lambda+0.1,-0.1\lambda+0.3]$
3	偏小	$f_{FL}=(0.2,0.3,0.4,0.5)$	$f_{FL}^{\lambda}=[0.1\lambda+0.2,-0.1\lambda+0.5]$
4	一般	$f_M=(0.4,0.5,0.6)$	$f_M^{\lambda}=[0.1\lambda+0.4,-0.1\lambda+0.6]$
5	偏大	$f_{FH}=(0.5,0.6,0.7,0.8)$	$f_{FH}^{\lambda}=[0.1\lambda+0.5,-0.1\lambda+0.8]$
6	大	$f_H=(0.7,0.8,0.9)$	$f_H^{\lambda}=[0.1\lambda+0.7,-0.1\lambda+0.9]$
7	很大	$f_{VH}=(0.8,0.9,1,1)$	$f_{VH}^{\lambda}=[0.1\lambda+0.8,1]$

由式(8.27)~式(8.29),计算 $Z_1 \sim Z_{10}$ 对不安全行为的影响度向量:

$$N=[N_1,N_2,\cdots,N_{10}] \tag{8.39}$$

式中,N_p 表示 Z_p 对不安全行为的影响度,$p=1,2,\cdots,10$。通过对不安全行为中影响度最高的原因进行控制,就能够降低高重要度不安全行为的产生概率,从而降低作业的风险,得到安全度高的作业流程。

8.4　案例分析

8.4.1　案例简介

针对我国北方某港口散货码头的钢板装卸作业为实例进行分析,作业流程如图 8.1 所示。本文针对坠物伤人事故进行概率计算,并对计算结果进行分析,对作业流程进行改进。采用目前比较成熟的贝叶斯网络推理计算软件 JavaBayes 为工具进行分析。

8.4.2　基本事件概率计算

(1)专家权重计算

选取 5 名熟悉码头钢板库场卸货作业的专家,就基本事件对作业安全性影响的程度进行打分。因此,$d=5$。5 名专家的三项指标情况见表 8.10。

第一组专家信息量化表　　表 8.10

	专家 1	专家 2	专家 3	专家 4	专家 5
职务	9	9	1	5	1
工龄	3	9	5	5	5
学历	7	7	7	3	3

以专家1为例，其职务是车间主任，因此基准值为9。针对专家1的职务情况，归一化计算的过程为：

$$r_{11}=\frac{x_{11}}{\sum_{b=1}^{5}x_{1b}}=\frac{9}{9+9+1+5+1}=\frac{9}{25}=0.360$$

根据此计算方法，得到归一化处理后的专家权重指标矩阵 r，计算结果精确到 10^{-3}：

$$r=\begin{bmatrix}0.360 & 0.360 & 0.040 & 0.200 & 0.040\\ 0.111 & 0.333 & 0.185 & 0.185 & 0.185\\ 0.259 & 0.259 & 0.259 & 0.111 & 0.111\end{bmatrix}$$

由式(8.32)得权重向量 s，$s=[0.255,\ 0.322,\ 0.149,\ 0.169,\ 0.105]$。

(2)基本事件发生概率计算

以基本事件 X_1 为例计算其先验概率。第一组专家对 X_1 事件的评价结果依次为“高”“偏高”“低”“低”“低”。根据式(8.30)和式(8.32)得到：

$$\begin{aligned}P_{X_1}=&0.255\times[0.001\lambda+0.007,\ -0.001\lambda+0.009]+0.322\times[0.001\lambda+0.005,\\ &-0.001\lambda+0.008]+0.149\times[0.001\lambda+0.001,\ -0.001\lambda+0.003]+\\ &0.169\times[0.001\lambda+0.001,\ -0.001\lambda+0.003]+\\ &0.105\times[0.001\lambda+0.001,\ -0.001\lambda+0.003]\end{aligned}$$

$$P_{X_1}=[0.001\lambda+0.003818,\ -0.001\lambda+0.00614] \tag{8.40}$$

转化为模糊数形式：$P_{X_1}=(0.003818,0.004818,0.00514,0.00614)$。根据式(8.27)～式(8.29)的模糊数清晰化方法，得到：

$$P_{X_1}=0.0050=0.5\times10^{-3}$$

依次类推，可得到坠物伤人不安全行为的发生概率，第一组专家对34项不安全行为发生概率的打分情况见表8.11。采用Matlab平台对基本事件的发生概率进行计算，得到不安全行为发生概率的计算结果见表8.12。

不安全行为的专家打分情况　　表8.11

编号	X_1	X_2	X_3	X_4	X_5	X_6	X_7	X_8	X_9	X_{10}	X_{11}	X_{12}	X_{13}	X_{14}	X_{15}	X_{16}	X_{17}
专家1	6	6	4	6	6	6	6	6	4	6	6	6	2	2	6	4	6
专家2	5	3	2	1	1	6	6	6	2	6	5	2	1	1	5	1	1
专家3	2	1	1	2	3	1	1	1	1	1	2	1	4	2	2	4	1
专家4	2	3	4	5	2	2	2	3	3	2	2	2	4	2	2	2	3
专家5	2	2	3	5	3	1	2	2	6	4	3	3	4	7	2	3	4
编号	X_{18}	X_{19}	X_{20}	X_{21}	X_{22}	X_{23}	X_{24}	X_{25}	X_{26}	X_{27}	X_{28}	X_{29}	X_{30}	X_{31}	X_{32}	X_{33}	X_{34}
专家1	4	6	6	6	2	6	6	2	1	1	6	6	6	6	3	4	2
专家2	3	5	1	4	5	4	6	2	1	3	2	1	3	4	3	4	1
专家3	1	2	2	2	1	4	4	4	4	2	1	1	1	2	1	7	4
专家4	3	2	5	3	2	3	3	1	2	2	3	2	2	3	2	3	4
专家5	6	2	5	5	6	2	5	5	5	2	1	3	2	5	5	3	4

导致 T 发生的不安全行为的发生概率（单位：10^{-3}）　　表 8.12

基本事件	概率	基本事件	概率	基本事件	概率
X_1	5	X_{13}	2.9	X_{25}	2.7
X_2	4.1	X_{14}	2.4	X_{26}	2.2
X_3	3.2	X_{15}	5	X_{27}	2.2
X_4	4.4	X_{16}	3	X_{28}	3.5
X_5	3.5	X_{17}	3.5	X_{29}	3.1
X_6	5.1	X_{18}	3.9	X_{30}	3.8
X_7	5.3	X_{19}	5	X_{31}	5.2
X_8	5.5	X_{20}	4.4	X_{32}	3.2
X_9	3.5	X_{21}	5.2	X_{33}	5.2
X_{10}	5.6	X_{22}	3.9	X_{34}	2.9
X_{11}	5.1	X_{23}	5.2		
X_{12}	3.5	X_{24}	6.6		

（3）顶上事件概率求解

首先，利用前面介绍的方法计算 A_1、A_2 发生的概率，得：$P_{A1}=0.0997$，$P_{A2}=0.0335$。

然后，利用式（8.33）对顶上事件 T 发生的概率进行求解，得到其概率值 P_T：

$$P_T=P_{A_1}\times P_{A_2}=0.0033$$

根据对该码头已发生事故的统计，钢板装卸作业发生重大事故的概率约在 5‰以内，负伤频率在 15‰以内。由计算结果看，钢板库场卸货作业坠物伤人的概率约为 3.3‰，符合实际作业中事故发生概率的范围。

（4）基本事件重要度计算

根据 8.3 节的方法，对导致事故发生的不安全行为进行重要度计算。各基本事件的重要度及排序情况结果见表 8.13。

基本事件重要度计算　　表 8.13

	1	2	3	4	5	6	7
F_1	β_{X7}	β_{X6}	β_{X1}	β_{X4}	β_{X2}	β_{X5}	β_{X3}
	0.0532	0.0511	0.0501	0.0441	0.0411	0.0351	0.0321
F_2	β_{X10}	β_{X8}	β_{X11}	β_{X9}	β_{X12}		
	0.0562	0.0552	0.0511	0.0351	0.0351		
F_3	β_{X15}	β_{X16}	β_{X13}	β_{X14}			
	0.0501	0.0301	0.0291	0.0241			
F_4	β_{X19}	β_{X20}	β_{X18}	β_{X17}			
	0.0501	0.0441	0.0391	0.0351			
F_5	β_{X24}	β_{X21}	β_{X23}	β_{X22}			
	0.0662	0.0521	0.0521	0.0391			

续上表

	1	2	3	4	5	6	7
F_6	β_{X30}	β_{X28}	β_{X29}	β_{X25}	β_{X26}	β_{X27}	
	0.1135	0.1045	0.0926	0.0806	0.0657	0.0657	
F_7	β_{X31}	β_{X33}	β_{X32}	β_{X34}			
	0.1553	0.1553	0.0956	0.0866			

由此表可以看出在 $F_1 \sim F_7$ 各项中重要度排序首位的7项基本事件，吊车挂钩作业中的理货员配合失误、在吊车起吊作业中的指挥手指挥不平衡起吊、在吊车运输作业中的吊车司机钩行速度过快、在吊车落钩过程中的吊车司机落钩过快、库场摘钩作业中的理货员扶钩未使用刨钩是引发五项作业步骤中坠物事故的主要原因；理货员在操作人员视线范围外作业和指挥手未制止无关人员进入作业范围是导致人出现在坠物下方的主要原因。

下面将通过预防这些不安全行为的产生，降低事故的概率。

8.4.3 不安全行为产生原因影响度计算

(1)专家权重计算

邀请26位码头钢板作业领域从事不同工作内容的专家，对不安全行为产生原因的影响度进行评价，$d'=26$。26位专家的职务、工龄、学历情况见表8.14。

利用8.4.3节的方法对专家权重进行计算，求得第二组专家的权重向量 s'。

$$s'=[0.019,0.045,0.028,0.023,0.042,0.036,0.058,0.034,0.034,0.019,0.015,0.033,0.037,0.029,0.029,0.034,0.033,0.029,0.034,0.045,0.052,0.048,0.048,0.059,0.065,0.070]$$

第二组专家信息量化表　　表8.14

专家编号	1	2	3	4	5	6	7	8	9	10	11	12	13
职务	1	5	3	1	5	3	7	3	3	1	1	1	1
工龄	5	7	5	3	3	5	7	9	9	5	3	9	9
学历	3	5	3	7	7	7	7	3	3	3	3	7	9
专家编号	14	15	16	17	18	19	20	21	22	23	24	25	26
职务	1	1	1	1	1	3	5	5	5	5	7	7	9
工龄	9	9	7	9	9	9	5	9	9	9	5	9	9
学历	5	5	9	7	5	3	7	7	5	5	9	9	7

(2)原因影响度计算

26名专家就附录B中，$Z_1 \sim Z_{10}$ 这10项原因对作业安全性影响的评价结果见表8.15。由式(8.27)~式(8.29)，计算出 $Z_1 \sim Z_{10}$ 对不安全行为的影响度向量 N：

$$N=[0.7853,0.5875,0.4376,0.4446,0.7358,0.6195,0.4997,0.3833,0.5782,0.4197]$$

根据计算结果，可以分析出作业流程中每项不安全行为的产生原因及原因的重要度排序，以 X_1 即指挥手在吊车挂钩作业中“指挥落钩过快”这项不安全行为为例，X_1 主要受指挥手性格情绪、组织管理和温度因素的影响。其中,性格情绪的不良更容易导致 X_1 的产生,温度因素其次,组织管理因素相对较弱。为此,若想限制 X_1 的发生概率,需要优先从避免指挥手性格情绪的不良状态入手。

Z_1 ~ Z_{10}对作业安全性影响的打分情况　　表 8.15

专家编号	Z_1	Z_2	Z_3	Z_4	Z_5	Z_6	Z_7	Z_8	Z_9	Z_{10}
1	4	4	2	3	7	5	3	2	4	2
2	7	7	6	6	7	7	5	6	5	5
3	7	5	2	2	6	7	3	3	6	3
4	7	6	4	6	7	7	5	4	6	6
5	6	4	3	3	6	6	2	4	5	3
6	4	4	3	3	4	4	4	6	5	2
7	7	6	3	5	6	6	4	3	4	5
8	6	4	5	3	4	1	5	6	4	4
9	6	4	5	3	4	1	5	1	4	4
10	6	4	5	3	4	1	5	4	4	3
11	6	4	5	3	4	1	5	3	3	4
12	7	5	3	3	7	6	2	4	4	3
13	4	3	3	2	6	6	4	1	4	2
14	6	4	2	3	6	6	3	1	4	2
15	6	4	3	3	7	6	3	2	3	3
16	6	5	4	4	6	6	4	1	4	4
17	7	5	3	4	7	7	4	3	4	4
18	6	5	4	4	7	7	5	3	5	4
19	6	4	5	3	4	1	5	2	4	4
20	5	6	2	5	7	7	5	4	5	4
21	3	3	2	2	4	3	3	2	3	2
22	6	4	6	3	4	1	5	3	4	4
23	6	4	4	3	4	1	5	5	4	4
24	7	4	3	6	6	6	4	3	6	2
25	7	5	3	4	6	6	4	3	6	4
26	6	5	4	3	6	6	3	3	5	3

本文尝试控制重要度较高的 X_7、X_{10}、X_{15}、X_{19}、X_{24}、X_{30}、X_{31} 7 项不安全行为,分析其产生原因,并对其中影响度最高的原因进行控制,降低这 7 项不安全行为的发生概率。这 7 项原因分别是:体力不支导致的理货员在挂钩作业中配合失误、性格情绪不适导致的指挥手在起吊作业中不平衡起吊、设备的突发故障导致的吊车司机在运输过程中钩行速度过快、设备的突发故障导致的吊车司机在落钩作业中落勾过快、性格情绪不适导致的理货员在摘钩作业中扶勾未使用刨钩,及性格情绪导致的理货员站位不当、体力不支导致的指挥手未制止无关人员进入作业范围。

8.4.4 作业流程的改进效果

(1)改进措施

针对上述七项不安全行为的首要致因,分别增加对应的作业流程降低这些原因发生的可能性。

①针对“体力不支导致的理货员在挂钩作业中配合失误”,在作业前设立流程,对理货员的精神状态和体能状态进行检查,确保理货员在作业中体力充沛,并在作业中安排一名理货员专门检查卡位情况;

②针对“性格情绪不适导致的指挥手在起吊作业中的指挥不平衡起吊”,在组织管理过程中对指挥手的性格进行测试和筛选,选择性格特点适合码头作业的工作人员,并在作业前设立流程,检查指挥手的情绪状态;

③针对“设备的突发故障导致的吊车司机在运输过程中钩行速度过快”,在组织管理过程中对吊车司机进行突发状况应急处理培训,使吊车司机在遇到突发情况时,能够沉着应对,减少错误反应;同时增加作业流程,使指挥手协助确认起吊状态;

④针对“设备的突发故障导致的吊车司机在落钩作业中落钩过快”,与③相同,加强吊车司机对突发状况的处理能力;

⑤针对“性格情绪不良导致的理货员在摘钩作业中扶钩未使用刨勾”,在组织管理过程中对理货员的性格进行测试和筛选,选择性格特点适合码头作业的工作人员,并在作业前设立流程,检查理货员的情绪状态;

⑥针对“性格情绪不适导致的理货员站位不当”,与⑤相同;

⑦针对“体力不支导致的指挥手未制止无关人员进入作业范围”,设立作业流程,对指挥手的精神状态和体能状态进行检查,确保其能够以充沛的体力完成该项作业流程。

(2)改进效果

根据以上措施,设计改进的作业流程,如图 8.13 所示。

邀请之前的五位专家在改进的作业流程基础上对 X_7、X_{10}、X_{15}、X_{19}、X_{24}、X_{30}、X_{31} 7 项基本事件的发生概率重新予以评价,根据式(8.27)~式(8.29)得到 7 项基本事件的发生概率分别为:1.1×10^{-3},1.4×10^{-3},1.5×10^{-3},1.5×10^{-3},1.6×10^{-3},1.5×10^{-3},2.7×10^{-3}。由式(8.32)得:

$$P'_T = 0.0023 = 2.3‰$$

从计算结果可以看出,原作业流程的顶端事故的发生概率为 $P_T = 0.0033$。改进后的作业流程的顶端事故发生的概率有了 30% 幅度的明显下降。同时,通过对关键事件的控制,作业时间由原来的 $t_p = 190\text{s}$ 增加到约 $t_{p2} = 240\text{s}$,在容许的范围内。虽然作业效率有稍许降低,但大幅提高了作业的安全性。

在此基础上,可依据建模过程和计算结果,对码头钢板库场卸货作业流程提出管理建议,控制坠物伤人事故的发生。根据表 8.13 的重要度排名,建议管理者进一步控制重要度高的基本事件,如 X_{33} 与作业无关人员无故进入作业范围、X_{28} 理货员在钩行、悠钩方向作业、X_{32} 指挥手未指挥作业人员佩戴安全帽等。此外,在重要度的计算结果中,导致人出现在坠物下方的不安全行为重要度相对较高。这提示我们如确保人不在坠物下作业,就可以将事故中“人伤”的概率降至最低,至多导致“货损”,可以大幅降低事故的严重程度。

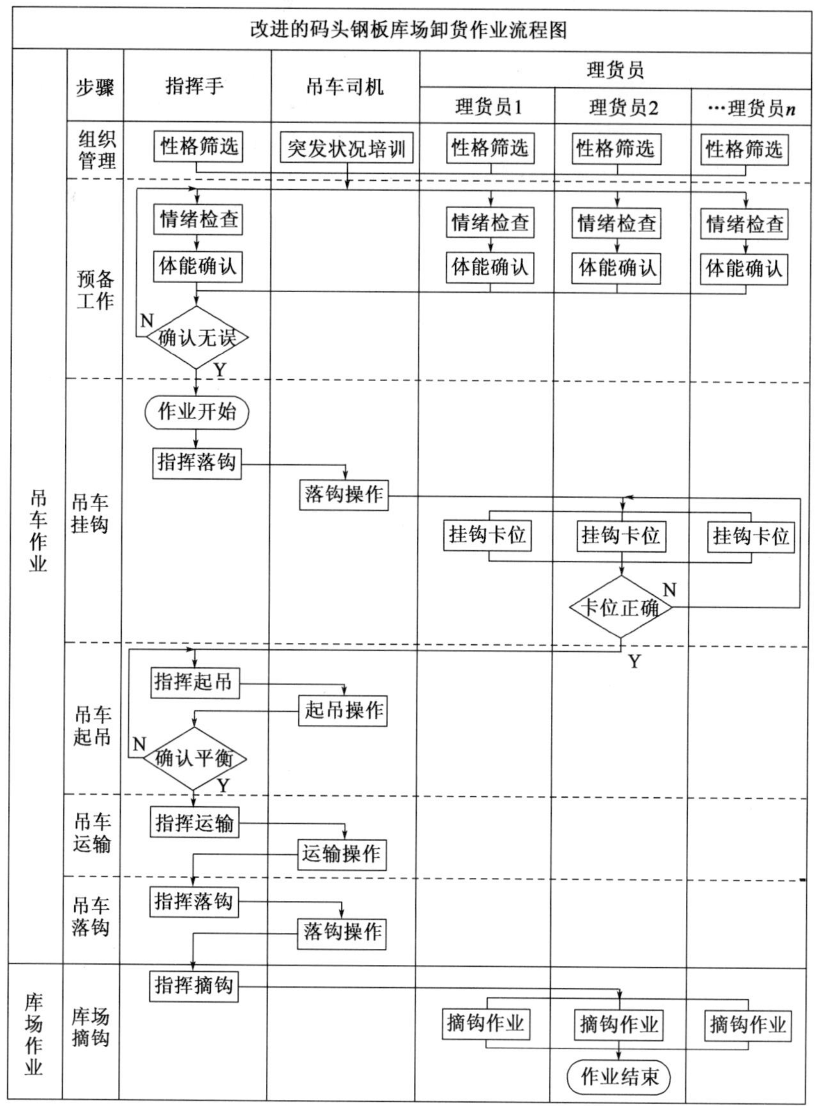

图8.13　正常环境下改进的作业流程

第3篇　智 慧 港 口

第 9 章　自动化集装箱码头作业系统

9.1　概述

发展自动化集装箱码头是应对国际航运物流界高效、低碳、安全的发展趋势的有效手段。自世界上第一个自动化集装箱码头 1993 年在鹿特丹港投产以来,国外发达国家一直大力研究、推进自动化集装箱码头的发展。进入 21 世纪以来,我国港口以及港口设备制造企业也在大力推进自动化集装箱码头的发展。

在自动化集装箱码头的建设上,我国现处于发展阶段。除了技术层面外,在制度、管理等"软环境"上,同样面临着很多亟待解决的难题。随着国内用工成本不断攀升以及全社会环境保护意识的增强和环保要求的提高,自动化集装箱码头已成为国内主要港口和码头运营商的关注焦点。在当今时代发展的要求下,港口企业开展自动化集装箱码头建设将是一个重要的发展方向。为做好我国自动化集装箱码头建设,从码头作业系统和作业设备的视角出发,需要解决若干关键问题:集装箱作业自动化需要解决哪些作业环节和作业设备问题?采用什么形式的集装箱自动化作业系统方案?如何实现集装箱作业设备的自动化?新技术如何应用于自动化码头?本篇试图为解答这些问题给出一些建议。

为此,本章针对前两个问题进行讨论。首先阐述传统集装箱码头作业系统的特点,对比分析全球先进自动化集装箱码头建设和发展特点,探讨从传统码头向自动化码头转换时在作业环节和作业设备方面需要解决的问题。然后通过对当前自动化集装箱码头作业系统的分析,给出对采用何种形式的集装箱自动化作业系统的若干建议。

9.2　集装箱码头作业系统分析

9.2.1　集装箱码头装卸系统分类

集装箱码头作业系统是按设定的集装箱装卸工艺组织起来的,由人员、设备、基础设施构成的作业系统。集装箱码头装卸工艺有很多种,依据不同的分类方式可以分为不同的工艺类型。集装箱码头岸边装卸工艺一般采用吊装工艺方法又称"垂直作业方式",即在岸边采用起重机用吊上/吊下的方式来装卸船上集装箱。这种装卸方法,一般在码头前沿设置集装箱起重机,目前使用较多的是岸边集装箱起重机(Quay crane, QC),即集装箱装卸桥(也称岸桥),进行集装箱的进出舱装卸作业,再配以其他机械进行水平搬运和堆场作业来完成集装箱的装卸。集装箱装卸工艺方式根据堆场上使用的机械类型可分为底盘车装卸工艺方案、跨运车装卸工艺方案、轮胎式集装箱门式起重机装卸工艺方案、轨道式集装箱门式起重机装卸工艺方案等，具体分类见表9.1。

集装箱装卸工艺划分方法　　表9.1

集装箱码头装卸工艺	水平搬运设备	堆场作业设备
底盘车装卸工艺	底盘车	无
跨运车装卸工艺	跨运车	跨运车
轮胎式集装箱门式起重机装卸工艺	集装箱拖挂车(集卡)	轮胎式集装箱门式起重机
轨道式集装箱门式起重机装卸工艺	集装箱拖挂车(集卡)	轨道式集装箱门式起重机

9.2.1.1　底盘车装卸工艺方案

(1)装卸工艺流程

底盘车(Trailer)装卸工艺方案作业流程见图9.1。进口箱作业时，集装箱装卸桥将船上卸下的集装箱直接装在底盘车上，然后由牵引车拉至堆场按顺序堆放，堆放期间，集装箱与底盘车不脱离，出场时集装箱牵引车将装有集装箱的底盘车从堆场上直接拖出港区；出口箱作业的过程则相反。该方案的主要特点是，集装箱在码头堆场的整个停留期间均放置在底盘车上。

图9.1　底盘车装卸工艺方案

(2)方案优缺点及适用情况

优点：堆场作业环节减少，装卸效率高；底盘车可直接用于陆运，搬运方便，适用于“门到门”运输；对场地的承载能力要求低，场地的铺面费用较低；堆场作业除牵引车拖带外，不需要其他复杂昂贵的装卸设备。

缺点：底盘车只能存放一层集装箱，堆场利用率相当低；底盘车不仅在码头堆场内使用，在堆场外也使用，故需频繁的修理和保养。

该工艺方案主要适用集装箱码头的起步阶段，特别是整箱门到门比例较大的码头；或是吞吐量较小，堆场较大的码头。

9.2.1.2　跨运车装卸工艺方案

(1)装卸工艺流程

跨运车(Straddle carriers)装卸工艺方案作业流程见图9.2。进口箱作业时，集装箱装卸桥将船上集装箱卸至码头前沿的场地上，然后由跨运车运至堆场进行堆垛，出场时由跨运车负责给外部拖挂车装车；出口箱作业的过程则相反。

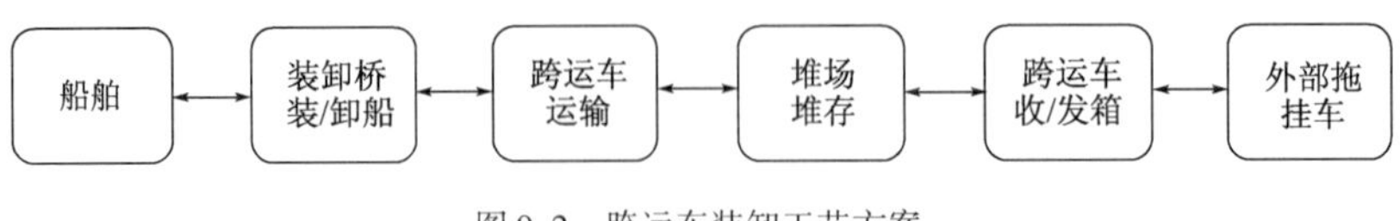

图9.2　跨运车装卸工艺方案

(2)方案优缺点及适用情况

优点:可一机完成多种作业,减少作业环节;便于提高码头前沿卸船效率;跨运车能堆码二到三层集装箱,与全底盘车方式比较,场地利用率较高。

缺点:维修复杂,维修费用高;对司机操作要求较高;跨运车运行转弯占用通道面积大;堆场翻箱倒垛作业困难。

该工艺方案主要适用于进口箱量大、出口箱量小的集装箱码头,特别是陆域堆场比较近的集装箱码头。

9.2.1.3 轮胎式集装箱门式起重机装卸工艺方案

(1)装卸工艺流程

轮胎式集装箱门式起重机(Rubber-tired gantry cranes, RTG)装卸工艺方案作业流程见图9.3。进口箱作业时,集装箱装卸桥将船上卸下的集装箱装在内部拖挂车上,并由内部拖挂车运至堆场,再由轮胎式集装箱门式起重机进行卸车和堆垛作业,出场时由轮胎式集装箱门式起重机负责给外部拖挂车装车;出口箱作业的过程则相反。

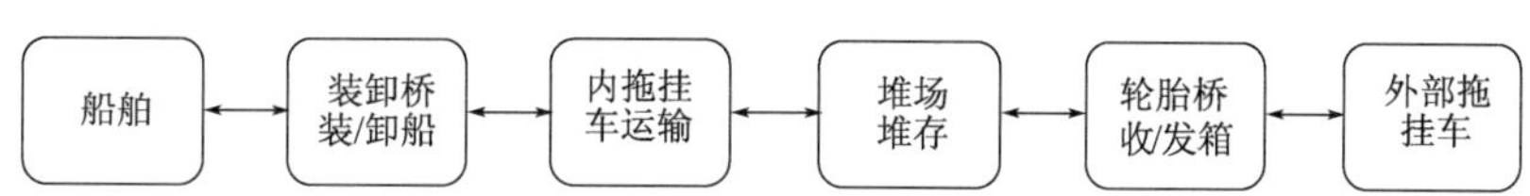

图9.3 轮胎式集装箱门式起重机装卸工艺方案

(2)方案优缺点及适用情况

优点:RTG不受轨道限制,可从一个箱区转移到另一个箱区;堆场利用率较高;水平运输设备和堆场作业设备分离,堆场装卸效率高。

缺点:初始设备投资和码头土建投资较大;RTG转场耗时较长;对堆场管理能力的要求高。

该工艺方案主要适用于陆地面积较小的码头。我国众多集装箱码头采用这种工艺系统。

9.2.1.4 轨道式装箱门式起重机装卸工艺方案

(1)装卸工艺流程

轨道式集装箱门式起重机(Rail-mounted gantry cranes, RMG)装卸工艺方案作业流程见图9.4。该工艺方案与轮胎式集装箱门式起重机装卸工艺方案的工艺流程类似,只是将堆场装卸机械由RTG改为RMG。

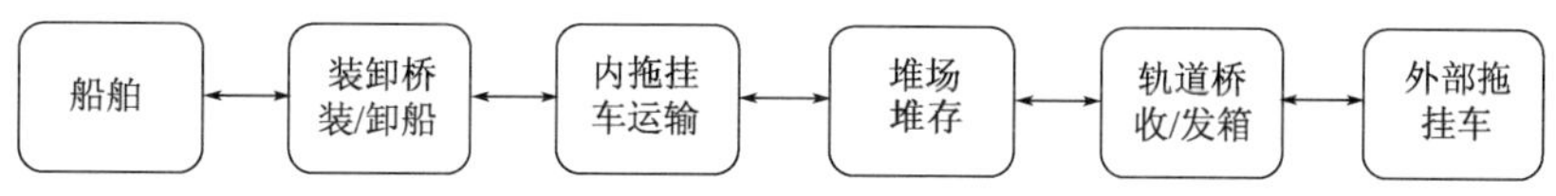

图9.4 轨道式集装箱门式起重机装卸工艺方案

(2)方案优缺点及适用情况

优点:RMG可充分利用堆场面积、提高堆场堆存能力;电力驱动,节省能源,装卸成本低;沿轨道运行,有利于实施计算机控制,易于集装箱装卸的自动化控制。

缺点:初始设备投资和码头土建投资较大;RMG不能转场,作业范围受到限制;对堆场管理能力的要求高。

该工艺系统适用于场地面积有限,集装箱吞吐量较大,计算机控制程度高的码头。

9.2.2 向自动化集装箱码头转换中的问题

为实现上述传统的集装箱码头作业系统向自动化集装箱码头的转换,需要在各个环节实现无人化和自动化。具体实施要点如表9.2所示。

传统作业和自动化作业方式比较　　表9.2

作业环节	传统码头	自动化码头	替代方式	实施要点
岸边作业	岸边装卸桥	自动化岸边装卸桥	无人作业设备	陆、海侧定位,集装箱开闭锁
水平作业	内部集卡 跨运车	AGV 无人跨运车	自动引导 无人作业设备	位置及路径定位、运动避让 位置及路径定位、运动避让
堆场作业	RTG RMG 跨运车	ARTG ARMG 无人跨运车	无人作业设备 无人作业设备 无人作业设备	位置及路径定位、运动避让 位置定位,易于实现 位置及路径定位、运动避让
闸口作业	人工操作	自动化	自动化	易于实现
作业系统	有人,信息化	自动化	自动化	指令的无人化、实时化,功能集成化,效果协调优化
实时监控	有人,信息化	实时自动采集信号	自动化	无人化,实时化
收发箱作业	RTG,RMG	RTG,RMG	ARTG,ARMG	边界作业,近似堆场作业
外部集卡	集装箱拖挂车	集装箱拖挂车	无	外部运输,无变化

由表9.2可以看出,在技术手段方面,实施码头作业自动化的关键技术包含两类技术:一是ICT技术,如无人化技术、定位技术、实时通信技术;二是系统的协调优化决策技术。另外,作业的标准化技术也是十分重要的保证措施。在设备升级方面,采用自动化设备如:自动化岸边装卸桥(Automatic Quay crane,AQC)、自动引导车(Automatic Guided Vehicle,AGV)、自动跨运车(Automatic Straddle Carrier,A-SC)、自动化轮胎式集装箱门式起重机(Automatic RTG,ARTG)、自动化轨道式集装箱门式起重机(Automatic RMG,ARMG)等。

9.3 自动化码头的发展现状

9.3.1 自动化码头的发展阶段

国际自动化集装箱码头的发展大致可以分为三个阶段,根据其设备自动化和管控系统的技术水平也可称为三代自动化集装箱码头。各代典型自动化码头的工艺设备情况如下[43,44]:

(1)第一代自动化集装箱码头

第一代自动化集装箱码头以1993年投入运营的荷兰鹿特丹港ECT Delta Sealand码头为

代表,它的特点是岸桥采用单小车结构,集装箱水平运输采用AGV并沿固定环形路线运行,AGV采用内燃机液压驱动,每个集装箱堆存区配置1台无人驾驶轨道桥吊。如果场桥发生故障,则堆场同一箱垛的装卸作业会受到严重影响。由于AGV以固定路线行驶,路线长,不灵活,会产生堵塞,堆场前沿占用面积大。因此,ECT在总结该自动化码头建设和使用经验的基础上进一步改进作业工艺。

(2)第二代自动化集装箱码头

第二代自动化集装箱码头以2002年投入运营的德国汉堡港CTA集装箱码头为代表,该码头与ECT自动化码头的最大区别在于岸桥采用双小车结构。双小车岸桥有利于提高装卸效率。另外,CTA码头AGV采用灵活路线运行,效率更高,但是调度更复杂。AGV起初采用内燃机液压驱动,后来采用柴油发电机供电的电力驱动,2009年逐步升级为动力电池供电的电力驱动以便减少排放。堆场每个集装箱堆存区配置一对轨距不同并运行在不同轨道上,可以相互穿越运行的轨道桥吊。

(3)第三代自动化集装箱码头

第三代自动化集装箱码头以2008年投入运营的荷兰鹿特丹港Euromax码头为代表。Euromax码头集成了ECT码头和CTA码头的优点,码头信息化程度更高。岸桥均采用了振华重工(ZPMC)的第二代双小车岸桥,速度高,定位准确。AGV采用柴油发电机电力驱动,速度和载重与CTA码头相同,但定位更精确。堆场每个集装箱堆存区内的轨道桥吊为接力式对称布置。

9.3.2 自动化码头的作业设备

9.3.2.1 岸边作业设备

岸桥是集装箱码头主要的岸边装卸设备,按照岸桥的小车数量可以将岸桥分为单小车岸桥和双小车岸桥两种类别;按照岸桥的吊具特点,则可以将岸桥分为双20英尺岸桥和双40英尺岸桥两种类别。单小车双20英尺岸桥(普通岸桥)已经被世界各大集装箱港口普遍采用,相对而言,双小车和双40英尺吊具则是两个较新的机型,多用于自动化集装箱码头[45]。

(1)双小车岸桥

双小车岸桥常见于自动化码头,在常规人工码头也有所使用。这种岸桥将传统单小车的装卸动作进行分解,配置两个小车机构,并通过中转平台接力完成集装箱的装卸。

优点:理论上可以压缩岸桥的整体作业时间,提高装卸效率20%左右;考虑到了船舶装卸时集装箱的拆锁问题,可以将该岸桥的中转平台作为集装箱的拆锁地点。

缺点:与单小车岸桥相比,其造价将大幅攀升,整体投资较大。

(2)双40英尺岸桥

双40英尺岸桥是一种新型的高效岸边装卸设备。通过对起升机构和吊具的改进,可以实现一次装卸两个40英尺集装箱。

优点:与普通单小车岸桥相比,理论上可大幅提高船舶装卸效率。

缺点:由于岸桥需两部水平运输车辆并行与其配合,因而对设备调度、设备作业配合和船舶配载组织管理水平要求较高。

(3)双40英尺双小车岸桥

双40英尺双小车岸桥综合双40英尺岸桥和双小车岸桥的优点,理论装卸效率达90~100TEU/小时。如图9.5所示,双40英尺双小车岸桥的主小车起升高度超过40m,在过泊平台上卸箱后即可返回进行下一操作;后小车起升高度低于15m,主要用于中转平台取箱,并将集装箱装在水平运输设备上。

9.3.2.2 水平运输设备

(1)自动引导车

自动导引车(AGV)是集装箱自动化码头的主要水平运输工具,具有无人驾驶、自动导航、自动行驶、定位精确、路径优化以及安全避障、自动诊断等智能化特征,是目前经过验证的、能够实现水平运输环节完全无人化自动操作并被港口广泛认可的设备解决方案。

AGV运行驱动方案有液力驱动、电力驱动和电池驱动。目前多采用电动方案。电力驱动的AGV采用柴电机组为变频电机供电,变频电机带动驱动桥及车轮实现整车运行;电池驱动则是采用锂电池组为动力直接驱动AGV整车运行,不再使用柴油。

为提高AGV系统作业效率,实现AGV在箱区头部作业环节解耦,近年来发展出了Lift-AGV水平运输工艺。Lift-AGV与传统AGV不同点主要在于Lift-AGV具有自动顶升功能,通过Lift-AGV与AGV伴侣结合使用,实现在箱区头部作业环节的解耦。AGV伴侣用于辅助AGV作业,是一种安置在集装箱堆场一侧AGV作业区的固定平台,能够通过液压装置对AGV进行取、放箱作业,在ARMG运行到AGV作业区前临时放置AGV所承载的集装箱,减少AGV等待ARMG的时间,进而提高整体装卸效率。AGV和AGV伴侣如图9.6所示。

图9.5 双40英尺双小车岸桥

图9.6 AGV及AGV伴侣

(2)自动跨运车

2002年12月,德国Gottwald公司完成自动跨运车(A-SC)的研制工作。该设备采用差分全球定位系统(DGPS)进行导引,集搬运、堆码和装卸功能于一体,主要用于码头前沿与堆场之间的集装箱运输,可取代自动导引车和场桥。但是,跨运车工艺也存在以下不足:第一,支持跨运车自动运行的调度系统尚不成熟;第二,整机功率较大,目前无法完全实现清洁能源的驱动。典型的自动化跨运车如图9.7所示。

从目前各自动化码头运作的实际情况来看,除美国MOL的TraPac码头及澳大利亚布里斯 Patrick 码头采用无人自动跨运车外,其他码头的跨运车运输依然通过人工操作或人工干预操作的方式完成。

9.3.2.3 堆场作业设备

目前,ARTG(Automatic RTG)和 ARMG(Automatic RMG)已经广泛应用于自动化码头的堆场。ARTG 具有移动灵活、操作简单、与 AGV 配合方便的优点。但是 ARTG 也存在定位复杂、维护困难等缺点,所以它至今仅用于日本的 Tobishima 自动化集装箱码头。

与 ARTG 相比,ARMG 易于自动化,使用电力作为能源,技术稳定性好,装卸效率也有保证,因此研究认为,ARMG 是适合自动化集装箱堆场的装卸机械。图 9.8 为厦门远海集装箱自动化码头 ARMG。

图 9.7 自动跨运车

图 9.8 厦门远海集装箱自动化码头 ARMG

9.3.2.4 闸口作业设备

集装箱码头闸口是划分集装箱责任的分界点,能够处理与集装箱交接有关的业务,如核验集装箱信息(箱号、归属船名航次、尺寸等)与集卡车号信息、进行箱体检验与交接、单证审核与签发签收、进箱和提箱的堆场位置确定、进出码头集装箱信息记录等工作。闸口的通过能力直接影响客户服务质量和码头综合作业能力。

随着现代技术的发展,尤其是无线射频识别(Radio Frequency IDentification,RFID)技术、集装箱箱号自动识别技术、电子地磅技术、计算机技术、自动控制技术的成熟以及软硬件成本的降低,集装箱码头自动化闸口系统得到越来越广泛的应用。作为码头作业系统的一部分,所谓的智能化闸口系统,是最早应用于集装箱码头的自动化形式。

9.3.3 国内外自动化码头简介

截至 2015 年底,全球建成和在建的全自动化、半自动化集装箱码头共计 51 个,主要分布在欧洲、亚洲、澳洲、北美洲等地区,具体分布情况见图 9.9、图 9.10。其中,以堆场自动化装卸为核心的半自动化码头共 36 个,以全过程自动化装卸为核心的全自动化码头共 15 个。

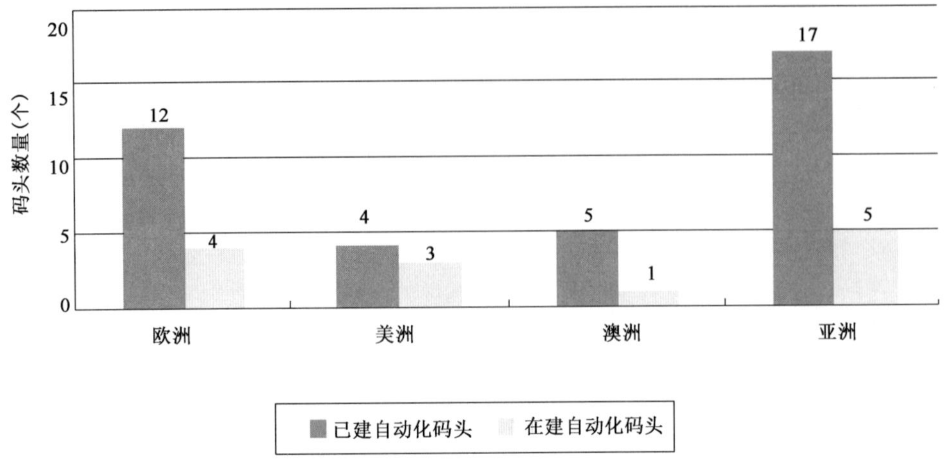

图9.9　已建、在建自动化集装箱码头数量分布图(截止到2015年)

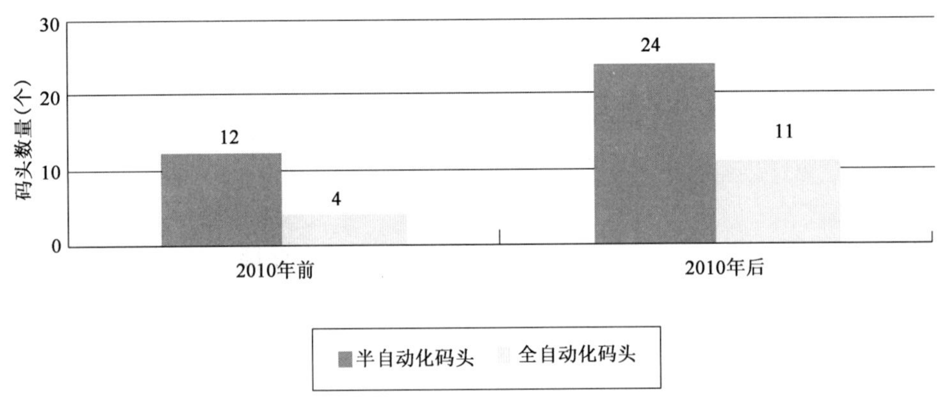

图9.10　已建、在建自动化集装箱码头时间分布图(截止到2015年)

9.3.3.1　世界主要自动化集装箱码头简介

半自动化集装箱码头仅在堆场作业环节实现自动化,全自动化集装箱码头仅在船舶岸边装卸环节保留部分人工操作,水平运输和堆场作业环节完全实现自动化。目前,世界范围内已建成的主要自动化集装箱码头情况简介见表9.3。

9.3.3.2　国内自动化集装箱码头

目前我国已经建成和在建的全自动化码头共有三个,其中厦门远海自动化码头属于传统集装箱码头改造项目,已于2016年开始运行;上海港洋山港区四期自动化码头和青岛港自动化码头则属于新建全自动化码头,目前已初步建成。随着纯电力驱动AGV、AGV顶升功能、高速轨道吊等多项新技术在我国自动化集装箱码头的应用,标志着我国已经率先进入到第四代自动化码头的发展阶段。

已建自动化集装箱码头情况简介　　表 9.3

地区	码 头 名 称	所　在　地	自动化程度	岸线长度(m)	设计能力(TEU)	建成时间	岸边装卸设备	水平运输设备	堆场装卸设备
欧洲	ECT 码头	荷兰鹿特丹	全自动	3600	350 万	1993	QC	AGV	ARMG
	CTA 码头	德国汉堡	全自动	1400	300 万	2004	QC	AGV	ARMG
	Euromax 码头	荷兰鹿特丹	全自动	1500	230 万	2010	QC	AGV	ARMG
	RWG 码头	荷兰鹿特丹	全自动	1900	400 万	2014	QC	L-AGV	ARMG
	马士基 MV Ⅱ 码头	荷兰鹿特丹	全自动	1000	270 万	2014	QC	L-AGV	ARMG
	TTI 码头	西班牙阿尔赫西拉斯	半自动	1400	180 万	2010	QC	SC	ARMG
	BEST 码头	西班牙巴塞罗那	半自动	1500	315 万	2013	QC	SC	ARMG
	安特卫普 Gateway 码头	比利时安特卫普	半自动	1860	100 万	2010	QC	SC	ARMG
	SETO-MSC 码头	法国勒阿弗尔	半自动	1400	—	—	QC	SC	ARMG
	伦敦 Gateway 码头	英国伦敦	半自动	1200	160 万	2013	QC	AGV	ARMG
	Thamesport 码头	英国伦敦	半自动	655	190 万	1996	QC	集卡	ARMG
亚洲	远海码头	中国厦门	全自动	447	90 万	2014	QC	AGV	ARMG
	Tobishima 码头	日本名古屋	全自动	750	30 万	2008	QC	AGV	ARTG
	印度第三港务局	印度	半自动	—	77.7 万	—	QC	SC	ARMG
	ADPC 码头	阿联酋阿布扎比	半自动	2400	130 万	2012	QC	SC	ARMG
	釜山新集装箱码头	韩国釜山	半自动	1400	180 万	2012	QC	SC	ARMG
	HIT 码头	中国香港	半自动	—	—	1999	QC	集卡	ARMG
	台北港货柜码头	中国台北	半自动	2367	400 万	2009	QC	集卡	ARMG
	高明货柜码头	中国高雄	半自动	1500	200 万	2013	QC	集卡	ARMG
	第五货柜中心	中国高雄	半自动	814	160 万	2006	QC	集卡	ARMG
	巴西班让码头	新加坡	半自动	2500	390 万	—	QC	集卡	高架桁式自动化起重机
	韩进码头	韩国釜山	半自动	—	—	2008	QC	集卡	ARMG
	现代码头	韩国釜山	半自动	—	—	2009	QC	集卡	ARMG
	PNC 码头	韩国釜山	半自动	—	—	2009	QC	集卡	ARMG
	迪拜 Terminal 3 码头	阿联酋迪拜	半自动	1800	400 万	—	QC	集卡	ARMG
	日本川崎码头	日本川崎	半自动	—	—	1996	QC	集卡	ARMG
大洋洲	Patrick 码头	澳大利亚布里斯班	全自动	—	—	2014	AC	A-SC	ARMG
	布里斯班货柜码头	澳大利亚布里斯班	半自动	—	—	2013	—	—	—
	SITCL 码头	澳大利亚布里斯班	半自动	—	—	2013	—	—	—
美洲	TraPac 码头	美国洛杉矶	全自动	1052	—	2016	QC	A-SC	ARMG
	长滩中港码头	美国长滩	全自动	1300	330 万	2016	QC	AGV	ARMG
	GCT 码头	美国纽约	半自动	823	—	2014	QC	SC	ARMG
	弗吉尼亚码头	美国弗吉尼亚	半自动	922	100 万	2007	QC	SC	ARMG

(1)厦门远海自动化码头

厦门远海自动化码头是国内建成的首个全自动化码头,项目于2012年10月开始建设,2016年9月完成码头全项目验收。厦门远海自动化码头位于厦门港海沧港区14号泊位及部分15号泊位,岸线长度446m,纵深345m,是在原有传统码头基建的基础上改造而成,设计年吐能力为78万~91万标箱/年。整个码头由岸桥作业区、AGV运行区、AGV作业区、堆场作业区、外集卡作业区、外集卡运行区、AGV维修区等几个区域组成。厦门远海自动化码头后方堆场与岸线平行,堆场左侧是外集卡专用作业区,右侧是AGV专用作业区[46]。

厦门远海自动化码头配备了3台双小车岸桥、16台ARMG、18台AGV、18台AGV伴侣,具体设备配置及设备规格见表9.4。其中,每个集装箱堆存区内配置的2台ARMG为接力式对称布置,并引入AGV伴侣来解决ARMG和AGV的耦合问题。码头理论上的泊位装卸效率可达240标箱/h,地面定位系统和路径计算的准确率均超过98%,相较于改造前的传统集装箱码头,生产效率提升约30%,节省劳动力投入约40%。整个码头的作业流程如图9.11所示。

厦门远海自动化码头设备规格 表9.4

设备	数量	能源	作业箱型	额定载重	效率	其他
双小车AQC	3	电力	2×20′/40′	65t	32循环/h 最大速度45m/min	前伸距70m 起升高度46m
AGV	18	电力	1×20′/40′/45′ 2×20′	60t	最大行驶速度: 350m/min	转弯半径9.5m
AGV伴侣	18		1×20′/40′/45′ 2×20′	1×20′:32.5t 2×20′:65t 1×40′/45′:40t		
ARMG	16	电力	1×20′/40′/45′	40.5t	最大速度240m/min	轨距23m,47m 起升高度18m 堆五过六跨七排

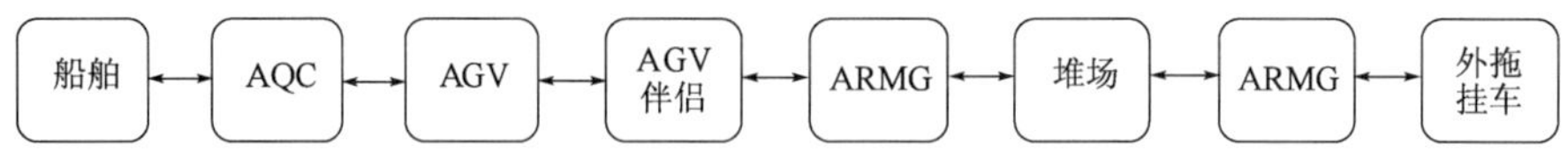

图9.11 厦门远海自动化码头整体作业流程

厦门远海自动化码头取消了传统的由内燃机驱动的水平运输方式,AGV采用锂电池动力驱动,从而解决了噪声大、排放超标、污染环境等问题。

需要指出的是,常规自动化码头普遍采用堆场垂直岸线布置的方案。厦门远海自动化码头为传统码头向自动化码头的改造项目,原有基建为码头后方集装箱堆场与岸线平行布置,为减少码头改造成本,依然沿用码头原有的基建布置,开创了现有码头因地制宜改造升级为自动化码头的新尝试,对于我国目前普遍采用垂直布置的轮胎吊堆场码头的改造升级具有示范性和指导性。

(2)上海港洋山港区四期自动化码头

上海港洋山港区四期自动化码头工程于2014年12月开工建设,预计2017年建成。洋山深水港自2005年12月10日正式开港以来,一期工程建设了5个深水泊位,设计年吞吐量220万标准箱;二期工程建设4个深水泊位,设计年吞吐量为210万标准箱;三期工程建设7个深水泊位,设计年吞吐量为500万标准箱。四期自动化码头工程总投资约128.48亿元,计划建设5个5万吨级和2个7万吨级集装箱泊位以及1个工作船泊位等配套设施,泊位总长2800m,设计年吞吐量为630万标准箱。码头主要功能区包括:泊位、码头前方作业地带、自动化集装箱堆场和特殊箱堆场、生产及生活辅助区、闸口区、港外辅助区等功能区。码头堆场垂直岸线布置,每个箱区配置两台ARMG,海侧ARMG主要负责与装卸船相关的作业,陆侧ARMG主要负责与港外集卡提送箱相关的作业[47]。

洋山港区四期自动化码头采用"双小车岸桥+L-AGV+ARMG"的全自动化工艺模式。采用L-AGV,并在堆场海侧交接区设置固定的集装箱支架,由AGV自带的升降平台对集装箱支架取、放箱,能够解决水平运输设备与堆场设备间相互等待的问题,提高整体装卸效率。AGV动力采用锂电池,采用更换电池的方式,在自动化堆场的东、西两侧各建一个电池更换站。当AGV电量降到一定量时自动驶入电池更换站,由全自动的设备进行电池更换后再继续工作,换下的电池进行充电备用。

(3)青岛港自动化码头

青岛港集装箱全自动化码头一期工程已于2017年建成。如图9.12所示,按照码头整体规划,计划分三期建设6个泊位,岸线总长度达2088m,纵深784m,前沿水深-20m,设计年吞能力520万TEU,可停靠目前世界上最大19000标准箱的集装箱船舶和未来24000标准箱的集装箱船舶。目前运行的一期工程共两个泊位,设计年吞能力150万TEU。

图9.12　青岛港集装箱全自动化码头布局图

青岛港自动化码头采用"双小车岸桥+L-AGV+ARMG"的作业工艺,码头配备7台双小车岸桥,38台L-AGV,38台ARMG。L-AGV自带提升功能,可自行提升集装箱,解决水平运输设备与堆场设备间相互等待的问题,提高整体装卸效率。AGV采用锂电池供电,但充电方式与洋山港区四期自动化码头不同,并没有采用更换电池的方式,而是如图9.13所示,采用AGV自动循环充电技术,在堆场海侧交接区的集装箱支架上附设充电装置,AGV作业循环过程中可以自动充电,续航时间无限制。两种充电方式各有优点,电池更换站方式便于充电设施的集中管理、减少自动化区域潜在的故障点及相关设施检修维护对自动化作业的影响;自动循环充电方式可以保证AGV不受电池续航时间限制,满足长时间作业要求,并且能够节省电池更换站的建设成本。

图 9.13　青岛港自动化码头 AGV 自动循环充电

9.4　自动化码头作业系统的工艺比较

自动化集装箱码头作业系统受诸如岸线条件、陆域条件、交通条件、投资控制、作业成本等重要因素的影响。通过对世界现有自动化集装箱码头进行梳理可以发现，自动化集装箱码头历经 20 余年的发展，先后出现了 10 余种装卸工艺解决方案，而又以图 9.14 所示的几种方案最为普遍。

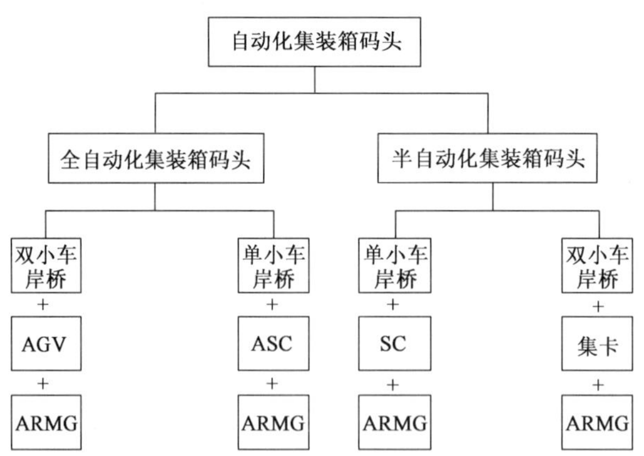

图 9.14　自动化码头典型工艺方案

9.4.1　全自动化码头工艺方案

1）模式 1：双小车岸桥 + AGV + ARMG

出于自动化水平及节能环保条件等因素的考虑，目前新建或在建的全自动化集装箱码头基本选用的都是“双小车岸桥 + AGV + ARMG”的工艺方案。

由于 AGV 是集装箱码头水平运输设备中自动化技术和节能环保技术最完善的，所以已成为新建全自动化码头水平运输设备的首选。而不论是全自动化码头的 AGV 还是常规码头的集卡,其集装箱的承载面高度只有1.2~1.5m。如果采用单小车岸桥,单台小车需要兼顾两个不同高度作业(装卸船作业的高度可能在40m以上,而水平运输工具的高度只有1m多),不易解决好防摇晃、准确对箱等问题,导致司机作业困难;而且单小车岸桥作业过程中,拆装集装箱转锁需要占用作业循环时间,并且存在与水平运输机械交叉作业的安全隐患。所以"双小车岸桥+AGV+ARMG"工艺方案能够很好地实现码头作业系统的自动化、智能化、高效化和绿色化。

另外有一些自动化码头,受建设时间、地理条件限制,或者是由传统码头改建而成的,采用的工艺方案与上述方案略有出入。比如鹿特丹港ECT Delta Sealand码头采用的是"单小车岸桥+AGV+ARMG"工艺方案;名古屋Tobishima TCB码头采用的是"单小车岸桥+AGV+ARTG"工艺方案。

在堆场布置形式上,目前自动化码头主要有两种形式:垂直码头岸线布置和平行码头岸线布置。全自动化码头堆场多采用垂直岸线布置,而由传统码头改造的全自动化码头,如厦门远海自动化码头和名古屋Tobishima TCB码头,则采用了平行岸线布置。

2)模式2:单小车岸桥+A-SC+ARMG

该模式总体布置上与"双小车岸桥+AGV+ARMG"模式相似,其区别在于岸桥和水平运输环节的设备选择。

水平运输采用A-SC时,由于A-SC可以自行取、放箱,因此岸桥不需要采用双小车,可选择造价和基础设施工艺要求都相对较低的单小车岸桥。A-SC在码头取箱过程中,无需等待岸桥或场桥落箱,可直接从地面取箱后进行运输,彻底解决了水平运输作业与岸桥或场桥的耦合问题。

但是跨运车因自重较大等原因需采用柴油发电电力驱动,能耗较高,环保条件相对较差。而且由于受车体构造和作业方式的限制,A-SC通常采用差分全球定位系统+现场定位雷达的方式,动态定位精度相对较低,为保证作业效率和安全,除个别码头外大多数码头采用分步实现自动化的策略,即近期采用人工驾驶,远期随技术发展升级为无人驾驶,因此跨运车系统一般仅在堆场环节实现自动化。目前仅有美国洛杉矶TraPac码头及澳大利亚布里斯Patrick码头采用了"单小车岸桥+A-SC+ARMG"的工艺方案,随着技术的进步,该方案将会成为"单小车岸桥+SC+ARMG"半自动化工艺升级改造的首选。

9.4.2 半自动化码头工艺方案

1)模式3:单小车岸桥+SC+ARMG

该模式与"单小车岸桥+A-SC+ARMG"模式的总体布置相似,区别仅在于SC为人工操作。该模式适用于半自动化集装箱码头的同时,为全自动化集装箱码头预留改造空间,因此应用较多,如西班牙阿尔赫西拉斯TTI码头、巴塞罗那BEST码头、比利时安特卫普Gateway码头、法国勒阿弗尔SETO-MSC码头、阿联酋阿布扎比ADPC码头、韩国釜山新集装箱码头、美国纽约GCT码头、弗吉尼亚码头等。

2)模式4:双小车岸桥+集卡+ARMG

该模式多见于经传统码头改造的半自动化码头,水平运输设备采用集卡车,堆场布置与传统码头基本相同,一般是平行于码头岸线。该模式与上述三种模式最大的区别在于堆场两侧一般不设置作业交换区，水平运输设备，不论是内部集卡还是外部集卡均需要进入堆场内部作业，设备存在交叉作业隐患，管理难度相对较高。目前该模式多见于亚洲的半自动化集装箱码头，如中国香港 HIT 码头、台北港货柜码头、高雄高明货柜码头、高雄第五货柜码头、韩国釜山韩进码头、釜山现代码头、釜山 PNC 码头、迪拜 DP world 三期码头、日本川崎码头等。

9.4.3 自动化码头作业系统比较分析

全自动化集装箱码头仅在船舶岸边装卸环节保留部分人工操作，水平运输和堆场环节完全实现自动化，具有最大限度地降低码头运营人工成本、保障码头内部集装箱装卸作业的安全性、节能减排等特点。半自动化集装箱码头仅在堆场环节实现自动化，在水平运输环节仍然保留人工操作，具有节省码头初期投资成本等优势。由于水平运输仍采用人工操作，因此码头前方作业效率与人工操作码头的效率基本可达相同水平，投资成本低，但是安全性等方面略有不足。

集装箱码头选择全自动化还是半自动化以及选择具体什么样的自动化模式，需要考虑的主要因素包括前期投入、运营人工成本、安全要求、环保节能、作业习惯、场地形状以及作业效率等。上文中的四种模式各具特点，对应的装卸工艺系统比较和适用性比较分别见表 9.5 和表 9.6。

典型自动化集装箱码头装卸工艺系统比较 表 9.5

模式	代表码头	岸桥	水平运输车辆/驱动	堆场布置方向	水平运输车辆在堆场的作业区	水平运输车辆运行距离	堆场起重机	外集卡在堆场的作业区
1	厦门远海	双小车	AGV/电力	与岸线平行	堆场一侧固定装卸点	短	ARMG	堆场一侧固定装卸点
2	Patrick	单小车	A-SC/内燃	与岸线垂直	堆场一侧固定装卸点	短	ARMG	堆场一侧固定装卸点
3	BEST	单小车	SC/内燃	与岸线垂直	堆场一侧固定装卸点	短	ARMG	堆场一侧固定装卸点
4	DPWorld 三期	双小车	集卡/内燃	与岸线平行	入堆场内部	长	ARMG	进入堆场内部

典型自动化集装箱码头适用性比较 表 9.6

模式	代表码头	自动化程度	适应陆域纵深范围	港区交通条件	堆场作业灵活度、可靠性	工人需求	节 能 环 保	投资
1	厦门远海	全自动化	较小	堆场全封闭，交通组织简单，不受外集卡影响	高	较少	采用全电力驱动设备，无废气排放，能耗低	高
2	Patrick	全自动化	较小	堆场全封闭，交通组织简单，不受外集卡影响	高	较少	跨运车内燃机驱动，有废气排放，能耗大	较高

续上表

模式	代表码头	自动化程度	适应陆域纵深范围	港区交通条件	堆场作业灵活度、可靠性	工人需求	节能环保	投资
3	BEST	半自动化	较小	堆场全封闭，交通组织简单，不受外集卡影响	高	较多	跨运车内燃机驱动，有废气排放，能耗大	一般
4	DPWorld三期	半自动化	纵深适应范围广	外集卡进入堆场，与内集卡车流存在交织	较高	较多	集卡内燃机驱动，有废气排放，能耗大	一般

第 10 章 自动化集装箱码头的若干技术课题

10.1 概述

在从传统集装箱码头向自动化集装箱码头转型过程中，在作业环节和作业设备方面存在诸多需要解决的课题。本章试图通过对自动化集装箱码头作业过程的深入分析，提出集装箱自动化作业系统的若干技术问题。自动化集装箱码头从岸线到堆场可以分为三个大区域，岸线船舶作业区、水平运输区以及堆场作业区，如图 10.1 所示。整体作业流程也分为船舶作业、水平作业以及堆场作业三部分。本章将分别从设备以及作业管理两方面入手，将自动化集装箱码头在三部分作业流程中所面临的技术做一番归纳梳理。

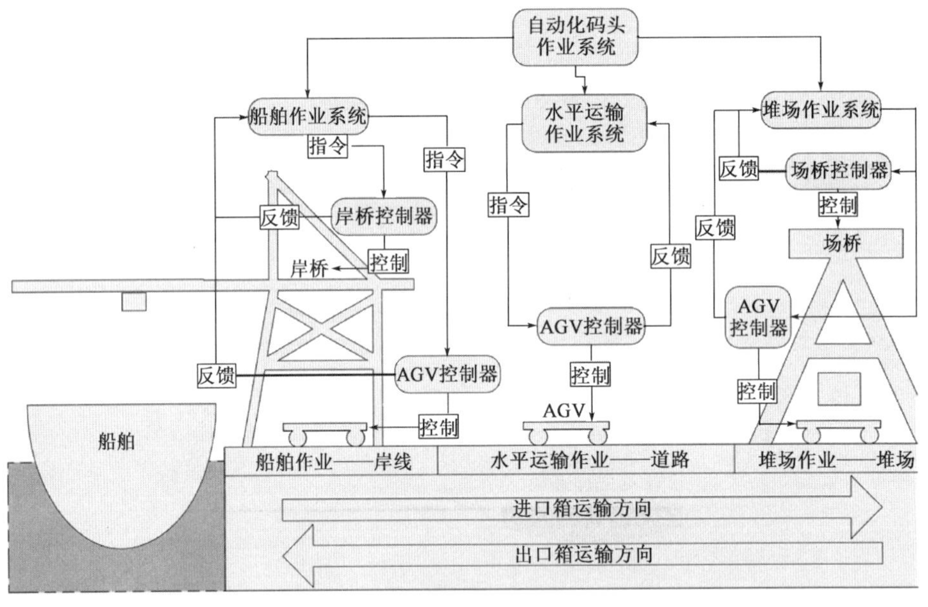

图 10.1　自动化集装箱码头整体流程图

(1)岸线——船舶作业

船舶作业的主要装卸设备是自动化岸桥，除了在自动化集装箱码头中一般设备的移动与定位问题，还涉及船舶漂移、吊具防碰撞、吊具稳定与精确定位、双吊具配合等问题。在作业管理上，包括传统模式下的作业方式、双吊具作业管理、同步装卸作业模式、岸桥的调度、岸桥的作业计划等问题。

(2)堆场——堆场作业

堆场作业的主要装卸设备是 ARMG 和 ARTG，除了在自动化集装箱码头一般设备的移动与定位问题,还涉及 ARTG 的胎压对于移动的影响、ARTG 胎压监测、ARTG 自动化改造、ARMG 精确定位及微调等问题。在作业管理上,涉及堆存箱位置安排、堆场作业计划、堆场设备调度与管理等多方面的问题。

(3)道路——水平作业

水平作业的主要设备是 AGV,主要涉及的问题是 AGV 定位方式、AGV 导航方式、AGV 动力系统与运动方式、AGV 防碰撞、AGV 能源补充与电池更换等问题。对于水平运输的作业管理主要分为任务指派以及路径优化两个问题[48]。

10.2　作业设备的若干技术课题

10.2.1　船舶作业相关设备

10.2.1.1　船舶漂移问题

在岸桥装卸作业过程中,船舶水平漂移量和垂直高度受风浪影响并随作业箱量的变化而变化,这是影响岸桥机构定位的最主要因素。如果岸桥小车和起升机构无法自动运行至作业集装箱上方,将对岸桥作业效率造成负面影响。

如图 10.2 所示,在岸桥作业过程中,由于海面受到风浪影响,船舶的作业面“B”相对岸桥所在的岸边固定点“C”发生位移,包括作业面高度、作业面位置、作业面与岸线角度等变化,为了对应该变化,需要岸桥小车“A”在作业过程中进行调整[49]。

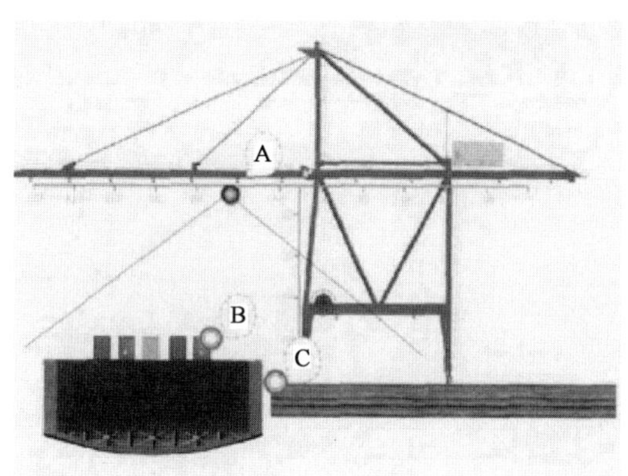

图 10.2　使用 3D 扫描技术解决船舶漂移问题

A-3D 激光扫描仪;B-作业集装箱;C-岸边基准点(不动点)

在自动化岸桥中对该变化进行调整的问题被称为“船舶漂移问题”。该问题是在已知岸桥的作业对象集装箱在船舶作业面的位置及高度的前提条件下,如何实时调整小车、吊具的位置,使得作业顺利完成。

10.2.1.2　吊具弧线提升

如图 10.3 所示,在岸桥、场桥等起重机作业过程中,在吊具上升的过程中,小车同时做水平运动,使得吊具的移动轨迹呈弧线或者呈斜线运动,即为“吊具的弧线提升问题”。该作业方式可以大量减少作业时间,提高作业效率。

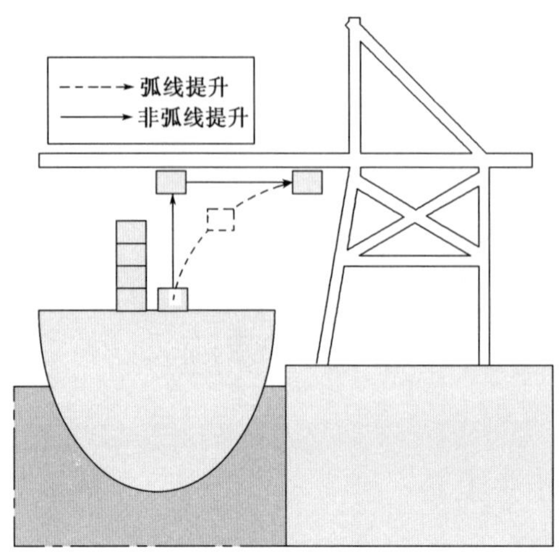

图 10.3　吊具弧线提升示意图

该问题在已知作业对象以及作业区域周边情况的前提下,在岸桥周边作业环境、吊具移动速度、小车移动速度等因素的影响下,求解吊具开始上升时间与小车开始水平移动时间的时间差 $t(t\geqslant0)$。

10.2.1.3　双小车岸桥系统协同作业问题

如图 10.4 所示,自动化双小车岸桥由门架小车系统和主小车系统协作完成装、卸船工作。如何实现门架小车系统全自动抓、放箱及主小车系统半自动抓、放箱,并避免可能发生的吊具与集装箱之间的碰撞是一个难题。

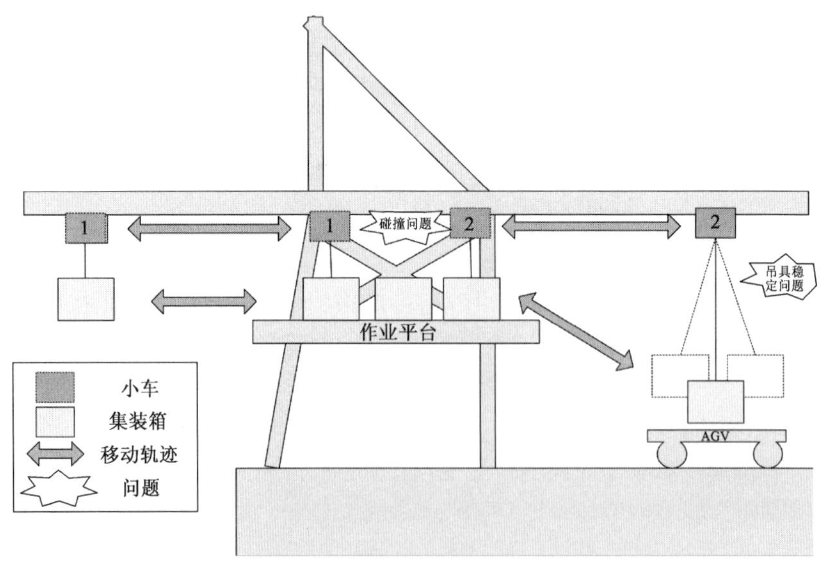

图 10.4　双小车岸桥作业方式

自动化双小车岸桥能否准确高效地完成装、卸作业至关重要。目前相关研究热点课题主要有：

(1)脱离远程操作：如何有效提升设备可靠性，减少人工参与，是目前主要的研究课题；

(2)吊具自动定位与稳定：如何稳定、精确地定位运行吊具，解决吊具在移动过程中的摆动及稳定问题。

10.2.1.4　集装箱拆装锁问题

目前国际上的集装箱装锁及拆锁工艺方式有许多，但均采用人工安装和拆卸。平均一台集装箱岸桥至少需要 2 名工人，一艘长 200m 以上大型船舶进行装卸作业至少需要 6 ~ 10 名专门从事集装箱转锁拆锁及装锁人员。整个码头生产岸线会占用大量劳动力来从事这种重复性强的简单机械工作。由于集装箱岸桥存在高空落物的安全隐患，码头作业现场繁忙，AGV、集卡等流动机械车流量较大，现场拆装锁人员存在一定的安全隐患。所以，在自动化集装箱码头船舶作业过程中，如何改变使用原始人力拆装集装箱转锁的现状，实现岸边作业无人化，降低安全隐患，提高作业效率，已成为一个重要问题。

10.2.2　堆场作业相关设备

堆场作业设备中要解决的一个重要问题是 ARMG 和 ARTG 的自动定位问题。它是研究如何通过控制 ARMG/ARTG/吊具在自动化堆场这一立体空间坐标系内的位置，实现 ARMG/ARTG/吊具对集装箱在堆场中的自动堆取定位。ARMG 和 ARTG 的定位主要由大车的定位、小车的定位、起升的定位构成一个三维体系的空间定位。

大车的定位：是指在 ARMG、ARTG 沿轨道或轮胎方向移动后，整个起重设备到达并停止在指定位置的过程。目前大车定位的主要实现方式有磁感定位技术、GPS 定位技术、无线基站定位技术等。对于 ARMG 来说，大车在大车定位后要进行大车微调步骤。首先大车通过大型电机移动定位到达指定位置，但是由于控制、胎压、轨道等原因，大车定位后的位置可能与指定位置存在一定误差，为了调整大车位置，后续需要进行大车微调步骤。大车微调主要是依靠位于大车轮毂部分附近的大车微调小型电机进行，电机通过缓慢旋转大车轮毂，达到微调大车位置的目的。

小车的定位：是指在 ARMG 和 ARTG 大车定位后，小车沿主梁方向移动，使得小车和吊具到达并停止在指定位置的过程。目前小车定位主要实现方式是步进电机控制定位、磁感定位等。

起升定位：是指在小车定位后，吊具在垂直方向上下移动，到达并停止在指定位置的过程。目前起升定位的主要实现方式是步进电机控制定位、磁感定位等。

小车的定位与起升的定位与船舶作业部分的相关问题类似，包括定位、弧线提升、防碰撞等主要研究问题。

目前该问题的主要研究方向有：

(1)RTG 是亚洲港口堆场的主力机型，如何将现有 RTG 改造为自动化码头可用的 ARTG 的问题；

(2)ARTG 胎压监测与精确定位，由于 ARTG 依靠轮胎支撑，胎压可能会随着气温、载重等因素发生变化，如何在各轮胎胎压不同的情况下，精确走直线，精准定位的问题。

10.2.3 水平运输作业相关设备

10.2.3.1 AGV 定位导航、行走、防碰撞问题

AGV 的定位导航被称为 AGV-NS 问题，AGV 之所以能够实现无人驾驶，导航和导引对其起到了至关重要的作用。AGV 的导航方式可分为固定路径法和自由路径法。目前最主要的研究课题在于如何根据港口实际情况选择合适的 AGV-NS 技术[50,51]。

固定路径法是指让 AGV 在数条固定的路径上循环移动，一般采用磁导航技术为主，该方法技术成熟，可靠性高，但是灵活性不够，不易进行运行组织的优化和升级改造。

自由路径法目前主要的导航方式有：激光定位导航法（Laser Navigation）、视觉定位导航法（Machine Vision Navigation）、毫米波雷达法（Millimeter Wave Radar，简称 MMWR）、惯性导航系统（Inertial Navigation System，简称 INS）、差分全球定位系统（Differential Global Position System）等。主要需要解决的问题在于 AGV 路径规划、AGV 防碰撞、AGV 调度等问题。

在 AGV 行走过程中尤其是在自由路径导航下的行走过程中，根据实时情况，控制车辆速度、转弯半径等变量，保证不会发生侧翻、碰撞等交通事故，同时保证作业效率，是目前在 AGV 水平运输环节很重要的研究课题。

10.2.3.2 AGV 的能源补充

AGV 的运行动力驱动系统包括三种方式：液力驱动、电力驱动和电池驱动。

传统 AGV 运行是采用液力驱动，即柴油发动机通过液压变速箱输出动力，带动驱动桥及车轮实现整车运行，这种方式调速性能好、系统稳定、起制动冲击小，但是系统造价高、维护技术要求高、难度大。早期建设的全自动化码头的 AGV 基本采用此种方式。

2000 年以后，随着变频控制技术水平的提高，AGV 逐步向电力驱动方式发展。即采用"柴油发动机 + 发电机"构成的柴电机组直接为变频电机供电，输出动力带动驱动桥及车轮实现整车运行。该方案技术先进、控制系统成熟、成本低、易于维护，更适合港口集装箱水平运输的应用环境。在此期间，德国、荷兰等国家相继建成的全自动化码头均采用电力驱动 AGV。

2010 年以后，降低港区燃油消耗和排放，提高港区环保水平成为关注重点。电池驱动 AGV，即使用锂电池组直接驱动 AGV 整车运行，用电力替代柴油，实现了 AGV 的绿色运行。目前我国厦门、上海、青岛建设的全自动化集装箱码头均采用电池驱动 AGV。

电池驱动 AGV 主要存在充电模式、充电站建设、换电池站设计[52]等问题，包括规模、位置、充电设备数量等问题。

10.3 作业管理的若干技术课题

10.3.1 船舶作业管理

自动化集装箱码头在船舶作业管理中的主要研究课题集中在船舶作业计划的优化中，与传统集装箱码头类似，自动化码头对于船舶作业计划的优化，主要目的也是提高作业效率，降低作业成本，同时需要考虑作业次序与船舱平衡等问题。另外，与传统集装箱码头最主要的不

同点在于同步装卸模式的引入。

10.3.1.1　传统作业模式

(1)泊位分配问题

泊位分配是集装箱码头生产运作管理中的重要一环。由于岸线资源是稀缺资源,因此泊位的建设成本要比集装箱码头其他方面的建设成本高出许多。如图10.5所示,泊位分配问题是在满足既定泊位窗口的前提下为到港的船舶分配靠泊位置、配置作业资源并安排靠泊和离港时间,其核心问题是保证船舶之间在靠泊位置与在泊时间上不同时重叠的前提下,满足作业效率要求。有效利用现有的泊位资源是降低码头生产成本、提升码头运作效率和竞争力的重要途径。

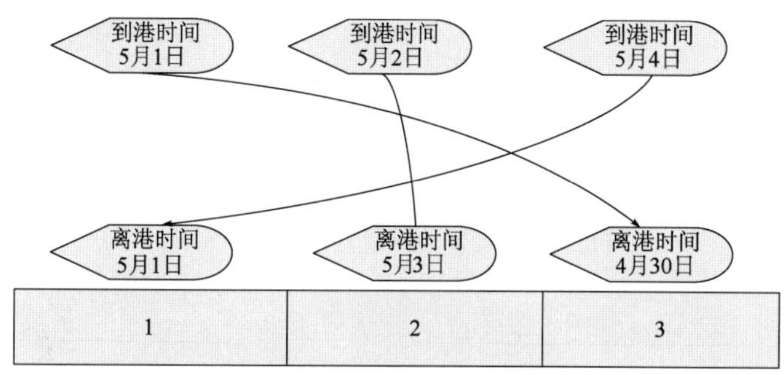

图10.5　泊位分配问题

实践中,在对原计划到港船舶泊位调度、岸桥数量的调整过程时,通常会产生额外的作业成本,该成本与增加的岸桥数量以及泊位调整距离等成正比。同时,在安排插队船舶作业的过程中,因改变了原计划在港船舶的装卸时间,使得部分船舶重新排队,或者加速船舶作业使其尽快离港等都会导致作业费用增加。因此,在保证原计划船舶按时离港前提下,如何在安排插队船舶靠泊的同时力争额外成本的最小化,往往是码头管理方的主要目标。

(2)船舶作业计划问题

目前,自动化集装箱码头在船舶作业中的主要研究课题集中在船舶作业计划的优化中,其主要目的是提高作业效率,降低作业成本,同时需要考虑作业次序与船舱平衡等问题。

船舶作业过程如图10.6所示,首先要处理卸船作业,将需要卸船的进口集装箱按照图中的卸船顺序,从1至14的顺序从船上取下,之后开始处理装船作业,将需要装船的集装箱以图中的装船顺序,从1至17的次序装入船舶。在装船与卸船作业的过程中,取下或者装入的集装箱的次序,就是船舶作业部分的作业计划。

卸船作业计划,也就是在卸船过程中从船舶上卸下集装箱的顺序。在制订计划时需要考虑几个影响因素:集装箱的上下关系,舱室与舱盖,船舶平衡问题。

装船作业计划,也就是在装船过程中,向船舶装入集装箱的顺序,在制订装船计划时,需要考虑的影响因素有:集装箱的到港顺序(船上已有的集装箱以及要装船的集装箱)、集装箱的上下关系、舱室与舱盖、船舶平衡问题。

综上所述,船舶作业计划问题,就是在已知全部需要卸船的集装箱信息(在船舶中的位置、重量、箱型等),以及全部需要装船以及船上剩余集装箱的信息(到港、重量、箱型等)的条件下，在集装箱的到港顺序（船上已有的集装箱以及要装船的集装箱）、集装箱的上下关系、舱室与舱盖、船舶平衡问题等影响因素及约束条件下，制定一套卸船作业与装船作业的集装箱顺序，以达到提高作业效率、降低作业成本等目标。

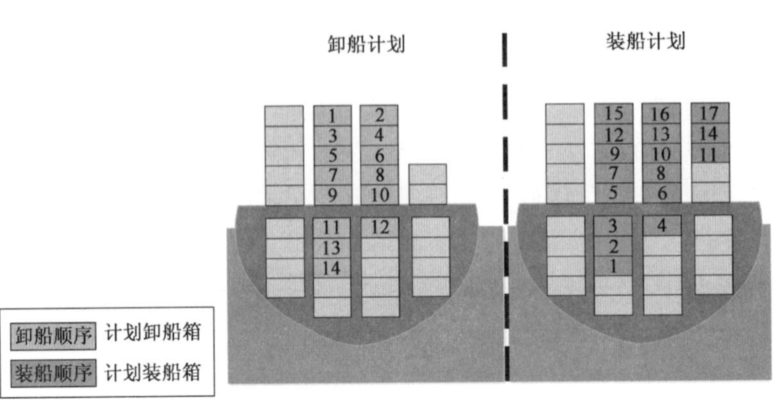

图 10.6　船舶作业计划

10.3.1.2　同步装卸模式

在自动化集装箱码头中，除了设备自动化本身带来的改变，引入同步装卸这种先进的作业模式也是重要改变之一。采用随机入港、分散堆放策略的“同步装卸”作业模式，相对于传统的“独立装卸”可以大幅减少空驶的路程，有利于提高设备使用效率，降低港口生产运营成本，提高企业竞争力。如图 10.7 所示，在同贝同步装卸中，利用集装箱船船内全格槽的特征，首先，将船舱内第一列全部卸下；之后，对船舱内第二列进行卸船作业的同时，对第一列进行装船作业，如此直至最后一列完成卸船作业；最后，再将最后一列装船。AGV 在岸边和堆场之间全程重载运送集装箱，堆场内临时储存进出港集装箱，场桥完成 AGV 的装卸作业。

目前主要研究课题是在同贝同步装卸模式下获得最优的装卸作业舱位和栈位排序来减少岸桥作业循环数与总作业时间。与此同时，减少场桥的翻箱时间，从而减少岸桥进行同贝同步作业时等待出口集装箱的时间，从而达到最小化船上单贝集装箱装卸时间的效果[53]。

10.3.2　堆场作业管理

堆场的自动化无人堆放是集装箱码头作业的发展趋势。由于影响和制约堆场堆放的因素较多，综合考虑各方面的因素并融合调度人员的经验，对集装箱进行合理高效地堆放一直是集装箱码头作业所追求的目标。自动化无人堆场作为当今世界集装箱码头的发展趋势，对于提高集装箱堆场和设备利用率、降低运营成本起到了非常重要的作用。

10.3.2.1　堆场作业计划

如图 10.8 所示，堆场作业过程，需要处理进口箱作业，将卸船的进口集装箱，以一定次序存放在堆场的某些位置上，以及处理出口箱作业，将需要装船的集装箱以一定次序从堆场取出。在进口箱与出口箱作业的过程中，取下或者装入的集装箱的次序、位置，就是堆场作业部分的作业计划。可以看出，堆场作业计划可以分为进口箱作业计划与出口箱作业计划。

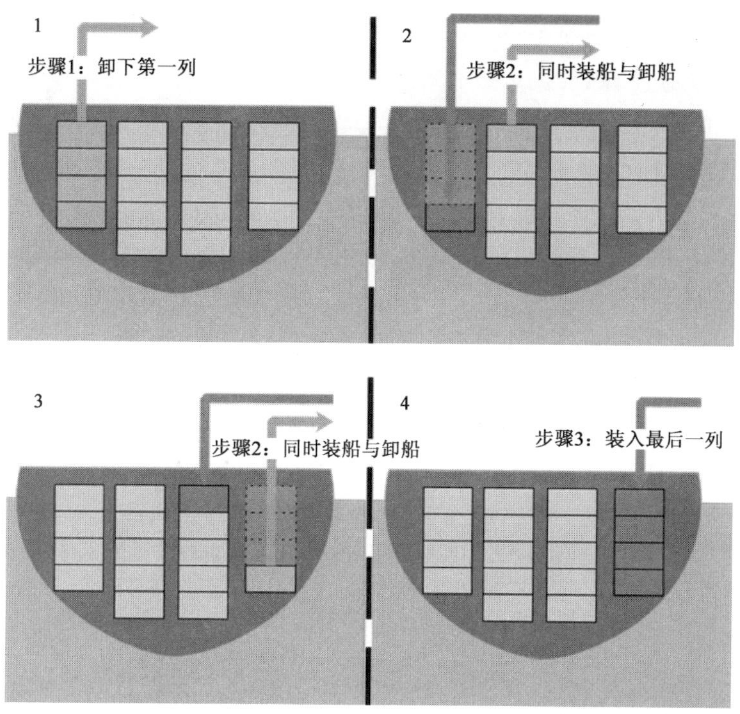

图 10.7　同贝同步装卸模式

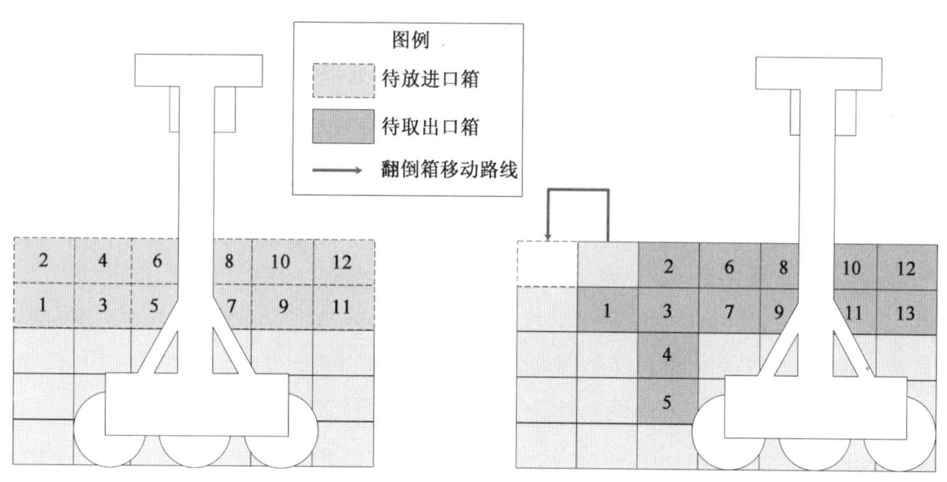

图 10.8　堆场作业计划

进口箱作业计划，也就是从船舶上卸下的集装箱在堆场存放的顺序以及位置，在制定计划时需要考虑几个影响因素：集装箱的上下关系，集装箱的离港时间。

出口箱作业计划，也就是向船舶装入的集装箱在堆场存放的顺序和位置，在制定计划时，需要考虑的影响因素有：集装箱的位置，集装箱的装船时间。

综上所述，堆场作业计划问题，就是在已知全部需要卸船的集装箱的相关信息，以及全部需要装船集装箱的相关信息的条件下，在集装箱的离港时间（全部堆场内集装箱），集装箱的位置关系等影响因素及约束条件下,制定一套进口箱作业与出口箱作业的集装箱顺序、位置、翻倒箱方案等计划,以达到作业效率提高,作业成本降低等目标。

10.3.2.2 堆场设备调度

堆场的设备调度目前主要解决的是作业效率的问题。自动化集装箱码头采用无人操作设备进行作业,具有低人工成本与高安全性等优势,但是对调度与控制提出更高的要求。研究自动化港口的设备控制及调度策略,对提高作业效率、满足港口上升的吞吐量具有重要意义。

除此之外,自动化集装箱码头还需要考虑低碳节能的问题。场桥是自动化码头高效营运的关键,同时也是港口主要的污染源头和能耗单位。合理的场桥调度对于提高码头堆场工作效率,减少能量消耗有着至关重要的作用。然而传统场桥调度问题研究的重点大多集中于提高场桥的装卸效率上,很少考虑场桥工作过程中的能量消耗。因此在场桥调度过程中工作效率和能量消耗之间产生了难以权衡的问题[54]。

10.3.3 水平运输作业管理

水平运输作业,是指利用集装箱水平运输设备,在堆场与岸桥之间进行对集装箱的水平运输的工作。水平运输作业是连接堆场与岸桥作业的桥梁纽带。在水平运输作业管理方面,基于人工港口的任务指派、车辆调度等问题依然存在;同时,由于 AGV 的使用,一些新的问题随之而来,例如 AGV 的整体控制、安全、调度、定位、避让等等问题都是目前研究的重点。

10.3.3.1 AGV 指派问题

AGV 指派,也被称作 AGV 调度问题。作为水平运输作业的主要设备,AGV 是连接船舶作业与堆场作业的关键,因此如何高效、安全地配合船舶作业与堆场作业,是水平运输作业的目标。在这个前提下,将一个运输任务交给哪一辆 AGV 作业的问题就成为了水平运输作业过程中的关键问题,该问题就是 AGV 指派问题。

作为集装箱码头的主要水平运输设备,AGV 调度、路径选择是否合理直接影响着港口的设备利用率及其他集疏运设备的运转。同时 AGV 的调度也受到系统内其他环节和要素的影响,如装卸船作业顺序、集装箱在堆场上的堆存位置、AGV 调度模式等。因此,如何制定合理的 AGV 指派计划、提高 AGV 利用率,已经成为目前集装箱码头研究的重要课题。

码头岸边与堆场间的 AGV 指派问题,即规划每个集装箱堆存/提取的位置,及确定完成箱次装载任务的 AGV。以最小化总装卸完工时间为目标进行求解。

10.3.3.2 AGV 路径规划问题

由于其柔性的适应能力,AGV 已经成为现代智能港口运输不可缺少的运载工具,是提高港口作业效率的主要因素之一。不同类型的 AGV 对运行路径的规划和优化具有一定的区别,对自主控制能力较强的 AGV 来说,其路径的控制主要是由车辆本身来完成的,而自主控制能力较弱的 AGV 主要依靠地面控制站的路径规划和控制。

在研究集装箱自动化码头 AGV 的调度时,一般分为协调堆场和协调码头前沿的两大种调度类型。在不同贝位集装箱装卸时,为每个 AGV 寻找合适的路径以及行驶速度,使其在一些特定的约束条件下在保证完成目的的情况下,实现运输的成本最低,即为 AGV 路径规划问题[54]。

10.3.3.3　AGV 充电计划问题

电池驱动的 AGV 本质上是电动汽车,在实际作业中,电池直接影响 AGV 的续航能力,电池的利用率也影响着 AGV 的作业时间。自动化码头面积较大,电池充电或者更换只能在特定的充电区域进行。由于电池完全充电时间较长,电动汽车往往采用快充和多次充电的方式,AGV 需在电量耗尽前到达充电区,在充电过程中车辆暂时不可用,需要增加额外的空载或等待时间,每次充电结束后才能重新驶入作业区域,充电过程对 AGV 的实际作业影响较大。

因此在 AGV 作业调度中除了需要给每辆 AGV 分配运输任务,还需要考虑 AGV 的电池续航能力和换装方式与时间[55]。

10.3.4　系统作业集成与实时控制

10.3.4.1　系统作业集成

如图 10.1 所示,船舶作业、堆场作业与水平运输作业三部分各自有各自的作业计划,三部分作业需要全盘计划、协同作业才能高效、平滑、经济、安全、绿色地完成自动化集装箱码头的整体作业。集装箱港口的实际作业条件复杂,它必须考虑卸船的积载情况、出口集装箱堆存情况、堆场内每个贝位集装箱翻箱情况以及可以投入运行的堆场设备和集卡数量等,其主要问题如下[56]:

翻箱问题:由于装船存在翻箱率高的问题,因此装船效率低于卸船效率,为防止装船作业造成卸船效率降低,往往需要采用增加 AGV 作业的方式,由此造成 AGV 数量增加,成本上升。

岸桥作业顺序:为了降低调度的复杂性,在实际作业中,通常的做法是按照船舶靠岸一侧由内至外的原则依次作业。此法没有进行装卸桥作业顺序的优化,同时也没有考虑出口集装箱的翻箱问题,无法保证装卸桥按照最优的顺序作业。

作业设备间的协调:装卸的效率取决于岸桥、AGV、场桥之间的有效协调。因此,如何建立包括不同设备调度问题的集成模型,开发集成调度方法,是提高装卸效率的关键问题之一。

以上三个问题是影响码头作业效率的关键因素,需要整体考虑船舶作业、水平运输作业和堆场作业三者间的协调配合问题。

(1)船舶作业与水平运输作业

船舶作业计划与水平运输作业计划的关系是直接衔接的关系,进口箱业务卸船作业,岸桥将集装箱放置在 AGV 上作为两部分作业的衔接;出口箱业务装船作业,岸桥从 AGV 上吊取集装箱作为两部分作业的衔接。因此,船舶作业与水平运输作业如何有效配合,以达到提高作业效率,降低作业成本等目的是相关研究的重点。

(2)堆场作业与水平运输作业

堆场作业计划与水平运输作业计划的关系是直接衔接的关系,进口箱业务卸船作业,场桥从 AGV 上吊取集装箱作为两部分作业的衔接;出口箱业务装船作业,场桥将集装箱放置在 AGV 上作为两部分作业的衔接。因此,堆场作业与水平运输作业如何有效配合,以达到提高作业效率,降低作业成本等目的是相关研究的重点。

(3)船舶作业与堆场作业

船舶作业计划与堆场作业计划的关系是间接衔接的关系,二者之间通过水平运输作业进行衔接,进口箱卸船作业,岸桥将集装箱放置在 AGV 上,通过水平运输,最终由场桥吊取;出口箱装作业，场桥将集装箱放置在 AGV 上，通过水平运输，最终由岸桥吊取。

由于船舶作业计划相对复杂，考虑的作业次序、船舶配重平衡等因素较多；同时，整个作业过程的时间限制来自于船舶作业，因此，堆场作业计划要以船舶作业计划为基础。因此，船舶作业与堆场作业如何有效配合，以达到提高作业效率，降低作业成本等目的是相关研究的重点。

10.3.4.2 整体作业监控

自动化集装箱港口在整个作业过程中，涉及的环节多，过程复杂，因此需要有一套完整的监控系统对整体作业以及具体作业设备进行有效的监管与控制。如图 10.9 所示，整体监管系统按照作业区域分为船舶作业监管系统，堆场作业监管系统，水平运输作业监管系统，每个系统下面可以分为若干个设备集群，每个设备集群下面可以对数个设备进行监管[57]。

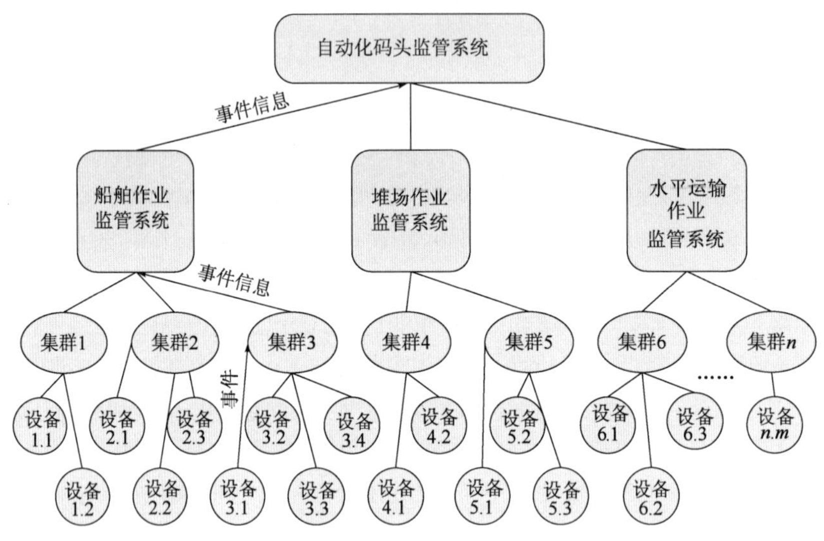

图 10.9 自动化码头监管系统结构

自动化集装箱码头的监管主要有两个目的：日常监控与事件监控。

(1) 日常监控

日常监控是对码头作业状态的实时掌握，可以有效反应自动化集装箱码头的实时运行状态是否在合理范围内，并可以采集实时数据，用于仿真模拟、预测等方面。

(2) 事件监控

事件监管的主要目的在于对于突发事件的及时反应，这需要包含对于突发事件的及时发现，以及对于突发事件的及时上报与反馈，如何快速有效地达到上述两个监控目标是目前研究的重点。

在硬件层面，如何布置设备上的传感器，包括传感器的位置、类型，才能有效捕捉并覆盖所有突发事件类型；如何连接设备与设备集群，使得设备与系统之间有稳定、有效的数据连接是硬件层面需要解决的问题。

软件层面，如何设置每一个系统层级对于事件的反应，如何有效处理事件；如何在突发事件发生后，在系统中对其余正常运行部分的计划进行处理，弥补突发事件损失等是软件及系统层面需要解决的问题。

第11章 新技术在自动化码头的应用

11.1 概述

本章对定位技术、导航技术、传感器技术、物联网技术、实时控制技术、标准化技术、计算机优化技术、计算机仿真技术等在自动化码头和港口的应用进行相关文献综述，这些技术的应用为解决自动化集装箱码头作业实践中存在的问题提供了新思路。本章最后对未来智慧港口的发展做了展望，随着上述技术在自动化码头和港口的应用愈发成熟，以及云计算、大数据及移动互联网、人工智能等新一代信息技术的相继投入，智慧港口终将成为现代港口的发展方向。

11.2 定位技术

定位技术是指在一个特定的坐标系中，通过特定的方法确定一个目标的空间位置的一门技术。位置信息可以分为物理位置和符号位置两大类。物理位置指物理意义上的位置信息，是被指定物体具体的物理或数学层面上的位置数据；符号位置指在目标与一个基站或者多个基站接近程度的信息。从应用程序的角度讲，不同的应用程序需要的位置信息抽象层次也不尽相同，有的需要物理位置信息，很多传感器网络需要应用节点物理位置的坐标信息，而有的需要抽象意义上的位置信息，单纯的物理位置信息太过透明或者没有意义。

定位技术在自动化码头的船舶作业、堆场作业和水平作业过程中具有广泛的应用。

11.2.1 定位技术在岸桥的应用

在自动化双小车岸桥作业中，运用船型扫描系统（ship profile scanning system，简称 SPSS）、目标检测系统（target detection system，简称 TDS）、吊具检测系统（spreader detection system，简称 SDS）等光学定位系统，可以实现对吊具和目标集装箱的定位，以及吊具对集装箱的自动抓、放功能。同时，由于可以对空间障碍物进行定位，还使得吊具具备智能防撞的功能[58]。在 SPSS 定位系统中，小车方向防撞保护和起升方向软着箱功能的实现分别如图 11.1a）和 b）所示[58]。

11.2.2 定位技术在 ARTG 的应用

格雷母线是一种比较成熟的位移检测和数据通信传感器，其电缆长度有 25.6m、51.2m、102.4m 和 204.8m 等多种规格。格雷母线电缆安装在 ARTG 通道旁，地面站地址发射器通过格雷母线电缆芯线发射地址信号，ARTG 上的地址编码接收器直接得到 ARTG 行走方向的位置，将大车绝对位置测控数据集成到 ARTG 电气驱动控制系统中,实现多台 ARTG 的集中监控,实现 ARTG 自动走行、自动定位、防掉道、防碰撞和全自动操作等[59]。格雷母线定位的主要技术特点有:

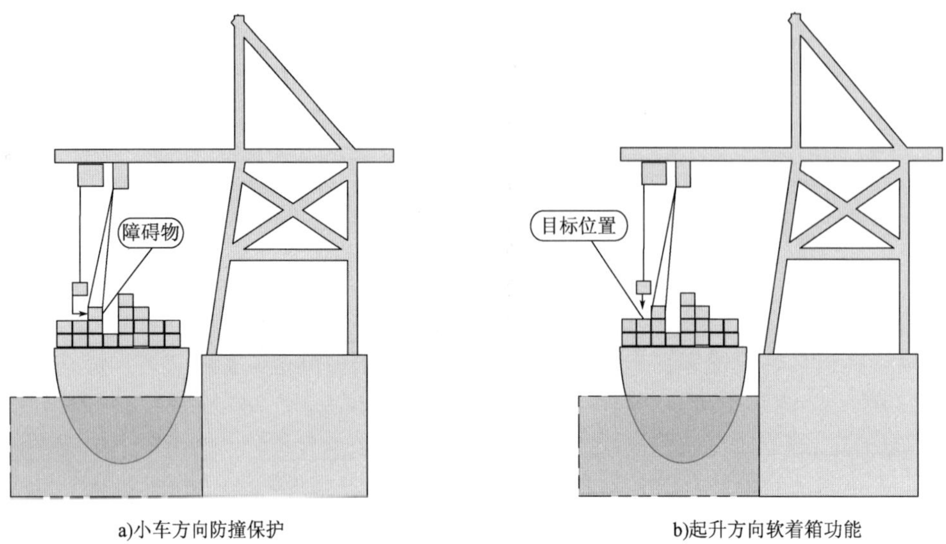

图 11.1　定位技术在岸桥的应用[58]

(1)非接触工作方式。天线箱和格雷母线之间不接触,无滑脱和磨损等故障。

(2)绝对位置检测。能够连续地、高精度地检测绝对地址,位置检测精度达 2mm,可以满足移动机车自动行走和全自动操作的定位要求。

(3)不受无委会管制。格雷母线工作频率为低频,所产生的电磁场仅限于几米范围内,不需要向无委会申请频段即可使用。

(4)抗干扰能力强。使用交叉扭绞结构和相位检测技术,天线箱与格雷母线之间的间隙从 30mm 到 300mm 均可正常工作,不受环境噪声和接收信号电平波动的影响,能够在恶劣环境条件中长期可靠地工作。

(5)适用于恶劣的工业环境。安装在室外的格雷母线及其夹具和天线箱为无源设备,采用非金属材料制作,并且采用密封工艺,耐酸碱腐蚀,特别适用于户外(阳光直射、雨水、高温高湿)和条件恶劣的工业环境,使用寿命长。

采用格雷母线技术、编码器多点校验控制、位置偏差补偿等控制技术可对 RTG 自动定位系统进行改造,提升 RTG 自动定位精度以及远程操控的安全性和操作效率,满足集装箱港口 RTG 远程控制系统的技术要求[60]。

11.2.3　定位技术在 ARMG 的应用

ARMG 定位技术是通过控制 ARMG/吊具在自动化堆场这一立体空间坐标系内的位置来实现 ARMG/吊具对集装箱在堆场中的自动堆取定位。ARMG 的定位主要由大车的定位、小车的定位、起升的定位构成一个三维体系的空间定位[61]。

根据自动化堆场的箱区定义规则,在轨道吊两侧的人车轨道旁间断布置磁钉,在轨道吊两侧的大车机构上各安装 1 只磁钉读头,通过读头来读取两侧的磁钉位置。另外两侧的大车电机上各装有一只测速编码器,通过速度的累积分别计算出大车 1 和大车 2 的当前位置。大车行走过程中经过磁钉时,系统实时将磁钉位置与大车当前位置进行比较,不超过 3mm 时为位置合法,超过 3mm 时为位置不合法。合法的情况下,自动将磁钉位置的值传送至大车当前位置的值,以减小测速编码器的累积误差。大车运行的过程中,以大车的当前位置的值作为参考值来参与控制系统的大车定位。

小车的位置检测采用线性编码器,在沿着小车轨道方向的大梁上,安装一组连续的磁尺,在小车架的适当位置安装用于连续读取小车磁尺位置信号的读头,通过读头的数据来确定小车的当前位置 1。另小车电机上还装有一只测速编码器,通过速度的累积计算出小车的当前位置 2。小车运行的过程中,实时将位置 1 与位置 2 进行比较,距离不超过 3mm 时为位置合法,超过 3mm 为位置不合法。合法的情况下,小车运行停止时自动将位置 1 的值传送至位置 2 的值,以减小测速编码器的累积误差。小车运行的过程中,以位置 2 的值作为小车位置值来参与控制系统的小车定位。

起升位置的检测方法是在起升卷筒端部轴上安装一只绝对值编码器,通过该编码器的反馈值来计算出起升的当前位置 1。在起升卷筒端部还装有凸轮限位,用于起升位置的校验和安全保护。另外,起升电机上还装有一只测速编码器,通过速度值的累积计算出起升的当前位置 2。起升动作过程中,实时将位置 1 与位置 2 进行比较,不超过 5mm 时为位置合法,超过 5mm 为位置不合法。合法的情况下,起升动作停止时自动将位置 1 的值传送至位置 2 的值,以减小测速编码器的累积误差。起升运行过程中,以位置 2 的值作为起升位置值来参与控制系统的起升定位。

11.2.4　定位技术在 AGV 的应用

AGV 在工作过程中需实时确定自身在世界坐标系中的位置,定位是 AGV 实现自主导航的基础,随着传感器技术的发展,多种传感器应用到 AGV 的定位过程中,实现了许多不同的定位方式。熊超等人将 RFID 技术应用到 AGV 小车系统,研究基于 RFID 定位的 AGV 小车系统,并实现规划路径的自动导航[62]。RFID 具有非接触、非视距等优点。利用 RFID 控制 AGV 小车定位,相对于其他定位方式(惯性定位、超声波定位)不仅结构简单,成本低,而且更容易实现,能准确定位。该系统布局图如图 11.2 所示,在定位之前给每个标签值赋予一定的位置信息,当车体经过的时候,车上携带的 RFID 读写器就会读到相应的位置信息,上位机先设定好 AGV 小车停车定位点,在 AGV 小车走过规划路径过程中,RFID 读卡器读取每个位置节点,并且在上位机上面显示。此时就可以知道车体的位置以实现车体的定位。

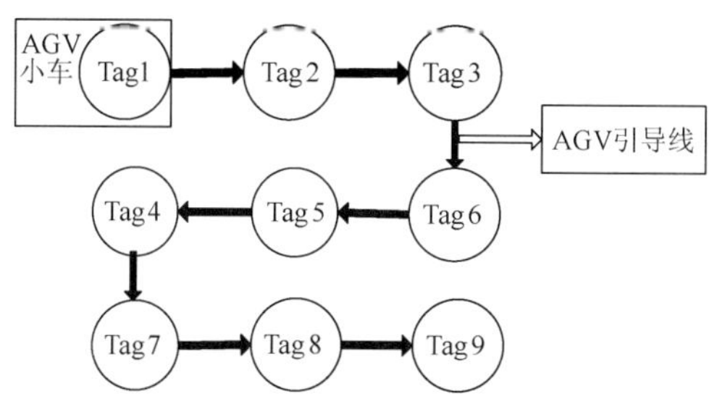

图 11.2　系统布局图[62]

11.3 导航技术

导航技术指利用电、磁、光、力学等科学原理与方法,通过测量与空中飞机、海上舰船、大洋里的潜艇、陆地上的车辆、人流等运动物体每时每刻位置有关的参数,从而实现对运动体的定位,并正确地从出发点沿着预定的路线,安全、准确、经济地引导到目的地。导航系统由硬件平台、导航电子地图、导航引擎三大部分组成,具有空间定位、信息搜索、地图显示、路经查询、路径诱导、无线通信等基本功能。

AGV 的导航方式按照路径是否固定可分为固定路径法和自由路径法。固定路径法以电磁导航技术为代表,埋设在路面下的导线接通电流时在附件形成电磁场,安装在 AGV 上的线圈感应该磁场并由车载控制器判断小车的方向是否偏离导线。该方法简单可靠,曾长期得到应用,但由于存在小车运行路线固定,维护性很差,路径更改需挖掘地面等缺点而在港口应用受到局限。

如表 11.1 所示,自由路径法主要有激光定位导航法(Laser Navigation)、视觉定位导航法(Machine Vision Navigation)、毫米波雷达法(Millimeter Wave Radar,MMWR)、惯性导航系统(Inertial Navigation System,简称 INS)、差分全球定位系统(Differential Global Position System)等几种。随着差分 GPS 定位算法的进一步提高,其定位精度可以达到 +/ -5cm,有的甚至达到 +/ -2cm。差分 GPS 具有通用性好、系统简单、造价低等特点,应用于不同的港口几乎不需改动系统,且不需路标,是今后港口 AGV 导航技术的发展方向。

自由路径法中适合港口的导航系统　　表 11.1

名　称	特　点
激光定位导航法	精度高,柔性好,可靠性高;易受光线影响
视觉定位导航法	定位精度高,非常有潜力;成本高,系统复杂,受图像传感器的影响
毫米波雷达法	精度高;价格较贵,也需要安装大量的信标
惯性导航系统	简单灵活、便宜且实时性好;误差累积,长时间导致精度完全丧失
差分全球定位系统	安装简便,适用性强,无需路标;精度较差

11.4 传感器技术

传感器是一种探测和感受并传递外界的温度、光亮、烟雾浓度和湿度等各种信号的装置。它是通过一些敏感性元件来感受被检测的非电信号的物理量,再通过转换元件把被检测的非电信号物理量转换成方便并适于传输和测量的电信号物理量。传感器技术是一种不仅包含了传感器的物理量之间的转换、所用材料的选择、结构与外形的设计以及开发和应用等多方面的全面性技术,而且还是多种先进学科之间进行交叉、融合而形成的综合性的高新前沿技术[63]。

自动化双小车岸桥与传统岸桥的显著区别在于,岸桥司机在整个岸桥装、卸船过程中的参与程度显著减少。在常规岸桥作业中,岸桥司机观察集装箱和吊具的位置,并对两者的位置差做出判断,驾驶岸桥进行装、卸集装箱的工作。而在自动化双小车岸桥中,现代光学传感器——“光电眼”、PLC(可编程逻辑控制器)代替岸桥司机,发出各类信号驱动岸桥完成装、卸作业。从广义上讲,自动化双小车岸桥就是现代工业机器人,而这种机器人的“光电眼”是非常重要的组成部分,对于自动化双小车岸桥能否准确高效地完成装、卸作业至关重要。在自动化双小车岸桥上,有三种“光电眼”,分别是船型扫描系统、目标检测系统、吊具检测系统。

但是,光学传感器在作业过程中会受到恶劣天气的影响,因此需要其他传感器与光学传感器互相配合,可以提高在恶劣天气情况下的作业效率。另外,传感器技术是定位技术和导航技术的核心,在自动化码头应用很广泛。

11.5 物联网技术

物联网(Internet of Things, IOT)是在计算机互联网的基础上,利用 RFID、传感器、无线数据通信等技术,构造一个覆盖世界上万事万物的“物物相联的网络”。其实质是利用射频自动识别(RFID)、传感器等技术,通过互联网实现物品的自动识别和信息的互联与共享。物联网网络架构由感知识别层、网络传输层、数据层和应用层组成。

RFID 对物联网的实现起着决定性的作用。从物联网的体系结构中来看,感知层在物联网体系中处于信息采集的最前端,对物联网的实现起着基础性的作用,而感知层中最重要的技术就是 RFID 技术。RFID 是一种非接触式的自动识别技术,通过射频信号自动识别目标对象并获取相关数据,完成系统基础数据的自动识别。

物联网在港口信息系统中的整体功能架构如图 11.3 所示[64]。整体架构包括感知层、数据传输层、处理层、应用层。

(1)感知层

感知层包括有二维码电子标签、RFID 标签、温度传感器、湿度传感器、摄像头、GPS 设备、报警器等。这些设备可以识别物体、采集和传输信息,是物联网港口的终端设备,也是整个系统的基础设施。

感知层的设备会安装到港口入口、泊船船位、泊车车位、港口需要重点监控的闸口、装船机、仓库等需要数据采集和重点监控的地点。包括的监控事项有:地面压力、船舶形态、货物高度、水位高度、温湿度信息、车辆位置标识、船舶停靠位置标识等。这些信息会通过网络层进行数据传输至服务器的数据库当中进行数据整合处理。

(2)数据传输层

本层当中的设备主要是适合现场条件的网络传输设备,其中包括:运用物联网网络的数据集中器设备、可以插入 3G、4G 等 SIM 卡或无线网络,通过这些网络进行数据传输的 DTU 设备、信号扩大或者中继传输设备、路由器设备、交换设备、VPN 设备以及各种网关设备等。根据现场条件会选择最适合的设备进行组网,来满足短距离、中距离、长距离的数据传输需求。

(3)处理层

本层的主要设备包括有:服务器设备、交换机设备、VPN 设备、路由器以及网络终端设备。

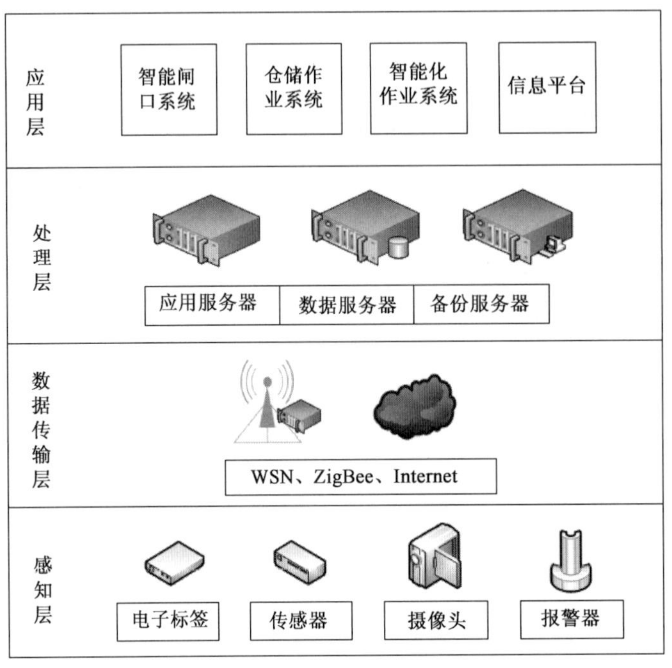

图 11.3 物联网港口整体功能架构方案[64]

本层的设计当中不仅实现了容灾备份和内外网分离的目标，而且通过安装浪潮 SSR 集中管理平台能够实现系统层的安全加固。应用浪潮操作系统安全增强系统（SSR）产品，能从根本上保证服务器操作系统的安全，免疫一切针对服务器操作系统的病毒及攻击，规范管理员权限，防止越权访问，提升操作系统安全等级。

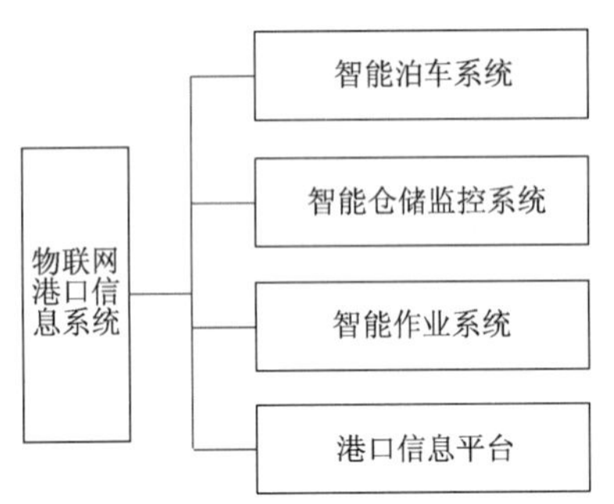

图 11.4 物联网港口处理层网络架构方案[64]

（4）应用层

应用层是物联网港口信息系统的功能展示窗口，根据港口信息系统的业务需求进行设计，表现的形式为系统的各个应用模块。如图 11.4 所示。

11.6 实时控制技术

实时控制要求计算机要在一定的时间内完成对信息（即各种形式的数据）进行收集、储存、加工与传输等一系列活动，对时间要求比较严格，强调实时性。码头工艺本身是连锁性很强的流程，因此高效节能的运行必然要求其控制系统具有很强的智能逻辑判断和自动协调控制能力。同时在港口的作业和调度中需要系统、设备对当前接收到的信息进行快速的处理。通过实时控制，可以解决自动化码头中的 AGV 避障和路径优化、装卸设备稳定性和防碰撞等诸多问题。

在集装箱码头中,实时控制系统需要计算机技术、物联网技术、定位技术、导航技术等技术共同完成。

11.7　集装箱摘装锁作业标准化

集装箱摘装锁问题是目前集装箱自动化作业中的难点之一。解决的出路在于集装箱锁机构的标准化以及作业的标准化。目前该问题的解决思路主要有:

(1)通用自动化装拆锁设备

海运集装箱使用的旋锁有上千种,每种旋锁的拆装方式都有所不同,设计一种通用设备,自动识别旋锁型式并分类实现自动拆装是当前解决该问题的主要方法;

(2)制定集装箱旋锁的国际标准

根据国际标准规定的形式、尺寸等制造加工旋锁,并配备海运集装箱使用。在标准化旋锁基础上,实现自动化码头集装箱旋锁拆装作业的自动化和无人化。

如图 11.5 和图 11.6 所示,刘洋等通过对国内码头现场装卸作业流程的研究,构思了一种可对集装箱固定旋锁进行自动加装或者拆卸的专用装置。该装置可以制作成一个平台,主要包括箱体进入自动导向机构,箱体位置检测机构,智能化拆装锁机械臂,拆装锁检测机构,固定旋锁存放机构,支撑固定装置,信息反馈及程序控制中心等,适用于目前国际上集装箱加固流行使用的各种自动及半自动旋锁[65]。

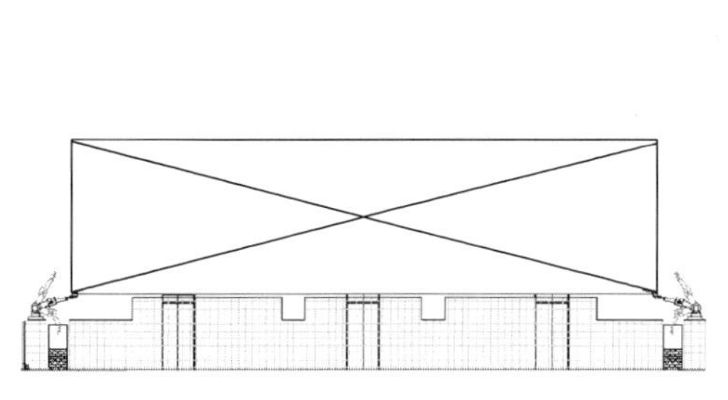

图 11.5　某自动化拆装旋锁设备——主视图[65]

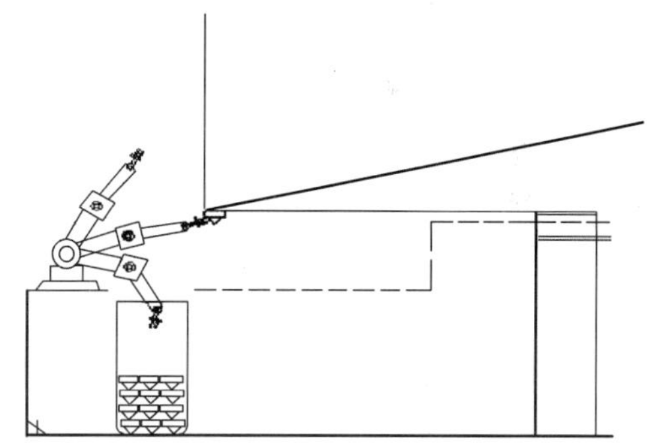

图 11.6　某自动化拆装旋锁设备——局部放大图[65]

11.8　计算机优化技术

集装箱码头作业是一个典型的复杂作业系统,涉及的作业环节、作业流程,参与的设备都非常多,而且作业环环相扣,设备互相配合,使得整个系统牵一发动全身。为了在整个作业过程中合理调配各种作业资源,使作业的效率得到提高、成本降低,基于运筹学的优化技术一直是集装箱码头作业计划中的重要一环。一般地,传统集装箱码头的作业优化涵盖了从船舶进入泊位到集卡出港的全过程,在优化层次上,涉及战略、战术和作业层次,主要包括以下优化

问题:

(1)码头泊位:战略层面的泊位数量规划问题,操作层面的泊位分配问题;

(2)船舶作业:战术层面的船舶配载问题,操作层面的船舶作业计划问题;

(3)岸桥作业:战略层面:QC 的型号、数量的规划,战术层面:QC 分配、调度问题,操作层面:集装箱作业的先后次序优化;

(4)水平运输作业:战略层面:水平运输设备的选择和配置优化(叉车、集卡、跨运车等),战术层面:设备的数量规划,操作层面:运输设备指派、路径问题;

(5)堆场作业:战略层面:堆场布局及结构,存储空间分配问题,战术层面:QC 的数量规划,操作层面:跨运车的路径选择、进口箱堆存位置、堆场存储计划等;

(6)闸口作业:战略层:闸口通道数量和能力规划问题,操作层面:闸口通道的开启数量分配问题;

(7)码头间运输及其他运输:战略层面:码头间运输方式:铁路运输、陆路运输;操作层面:不同码头间的作业衔接问题等。

从运筹学的优化建模角度,上述集装箱码头作业中的优化问题属于车间作业调度问题(Job Shop Scheduling)及流水线作业调度问题(Flow Shop Scheduling)问题。这些问题的求解复杂度属于 NP-hard 问题。NP-hard 问题中的 NP 是指非确定性多项式(Non-deterministic Polynomial,缩写 NP)。所谓的非确定性是指,可用一定数量的运算去解决多项式时间内可解决的问题。而 NP-hard 问题可以理解为无法或者很难用一定数量的运算求解得到结果的问题。这类问题的特点一般是涉及到的变量多、变量之间的关系复杂、计算过程复杂、解空间很大,因此直接进行计算很难求出最优解。目前 NP-hard 问题的求解算法分为两类:精确算法和近似算法。精确算法如分枝定界法、动态规划法等,求解时间很长,无法满足实际需求;近似算法主要采用启发式算法(Heuristic Algorithm),如遗传算法、禁忌搜索、模拟退火、蚁群算法等。启发式算法求解出的是近似最优解,并不一定是理论最优解,但是由于 NP-hard 问题的特性,求解理论最优解的计算时间往往无法接受,因此启发式算法是目前比较好也比较常见的一个解决方法[66]。

对于自动化集装箱码头,上述问题依然存在,但有了自身的新特点。

首先,作业中的设备及要求发生变化,比如:岸桥作业中强调岸桥与 AGV 的配合,水平运输中使用的设备是 AGV、Lift-AGV 等,同时更强调一个 AGV 群的作业调度以及 AGV 路径规划中考虑 AGV 间的干涉和危险规避问题。

其次,强调了自动化码头所具有的新特点,如:考虑电力能源驱动的作业移动设备的充电、续航和维护问题,低碳路径规划问题,码头各个作业环节的协调问题[55]。

另外,自动化码头代表了当代的先进技术的集成,在优化问题中也涵盖了新的内容,如作业模式中的同步装卸作业模式、低碳环保中的绿色作业约束、作业可靠性中的码头作业应急调度、实时性要求带来的作业的快速响应问题等。

为此,面向自动化码头的作业优化技术除了应用上述模型及算法外,还应在此基础上继续发展,以满足自动化码头的自动化要求。未来的一些可能的新进展包括:

(1)在问题建模方面,在传统优化模型基础上,新的优化模型将反映自动化集装箱码头作业智能化、无人化、实时化的新特点,如:反映同步装卸模式,反映低碳绿色、安全作业的作业目标，反映AGV运行、充电、续航等问题，反映码头各部分作业的有效衔接问题，由于RFID技术带来的实时作业信息使得实时优化模型、模型的快速生成，由于情况变化而带来的重优化问题（re-scheduling），具有基于对历史数据学习的智能优化等将成为新的研究热点。

（2）在求解方法方面，对求解时间和精度有更高的要求。除了常用的启发式算法外，基于机器学习、人工智能算法将是一种新的求解方法；另外，与传统的基于模型的优化相对应，在大数据时代基于数据的优化方法将是一个发展方向。在满足作业实时性要求方面，基于云计算的分布并行优化技术将会成为未来优化的主流方法。在此基础上，在传统优化方法中被认为不满足时间要求的精确算法将会在分布并行环境下得到回归，未来的并行分布精确算法也会是一个重要的发展方向。

11.9　计算机仿真技术

由于集装箱码头系统的复杂性，使得对于一个实际的码头作业系统的资源配置效果、活动效果的分析变得十分困难，为此，可以利用计算机仿真技术。计算机仿真是以计算机为主要工具，以真实系统或预设系统的仿真模型为依据，通过运行具体仿真模型和对计算机输出信息的分析，实现对实际系统运行状态和变化规律的综合评估与预测，进而实现对真实系统设计与结构的改善或优化，它是分析评价现有系统运行状态或设计优化未来系统性能与功能的一种技术手段。

计算机仿真技术在传统集装箱码头和自动化集装箱码头都有着广泛应用，多用于战略层和战术层的分析。在港口工程规范设计标准中规范了静态设计公式和参考标准，而实际的港口运输系统的生产作业是离散事件动态系统，根据设计的码头设施配备情况和一些预测参数，以动态仿真为手段，通过模拟集装箱到港靠泊、装卸船，以及堆场中的装卸作业等方面的动态过程，对港区道路交通、流量、通过能力及年吞吐量等重要参数进行综合分析评定，对于港口系统的规划有着重要的指导作用。在港口应用中具有代表性的仿真软件如ARENA、AUTOMOD、EM_PLANT、FLEXSIM、WITNESS等。主要包括以下问题[67]：

（1）战略层：码头的总体布局，装卸工艺的方案选择，泊位、岸桥、集卡、场桥的配置问题，装卸模式的分析，作业资源规划，如：堆场布局及结构，闸口通道数量和能力规划问题，集疏运模式和集疏运系统的资源配置，作业模式等；

（2）战术层：船舶作业计划的分析和验证，装卸设备作业规则、班次、数量规划，人力资源规划，堆场存储空间分配问题，闸口通道的服务规则等。

与计算机优化问题相比，计算机仿真技术更适合那些具有动态随机特点的复杂实际系统的作业，两种技术可以互相补充。计算机仿真技术在战略层面、战术层面具有较大优势，在操作层面，计算机优化技术有更好的适用性。

在自动化集装箱码头时代，计算机仿真技术依然有其广阔的应用空间。未来一些主要应用特点如下：

（1）应用领域：除了针对上述战略、战术层面的问题外，也在向操作层面延伸。计算机仿真技术属于数据依赖、计算资源依赖型分析技术,需要消耗大量的计算机资源、使用比优化算法更长的时间,所以往往用在对时间不敏感的战略、战术层面的问题。随着计算机计算能力、数据库技术的提升,计算机仿真技术可以充分利用这些有利条件,进行操作层面的问题分析。如:

①即将实施的作业计划的评估:将基于优化算法的作业计划的结果在仿真模型中运行,可以在作业实际实施前验证计划与实际的吻合度,发现问题,提出修正方案供计算机系统对作业方案进行修改。

②作业计划的仿真优化:可以采用计算机仿真技术对作业进行仿真并给出作业计划的方案;也可以采用优化方法与仿真技术相结合的方针优化方法对一个实际作业进行仿真优化(Simulation Optimization or Simulation-based Optimization)。

(2)技术的综合性:计算机仿真技术是一种以计算机技术为基础的综合技术,它综合了信息技术的许多元素,如虚拟现实技术、人工智能技术、大数据技术、网络技术等。随着这些相关技术的发展,计算机仿真技术将会有更大的应用领域。举例如下:

①虚拟现实技术以及近年来发展的增强现实技术与计算机仿真技术相结合,向虚拟自动化码头方向发展。

②基于大数据、机器学习技术,自动化码头仿真系统与实时作业数据相连进行实时计算机仿真分析,得到对码头作业现状的评估和预测,为作业优化模型计算法,或管理人员的决策提供基础数据。

③来自传感器和 RFID 的硬件实时信息与计算机仿真技术(即所谓 Emulation 技术)相结合,会提高对作业设备的管理水平。

④计算机仿真技术与云计算技术的结合,形成在云计算环境下的分布并行仿真技术将大大提升仿真运算的效率,使得仿真技术更好地运用于操作层面的分析。

⑤计算机仿真技术与互联网技术、分布式交互仿真技术的结合,会连接周边的港口资源、服务资源为一个更大的系统,提升在供应链层次上港口整个系统运行模式的整合。

11.10 智慧港口

11.10.1 智慧港口的特征

智慧港口是 21 世纪“互联网 +”时代港口运输现代化发展的方向和必然过程,是智慧交通的重要组成部分。目前,智慧港口的内涵还处于探讨阶段,一般认为:智慧港口是以现代化基础设施设备为基础,以云计算、大数据、物联网、移动互联网、智能控制等新一代信息技术与港口运输业务深度融合为核心,以港口运输组织服务创新为动力,以完善的体制机制、法律法规、标准规范、发展政策为保障,能够在更高层面上实现港口资源优化配置,在更高境界上满足多层次、敏捷化、高品质港口运输服务要求的,具有生产智能、管理智慧、服务柔性、保障有力等鲜明特征的现代港口运输新业态[68]。智慧港口的管理运营模式是实现“车、船、港、货、人”五位一体协同联动,其管理与生产运营模型如图 11.7 所示。

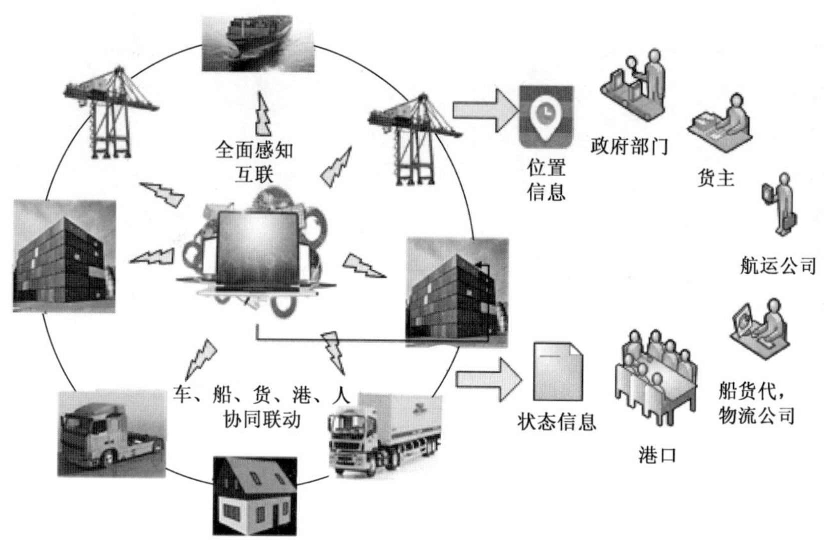

图11.7　“车、船、港、货、人”五位一体协同联动的智慧港口管理与生产运营模型[69]

从港口行业发展需求的视角来看，智慧港口具备更经济、更可靠、更高效、更安全、更敏捷、更绿色的特征：

(1)更经济：智慧港口能够依托信息技术在更高层面上实现港口资源的优化配置和统筹高效利用，提高运输效率，系统性地降低港口货物运输成本；

(2)更可靠：智慧港口具有更加发达和完善的综合交通基础设施网络系统，更加智能化的港口运输组织和运营监管系统，覆盖全面的港口货物运行状态感知系统；

(3)更高效：智慧港口能够建设更高效的港口货运体系，推进各种运输方式一体化，使用更智能的运输工具和生产设施，提高生产作业智能化水平，提升运输服务和管理创新水平，提高港口运输服务和运输管理效率；

(4)更安全：智慧港口应用现代科技和信息化技术不断提高港口运输装备的安全性能，提高港口安全运营监管和应急救援水平，实现安全第一的港口发展理念；

(5)更敏捷：智慧港口充分发挥市场配置资源的决定性作用及科技的引领作用，推进港口货物运输运营机制、经营模式、运输组织创新，做强主业、整合辅助业、拓展衍生服务业，提升产业链附加值；

(6)更绿色：智慧港口加强生态友好型港口环境建设，发展低碳低能耗清洁型作业设备和作业方式，发展绿色集疏运体系和多式联运业务，依托科技进步和新一代技术实现“无碳港口”经营。

另外，智慧港口还具有如下三个功能：

(1)通过智能管理、自主装卸、智能政务、智能商务四大功能模块，围绕“车、船、港、货、人”五大基本要素实现有序联动，港航物流链的各个节点被打通，对港口集疏运、码头生产操作、仓储管理、物流跟踪、海关监管、设备监控、环境监测及客户服务等多种港口需求做出智慧型响应和实时优化管理与服务。

(2)港口服务功能提升到供应链整合平台，使港口成为供应链网络众多资源的集聚者、整合者和控制者,通过商业模式的转变,更多注重伙伴关系,形成广域覆盖、跨境联通的网状供应链服务体系。

(3)实现物联网、移动互联网、大数据、云计算、电子商务、人工智能等现代信息技术对港口商业模式的全方位支持,对系统运营的任何物流对象,在任何地点、任何时间都可以被寻址、被感知、被追踪、被控制,从而极大地方便了港口生产业务所涉及的管理方、操作方、合作方、参与方与服务方(客户群)。

11.10.2 新技术在智慧港口的应用

智慧港口借助功能强大的互联网、物联网、移动互联网、大数据、云计算、人工智能、系统仿真等现代信息技术,综合利用GPS、GIS、GPRS、分布并行计算、传感器网络、可视化、人工智能等技术手段,其感知、追踪、控制与管理范围已远远超出港口本身的物理空间,可以涉及到多口岸、多港口、多码头、内陆港,实现更多参与方资源、角色、功能、信息的协同,形成一个结构庞杂的智慧港口物流公共服务(云)平台,如图11.8所示。

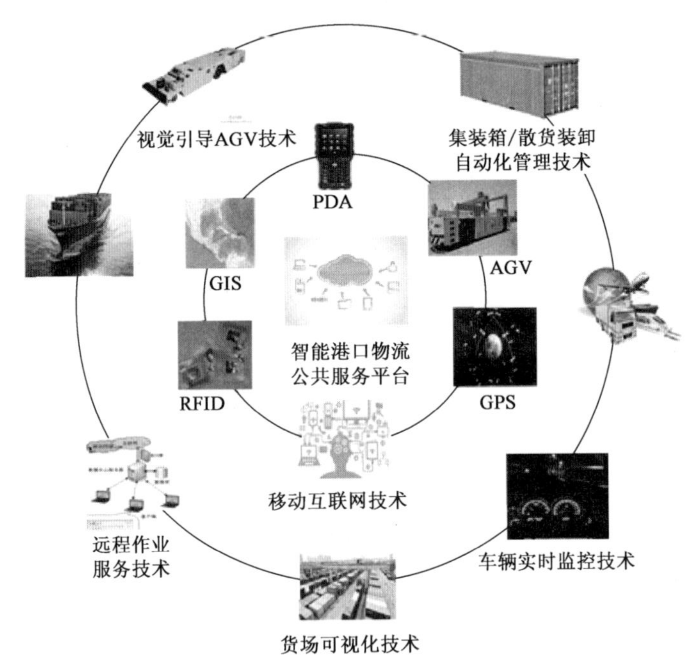

图11.8 智慧港口物流公共服务云平台[69]

(1)物联网技术。可以将物联网技术应用于货物电子标签,解决货物进出港效率低下,人员成本高的问题。货物在出厂时就挂上电子标签,在它走的每一步,都可以被感知系统知道,从而货物在哪个集装箱里面,要运到什么地方去。物联网技术的应用流程如图11.9所示。

(2)云计算技术。云计算(Cloud Computing),是一个基于互联网的应用与服务方式,通过这种方式,共享的软硬件资源与信息可以按照需求提供给计算机和其他设备。如图11.10所示,在智慧港口中,将云计算技术应用于港口云计算中心平台上,将过去孤立的信息系统紧紧地联系在一起,实现信息的互联互通,例如将政府监管系统、物流仓储系统、码头业务系统、船货代系统和集疏运一体化系统等联系在一起。使用云计算技术,可以解决信息孤岛的问题,将各种信息集中在这个平台上,可以提高相关的作业效率和作业的准确度。为人工智能技术在智慧港口的应用提供后台基础,为水平运输的任务指派、路径优化等提供数据基础。

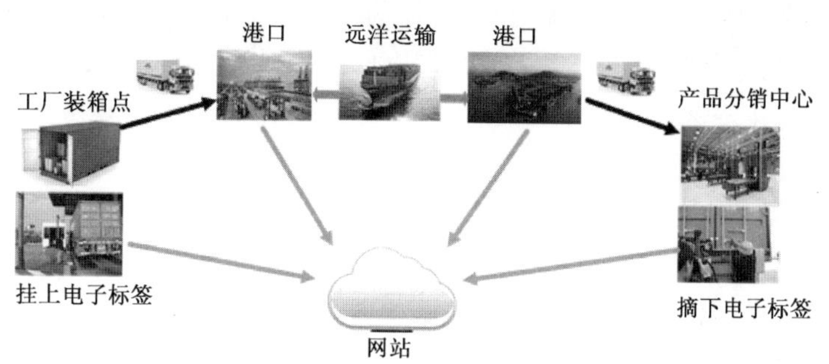

图11.9　物联网技术的应用

(3)移动互联网技术。移动互联网(Mobile Internet),是一种通过智能移动终端,采用移动物联通信方式获取业务和服务上的新兴业态,包含终端、软件和应用三个层面。在智慧港口中们可以通过移动互联网对货物进行定位,然后通过手机进行支付。同时可以实时监控货物的位置和状态。

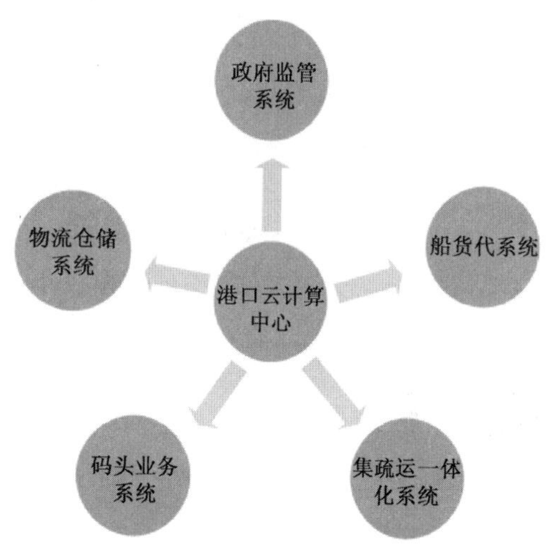

11.10　港口云计算中心

(4)大数据技术。大数据(Big Data),指的是所涉及的数据量规模巨大到无法通过,在合理时间内整合为人类所能解读的信息。必须借助计算机对数据进行统计、比对、解析方能得出客观结果,得出人们所需要的信息。在智慧港口中,利用大数据、数据挖掘等技术进行分析与预测,可以通过数据的差异、变化帮助解决打击走私、检验检疫的问题;通过大数据来预判未来经济发展的趋势从而到达商务研判的目的。

(5)人工智能。人工智能(Artificial Intelligence,AI)也称机器智能,是计算机科学的一个分支,主要研究应用人工方法和技术,模仿、延伸和扩展人的智能、实现机器智能。人工智能应用领域广泛,涉及问题求解、机器学习、专家系统、模式识别、机器学习等领域。港口中有大量需要运用人类智力的活动,例如在自动化码头中设备的运动、调度、场地计划制定等都需要人的经验知识。让机器使用人的知识和经验来做计划和调度,这样就可以实现智能的计划和调度,就能极大的提高服务水平和工作效率。例如实现智能设备调度、智能场地调度、智能泊位调度系统,从而能实现计划最合理的船舶在港时间、最恰当的场地翻箱作业计划、最小化运输成本等。

随着各种新技术的逐步成熟以及在自动化码头和港口愈发广泛的应用,智慧港口终将成为港口未来的发展方向,成为智慧交通和智慧城市的重要组成部分。智慧港口建设对创新驱动、转型发展具有重要的推动作用。

11.10.3 当前阶段智慧港口建设的重点任务

(1)构建全面感知的港口基础设施系统

智慧港口以现代化基础设施设备为基础,要构建全面感知的港口基础设施系统,必须建设智慧港口基础设施与运行状态感知系统,推进基础设施智能化;完善智慧港口信息化基础设施建设,夯实港口信息化安全集成环境;加强智慧港口运输核心技术和装备研发,推动港口运输装备智能化。

(2)建设柔性敏捷的港口信息服务系统

以云计算、大数据、物联网、移动互联网、智能控制等新一代信息技术与港口运输业务深度融合为核心的港口信息服务系统是智慧港口的灵魂。柔性敏捷的港口信息服务系统包含两部分:智慧港口数据信息采集与共享服务系统,推进大数据集成与分析;智慧港口货运信息服务系统,实现物流一体化协同服务。

(3)建设便捷高效的港口运输组织系统

便捷高效的港口运输组织系统是智慧港口良性发展的重要保障,因此,在建设智慧港口的同时,必须要建设高效的港口货物运输组织系统,构建港口生产管理系统体系;建设柔性化的港口生产与物流服务系统;建设智能化的港口运营管理决策支持系统。

综上所述,智慧港口不仅是新技术创新应用,更是生产关系的深刻变化,势必带来管理、组织、生产的改革、生产方式与业态的变化。以智慧港口建设实现创新与突破,是推进我国港口行业转型升级的重要抓手,也是提升行业综合软实力的重要标志。建设智慧港口必须加强前瞻性研究,重点在大数据环境下的港口创新方法、创新技术、创新管理,面向新一代港口的数据需求工程方法等方面;推动港口供应链一体化、港产城融合互动、现代 IT 集成创新应用等领域的项目建设,促进管理与服务创新;积极营造良好的智慧港口发展行业环境,促进可持续发展。

结 束 语

总结

本书根据21世纪港口作业需求和作业系统与设备的发展现状，从设备、系统、环境、安全等几个维度对港口的绿色装备、绿色运营、作业安全技术、自动化码头技术等方面的若干工程理论及方法问题进行阐述。

第一篇"绿色港口专题"中包括3个主题：港口起重机的节能减排，集装箱正面吊运机的节能减排及低碳节能作业计划，集装箱港口的碳足迹综合评估方法。

第1章讨论了港口装卸设备的节能减排技术研发、应用与实施效果。其中：RTG"油改电"的技术路线清晰，节能节支效益显著，今后RTG"油改电"技术应关注：①深入研究ERTG直流供电和快速安全转场等问题；②继续开展RTG调速驱动技术的研究开发，合理配置和简化调速驱动系统，降低造价；③完善具有电力、锂电池组、LNG和柴油机驱动等结合的RTG混合动力技术；起重机势能回收利用技术在港口应用中不断成熟与发展。超级电容充放电时间短，适合作为能量储蓄单元回收能量，超级电容的放电电流不稳定，目前尚主要用于港口机械的辅助用能。公共直流母线技术可以有效解决多电机间的电动状态和发电状态的相互协调，可以回收电机发电状态下产生的能量；新型RTG是围绕轻量化目标研发的一种节能减排技术创新产品。它采用四卷筒控制轻型化设计技术，结合混合动力驱动技术、起升全功率变频控制技术等，形成了具有投资少、能耗低、维护简单的"绿色"RTG，节能减排效果显著。

第2章讨论了集装箱正面吊运机的节能减排技术以及其低碳节能作业计划问题。目前节能减排技术与智能化技术相结合应用于集装箱正面吊已成共识，如载荷智能预警技术、设备状态检测和实时监控技术、故障预诊断技术、机电防倾翻报警技术、臂架垂直升降与联动技术、发动机总线油门自动升速技术等。此外，对于正面吊作业阶段的节能减排问题，本章提出了既可保证作业效率又通过减少集装箱移动距离来节约能源的提箱作业优化模型，该模型为两层嵌套的组合优化模型，外层子模型针对提箱作业任务实现倒箱策略优化，内层子模型寻找作业能耗最小的移动路径，并提出了求解该模型的嵌套算法。实例分析表明本优化模型能够明显降低提箱作业成本。

第3章讨论了集装箱港口的碳足迹综合评估模型及绿色运营的改善途径。首先讨论如何建立集装箱码头碳足迹综合评估框架，涉及对集装箱码头各方面作业、集装箱码头环境管理目标的综合集成。管理者可以在每个模块中选择他们需要的部分进行集装箱码头操作的CO_2排放的评估、分析、预测和控制。通过案例说明运用此框架实现集装箱港口的绿色运营的途径。

第二篇“平安港口专题”讨论了港口作业安全的若干技术方法。本篇围绕港口设备结构设计、检测、分析、评估和设备操作、作业流程等方面讨论港口设备与系统的作业安全相关问题。

第4章以港口起重机为对象讨论了码头作业设备的应力分析和疲劳问题。首先,讨论如何基于应力响应时程对港口起重机的结构疲劳寿命进行预测。然后,基于无损检测技术,探讨在初始缺陷条件下的港口起重机结构疲劳分析技术的应用。最后以岸边集装箱起重机为实例,对前大梁管结构焊接节点的应力集中问题进行了计算与分析。

第5章进行港口作业设备的结构动态响应分析研究。在工作状态下,起重机是一个由多个刚体在三维空间运动而形成的变质量、变刚度、变阻尼的复杂时变系统。针对集装箱门式起重机在工作过程中,由于运行小车+起升载荷的动位移所引起的时变特性,从三维角度对其变质量、变刚度、变阻尼的时变结构系统进行分析,提出相应的力学计算模型,并建立其时变系统的结构运动方程,采用 Newmark 数值计算方法对运动方程进行求解。本书提出了小车运行动力系数 k 的概念,建立了小车运行动力系数 k 与起升动力系数 Φ_2 的相互关系表达式。针对具体的集装箱门式起重机,提出了根据小车运行参数计算小车运行动力系数的计算公式,以及判断在何种条件下需要运用时变系统计算方法进行结构动力计算的意见。

第6章以轨道式集装箱门式起重机为样机,结合三维建模软件建立了门式起重机的刚性体、柔性体相互耦合的动力学虚拟样机模型,对起重机在离地起升和小车带载运行两个典型工况过程进行了动力学仿真,并对仿真的各种数据结果进行分析,分析其时变系统的规律性变化,探索运用虚拟样机技术研究港口大型设备结构的时变力学特性。

第7章讨论起重机操作训练中的计算机模拟技术。从设备的主要技术特点、基本构成和系统功能三方面对模拟器进行探讨并对起重机模拟器的若干关键问题进行说明,包括总体参数优化、六自由度运动系统、操纵控制系统、三维动画视景软件等。

第8章讨论码头安全作业流程分析和设计问题。针对多人合作、人机配合的码头库场卸货作业的作业,研究如何考虑作业行为特点来设计安全的作业流程问题。首先,利用模糊事故树分析、贝叶斯网络构建了考虑人的不安全作业行为的作业流程安全分析模型,提出了以顶上事件发生概率最低的流程安全性设计目标和优化模型。其次,通过对不安全行为的产生原因进行量化分析,提出了以降低主要的不安全行为的发生概率为前提的作业流程改进方法。实例分析表明:在针对排序在前7位的主要不安全行为致因采取预防措施的条件下,可降低顶上事件的发生概率30%以上,反映了本方法的有效性。本研究为设计安全的作业流程提供了新思路。

第三篇“智慧港口专题”重点讨论了自动化集装箱码头问题。包括三个主题:自动化集装箱码头作业特点的分析、实现集装箱码头自动化要解决的若干技术问题,以及解决这些关键技术问题所采用的技术手段。

第9章分析了国内外集装箱码头装卸系统的现状及自动化码头的作业特点。在分析目前国内外集装箱码头装卸工艺系统模式的基础上,指出集装箱码头自动化作业要解决作业环节和作业设备中的哪些问题,经分析后指出:定位技术、引导技术、实施控制技术、系统集成与综合协调决策优化技术是其中的关键技术。此外,通过对当前国内外自动化集装箱码头作业系统特点的分析,给出了港口建设采用何种装卸工艺方案的一些建议。

第10章对自动化集装箱码头船舶作业、堆场作业、水平作业中设备问题和作业管理问题,以及自动化集装箱码头特有的AGV相关问题进行了整理分析。分析指出:自动化集装箱码头作业实践中还存在诸多问题,这些问题从作业效率、作业成本、作业安全、控制精度等多方面制约着自动化集装箱码头的发展,亟待解决。

第11章讨论自动化集装箱码头作业系统中所应用的新技术。针对自动化集装箱码头要解决的问题,本章介绍相关的技术解决方案。对定位技术、导航技术、传感器技术、物联网技术、实时控制技术、标准化技术、计算机优化技术、计算机仿真技术等在自动化码头和港口的应用进行简要说明,这些技术的应用将为解决自动化集装箱码头作业问题提供解决方案。本章最后对未来智慧港口的发展做了介绍,对云计算、大数据及移动互联网、人工智能等新一代信息技术的应用做了展望。

未来展望

我们正处在一个信息技术、互联网技术飞速发展的时代,“中国制造2025”为港口的智能化、智慧化提供了坚实的技术基础。展望港口作业系统与设备技术未来的发展趋势,我们可以看到以下的发展脉络。

(1)总的趋势是:智能化、智慧化、无人化、安全化、绿色化,随之而来的是集成化、一体化、综合化。这些技术及运营的集成的表现形式就是智慧港口。而为了顺利有效实现上述目标,运用系统工程的思想方法从多层次、多维度、多视角全面思考港口作业系统与设备十分必要。

(2)绿色装备和绿色运营是未来发展的主题。长期以来我们大多关注作业效率问题而忽视了作业的能耗和环保问题,随着社会经济的发展,人们对于节能减排技术和清洁能源使用的要求将会越来越高,绿色低碳运营将会成为决定港口竞争力的重要环节。

(3)作业安全是社会的要求,是民生的头等大事。安全生产问题本身就是一个复杂的系统工程,为此,需要从设备、作业、流程、人员、制度多方面多维度在事先预防、现场控制、事后应对等多阶段进行管控,今后,事先预防、现场控制方面将变得越来越重要。

(4)自动化集装箱码头将是今后行业界、学术界关注的热点和发展方向。当前面临的技术问题将一步步得到解决。期待大数据技术、人工智能技术在其中发挥重要角色,成为智慧港口发展中的主角。

附录 A　不安全行为发生频率调查

一、调查问卷说明

请您对钢板卸货作业过程中以下不安全行为的发生概率情况进行打分。分值为：
“很低”表示该行为的发生概率几乎为 0，对事故的安全性几乎没有影响；
“低”表示该行为发生的概率不明显，对作业的安全性有略微的影响；
“偏低”表示该行为发生的概率比较小，对作业的安全性有较小的影响；
“一般”表示该行为有时发生有时不发生，对作业的安全性有一定的影响；
“偏高”表示该行为发生的概率比较大，对作业的安全性有相对大的影响；
“高”表示行为非常可能发生，对作业的安全性有更大的影响；
“很高”表示该行为经常发生，此时将会导致事故的发生概率增高。
请您在您认可的选项内画“√”，每行限选一项。感谢您的配合。

二、引发“物坠”的不安全行为

步骤	角色	内容描述		该行为的发生概率						
				很低	低	偏低	一般	偏高	高	很高
吊车挂钩	指挥手	X_1	指挥落钩过快							
		X_2	工属具选择不当							
		X_3	指挥过载挂钩							
	吊车司机	X_4	沟通不明							
		X_5	不明确工属具特性							
	理货员	X_6	卡位不正							
		X_7	配合失误							
吊车起吊	指挥手	X_8	钢丝绳绞劲打花未制止							
		X_9	未指挥二次停钩							
		X_{10}	不平衡起吊							
	吊车司机	X_{11}	起吊速度过快							
		X_{12}	超重起吊							
吊车运输	指挥手	X_{13}	未按规定路线指挥运输							
		X_{14}	发现危险情况未及时制止							
	吊车司机	X_{15}	钩行速度过快							
		X_{16}	撞击到空中物体							

续上表

步骤	角色	内容描述		该行为的发生概率						
				很低	低	偏低	一般	偏高	高	很高
吊车落钩	指挥手	X_{17}	指挥悬空等钩							
		X_{18}	未指挥二次停钩							
	吊车司机	X_{19}	落钩过快							
		X_{20}	松钩过早							
库场摘钩	指挥手	X_{21}	摘钩未完成就指挥撤钩							
		X_{22}	颠钩未指挥使用垫料							
	理货员	X_{23}	取垫料方法不当							
		X_{24}	扶钩未使用刨钩							

三、引发“人伤”的不安全行为

事故原因	角色	内容描述		该行为的发生概率						
				很低	低	偏低	一般	偏高	高	很高
站位不当	指挥手	X_{25}	在钩行、悠钩方向作业							
		X_{26}	未及时退位							
		X_{27}	在操作人员视线范围外作业							
	理货员	X_{28}	在钩行、悠钩方向作业							
		X_{29}	未及时退位							
		X_{30}	在操作人员视线范围外作业							
管理缺陷	指挥手	X_{31}	未制止无关人员进入作业范围							
		X_{32}	未指挥作业人员佩戴安全帽							
	无关人员	X_{33}	无故进入作业范围							
		X_{34}	作业区域重合							

四、测评人员基本信息调查

(1)您的职位:A. 工人　B. 组长　C. 班长　D. 工区长　E. 车间主任及以上

(2)您的工龄:A. 小于 1 年　B. 1 ~ 5 年　C. 5 ~ 10 年　D. 10 ~ 15 年　E. 15 年及以上

(3)您的学历:A. 小学及以下　B. 初中或中专　C. 高中　D. 大专　E. 大学及以上

(4)您的工种:A. 指挥手　B. 机械设备操控手　C. 理货员　D. 调度员　E. 现场安全员

附录B　不安全行为产生原因影响度调查

一、调查问卷说明

请您就以下原因对不安全行为的影响程度打分，用“很小”“小”“偏小”“中等”“偏大”“大”“很大”七种描述用语界定影响程度。其中：

“很小”表示该项原因对作业中可能出现的不安全行为几乎没有影响，不会导致不安全行为的发生；

“小”表示该项原因对作业中可能出现的不安全行为有略微影响，影响程度不明显；

“偏小”表示该项原因对作业中可能出现的不安全行为有比较小的影响，程度较小；

“中等”表示该项原因对作业中可能出现的不安全行为有一定的影响，程度一般；

“偏大”表示该项原因对作业中可能出现的不安全行为有相对较大的影响，程度较大；

“大”表示该项原因对作业中可能出现的不安全行为有更大的影响，程度比较严重；

“很大”表示该项原因对作业中可能出现的不安全行为有非常大的影响，这项原因绝对会导致不安全行为的产生。

请您在您认可的选项内画“√”，每行限选一项。感谢您的配合。

二、调查问卷部分

原因类别	符号	产生原因	该项原因对不安全行为产生概率的影响等级						
			很小	小	偏小	中等	偏大	大	很大
人的原因	Z_1	体力							
	Z_2	性格情绪							
	Z_3	知识技能							
	Z_4	组织管理							
设备的原因	Z_5	质量问题							
	Z_6	检查疏忽							
环境的问题	Z_7	温度							
	Z_8	听觉环境							
	Z_9	视觉环境							
	Z_{10}	人际关系环境							

三、测评人员基本信息调查

(1)您的职位：A. 工人　B. 组长　C. 班长　D. 工区长　E. 车间主任及以上

(2)您的工龄：A. 小于1年　B. 1～5年　C. 5～10年　D. 10～15年　E. 15年及以上

(3)您的学历：A. 小学及以下　B. 初中或中专　C. 高中　D. 大专　E. 大学及以上

(4)您的工种：A. 指挥手　B. 机械设备操控手　C. 理货员　D. 调度员　E. 现场安全员

参 考 文 献

[1] 刘晋川. 我国港口机械的现状与发展[J]. 港口装卸, 2013(2):1-5.

[2] 刘晋川, 张玉波. 绿色港口建设中的港口装备技术发展[J]. 起重运输机械,2016(2):8-11.

[3] 洪钐, 刘晋川, 饶京川,等. 轮胎式集装箱门式起重机节能技术应用与发展[J]. 港口装卸, 2008(2):18-20.

[4] 胡桂军,程新风,宋志国,等. 轮胎式集装箱门式起重机节能技术[J]. 集装箱化,2007(5):13-16.

[5] 杨瑞,刘晋川. 超级电容节能技术在港口机械中的应用[J]. 交通与计算机,2008(7)(增刊):29-33.

[6] 日本株式会社安川电机. 安川通用变频器样本[K]. 2005.

[7] 电气工程师手册第2版编辑委员会. 电气工程师手册[M]. 第2版. 北京:机械工业出版社, 2003.

[8] 中华人民共和国交通部水运司. 港口起重运输机械设计手册[M]. 北京:人民交通出版社,2001.

[9] 姚立柱, 刘晋川, 杨瑞. RTG节能系统的研究与设计[J]. 港口装卸, 2009(4):18-21.

[10] 姚立柱,刘晋川. 基于公共直流母线的轻型电动轮胎式集装箱门式起重机控制系统设计[J]. 港口装卸. 2009(6):24-26.

[11] 刘晋川,饶京川. 电动RTG的开发与应用[J]. 港口装卸,2006(5):5-6

[12] 黄平,刘晋川. 轻型电动轮胎式集装箱门式起重机[J]. 起重运输机械,2009(6):72-74.

[13] 苏国萃, 刘晋川, 李海波. 集装箱正面吊运机现状与发展研究[J]. 港口装卸, 2005(5):37-39.

[14] 高鹏,金淳,韩庆平. 基于倒箱移动路径的集装箱堆场提箱作业优化模型[J]. 运筹与管理, 2012, 21(1):19-28.

[15] 高鹏,金淳,韩庆平. 提箱作业优化问题的嵌套启发式算法[J]. 系统管理学报,2008,17(2):203-209.

[16] 张一清,刘传庚,白卫国. 碳足迹概念、特征、内容框架与标准规范[J]. 科技进步与对策,2015,(09):20-25.

[17] 王永琴,周叶,张荣. 碳排放影响因子与碳足迹文献综述:基于研究方法视角[J]. 环境工程,2017(01):155-159.

[18] Mamatok Y, Jin C. An integrated framework for carbon footprinting at container seaports: the case study of a Chinese port[J]. Maritime Policy & Management, 2017, 44(2):226-242.

[19] Bang,Q. H. Air Emission Inventories Methodology for Port and Air Quality Simulation[J]. Modern Transportation,2013,2(1):1-9.

[20] Yuliya M, Jin C. The Influence of Seaport Operations on the Coastal City Environment[J]. Low-carbon City and New-type Urbanization. Springer Berlin Heidelberg, 2015, 148: 177-193.

[21] 刘铁民. 安全评价方法应用指南[M]. 北京:化学工业出版社, 2005.

[22] 刘晋川, 饶京川. 岸边集装箱起重机金属结构疲劳寿命研究[J]. 港口装卸, 1998(5): 6-10.

[23] 刘晋川, 张玉波, 丁敏. 港口机械结构疲劳寿命预测技术研究与应用[J]. 起重运输机械, 2008(3):1-4.

[24] 张玉波, 刘晋川, 陈丽昕. 港口起重机械结构安全性评估系统的研究与应用[J]. 港口装卸, 2007(3):7-9.

[25] 刘晋川. 起重机管结构前大梁节点应力分析[J]. 水运科学研究所学报, 2000(3):1-5.

[26] 刘晋川, 虞守仁, 徐强,等. 岸边集装箱起重机结构动态响应分析[J]. 水运科学研究所学报, 1998(3):19-29.

[27] 刘晋川,虞守仁,吴建基,等. 岸边集装箱起重机时变系统结构动力响应分析[J]. 港口装卸,2000(3):1-6.

[28] 李益琴, 刘晋川, 李志建. 轨道式集装箱门式起重机的虚拟样机仿真[J]. 水运科学研究, 2010(1):17-21.

[29] 李益琴, 刘晋川, 李志建. 基于 Recurdyn 的 RMG 起升工况的动力学研究[J]. 港口装卸, 2010(3):3-6.

[30] 刘晋川,程新风,饶京川. 国内外港机仿真操作模拟器发展动态[J]. 起重运输机械, 2006(8):1-5.

[31] 刘晋川,张华勤,洪钐. 港机操作模拟器的应用与发展[J]. 港口装卸,2005(2):8-11.

[32] 刘晋川,程新风,胡思唐,等. 港口起重机操作模拟器[J]. 港口装卸,2004(4):1-4.

[33] 蔡佩林. 中小港口装卸作业中不安全行为预防与控制[J]. 交通企业管理,2009(06): 68-69.

[34] 丁辰曦. 集装箱码头安全管理实践——以上海浦东国际集装箱码头为例[J]. 集装箱化, 2013(05):16-17.

[35] Zhang M, Kecojevic V, Komljenovic D. Investigation of haul truck-related fatal accidents in surface mining using fault tree analysis[J]. Safety science, 2014, 65: 106-117.

[36] Zhao L, Wang X, Qian Y. Analysis of factors that influence hazardous material transportation accidents based on Bayesian networks: A case study in China[J]. Safety science, 2012, 50(4): 1049-1055.

[37] Wang D, Zhang P, Chen L. Fuzzy fault tree analysis for fire and explosion of crude oil tanks[J]. Journal of Loss Prevention in the Process Industries, 2013, 26(6): 1390-1398.

[38] Khakzad N, Khan F, Amyotte P. Safety analysis in process facilities: Comparison of fault tree and Bayesian network approaches[J]. Reliability Engineering & System Safety, 2011,

96(8):925-932.

[39] 赵挺生,刘文,张亚静,等. 基于施工流程的安全管理方法研究[J]. 中国安全科学学报,2016,26(12):122-127.

[40] Ben A, Coen G, Anca H, Daniela H, Patrick H, Pei-Hui L, Simone S. Towards BBN based risk modelling of process plants[J]. Safety Science, 2014, 69(1): 48-56.

[41] 金淳, 刘禹彤. 考虑员工行为安全的码头作业流程设计方法[J]. 中国安全科学学报,2017, 27(7):36-41.

[42] Liou T S, Wang M J J. Ranking fuzzy numbers with integral value[J]. Fuzzy sets and systems, 1992, 50(3): 247-255.

[43] 韩浩, 安津晖, 任超,等. 自动化集装箱码头整体装卸工艺设计[J]. 中国港口, 2016(6):56-58.

[44] 杨宇华, 张氢, 聂飞龙. 集装箱自动化码头发展趋势分析[J]. 中国工程机械学报,2015, 13(6):571-576.

[45] 上海振华重工(集团)股份有限公司[EB/OL]. https://cn.zpmc.com.

[46] 厦门远海集装箱码头有限公司[EB/OL]. http://www.coscoyh.com.cn.

[47] 程泽坤, 刘广红, 何继红. 洋山港四期全自动化集装箱码头总体布置创新[J]. 中国港湾建设, 2016, 36(10):1-7.

[48] 杨瑞,刘晋川,李海波,等. 集装箱 AGV20 自动搬运车定位导航系统的研究[J]. 集装箱运输,2009(4):22-26.

[49] 李振广. 单起升岸桥远程自动化操作技术难点及解决方案[J]. 集装箱化,2014(09):9-10.

[50] 袁理松. 集装箱自动化码头 AGV-NS 研究[J]. 科技视界, 2016(10):135-136.

[51] 樊跃进. 港口集装箱 AGV 自动搬运技术可行性浅析[J]. 港口装卸,2006(03):6-9.

[52] 金祺, 罗勋杰, 陈迪茂. 超大型全自动集装箱码头 AGV 电池更换站的布置模式[J]. 水运工程, 2016(9):66-70.

[53] Zhang H, Kim K H . Maximizing the number of dudl-cycle operayioins of quay cranes in container terminals[J]. Computers & lndustrial Engineering,2009,56(3):979-992.

[54] Lee D H,Wang H Q,Miao L. Quay crane scheduling with non-interference constraints in port container terminals[J]. Transportation Research Part E Logistics & Transportation Review, 2008,44(1):124-135.

[55] 张亚琦, 杨斌, 胡志华,等. 自动化码头 AGV 充电与作业的集成调度研究[J]. 计算机工程与应用,2017,53(18):257-262.

[56] 陈加敏,薛士龙,张宁,曹金虎. 自动化集装箱码头控制系统的研究[J]. 中国港湾建设,2011(02):13-16.

[57] 韩鹏. 高度自动化的港口集装箱物流系统规划[J]. 舰船科学技术,2017(04):160-162.

[58] 顾沁, 茹鹏, 黄秀松,等. 自动化双小车岸桥光学定位系统新技术[J]. 水运工程, 2016(9):102-106.

[59] 郝红, 郑丽. 格雷母线在 RTG 大车自动定位系统中的应用[J]. 港口科技,2016(11):

7-10.

[60] 熊海明. RTG 自动定位系统改造[J]. 港口科技,2016,(08):39- 41.

[61] 吴照阳, 金帅, 戴正辉, 陈志伟. 集装箱码头自动化轨道吊定位技术及参数设定[J]. 水运工程,2016(09):116-121.

[62] 熊超, 唐伟, 许兆荣,等. RFID 定位技术在自动引导小车(AGV)中的应用[J]. 中国科技信息, 2012(17):85-86.

[63] 周方方. 传感器技术在自动控制系统中的应用及发展趋势[J]. 科技与企业, 2016(5):178-179.

[64] 王妍. 物联网在港口信息系统中的应用研究[J]. 信息通信,2016,(07):123-124.

[65] 刘洋,张卫,庄鑫传. 一种集装箱固定旋锁自动拆卸装置的设计[J]. 港口科技,2012(10):27-28,49.

[66] 金淳,邓玲丽,高鹏. 集装箱港口作业资源配置的分布式仿真优化方法[J]. 系统管理学报, 2011, 20(3): 363-369.

[67] 金淳,于越,王刚.基于仿真优化的集装箱港口大门作业调度研究[J].系统仿真学报, 2008,20(8): 1998-2002.

[68] 徐磊,钱振明.智慧港口标准化建设研究[J].中国标准化,2015(09):77-82.

[69] 陶德馨. 智慧港口发展现状与展望[J]. 港口装卸, 2017(1):1-3.

索　　引